Educar es emocionar

Divulgación

Últimos títulos publicados

D. O'Brien, *Cómo aprobar los exámenes*
G. G. Jampolsky y D. V. Cirincione, *Amar es la respuesta*
A. Ellis, *Cómo controlar la ansiedad antes de que le controle a usted*
J. Gottman y N. Silver, *¿Qué hace que el amor perdure?*
M. Williams y D. Penman, *Mindfulness*
R. Amills, *¡Me gusta el sexo!*
A. Rosa, *Hablar bien en público es posible, si sabes cómo*
T. Baró, *Guía ilustrada de insultos*
A. Ellis y R. C. Tafrate, *Controle su ira antes de que ella le controle a usted*
M. Haddou, *¡Basta de agobios!*
S. Budiansky, *La verdad sobre los perros*
R. Santandreu, *El arte de no amargarse la vida*
G. Nardone, *Psicotrampas*
G. Winch, *Primeros auxilios emocionales*
A. Payàs, *El mensaje de las lágrimas*
N. Mirás Fole, *El mejor peor momento de mi vida o cómo no rendirse ante una mala jugada del destino*
J. Teasdale, M. Williams y Z. Segal, *El camino del mindfulness*
T. Baró, *Manual de la comunicación personal de éxito*
P. Sordo, *Bienvenido dolor*
M. Bradford, *Transforma tu alimentación con Montse Bradford*
A. Broadbent, *Hablemos de la muerte*
S. Alidina, *Vencer el estrés con mindfulness*
M. Cahue, *El cerebro feliz*
G. Nardone, *El miedo a decidir*
E. Goldstein, *Descubre la felicidad con mindfulness*
J. Sués Caula, *Los 100 mejores juegos de ingenio*
C. Webb, *Cómo tener un buen día*
A. Sánchez, *Mi dieta cojea*
I. Navarro Álvarez, *Prepáralos para el futuro*
À. Navarro, *Pon en marcha tu cerebro*
D. Pulido, *¿Nos estamos volviendo locos?*
Dr. J. Axe, *Todo está en tu digestión*
M.ª C. Nardone, *La empresa triunfadora*
M. Priante, *Grafología para la selección y evaluación de personal*
L. Bancroft, *¿Por qué se comporta así?*
R. Luna, *Objetivo: ser tú mismo*
E. Gratacós y C. Escales, *9 meses desde dentro*
Ch. Fairburn, *La superación de los atracones de comida*
J. Burgo, *Narcisistas*
M. Garaulet, *Los relojes de tu vida*
A. Grant, *Originales*
D. García Bello, *¡Que se le van las vitaminas!*
T. Bertherat y C. Bernstein, *Correo del cuerpo*
T. Bertherat y C. Bernstein, *El cuerpo tiene sus razones*
A. Pellai y B. Tamborini, *La edad del tsunami*
T. Bertherat, M. Bertherat y P. Brung, *Con el consentimiento del cuerpo*
T. Bertherat y M. Bertherat, *Mi curso de Antigimnasia*
M. Greger, *Comer para no morir*
M.ª A. Jové Pons y A. Zambrano Calzado, *Educar es emocionar*

M.ª Ángeles Jové Pons y
Andrea Zambrano Calzado

Educar es emocionar

Descubre el método AEIOU
para construir una buena
relación con tus hijos

PAIDÓS
Barcelona
Buenos Aires
México

1.ª edición, octubre de 2018
2.ª impresión, noviembre de 2018

No se permite la reproducción total o parcial de este libro, ni su incorporación a un sistema informático, ni su transmisión en cualquier forma o por cualquier medio, sea este electrónico, mecánico, por fotocopia, por grabación u otros métodos, sin el permiso previo y por escrito del editor. La infracción de los derechos mencionados puede ser constitutiva de delito contra la propiedad intelectual (Art. 270 y siguientes del Código Penal). Diríjase a CEDRO (Centro Español de Derechos Reprográficos) si necesita fotocopiar o escanear algún fragmento de esta obra. Puede contactar con CEDRO a través de la web www.conlicencia.com o por teléfono en el 91 702 19 70 / 93 272 04 47.

© Mª Ángeles Jové Pons y Andrea Zambrano Calzado, 2018
© de todas las ediciones en castellano,
   Editorial Planeta, S. A., 2018
   Avda. Diagonal, 662-664. 08034 Barcelona, España
   Paidós es un sello editorial de Editorial Planeta, S. A.
   www.paidos.com
   www.planetadelibros.com

ISBN 978-84-493-3494-8
Fotocomposición: Pleca Digital, S. L. U
Depósito legal: B. 18.700-2018

El papel utilizado para la impresión de este libro es cien por cien libre de cloro y está calificado como papel ecológico

Impreso en España — *Printed in Spain*

A Carlos y Lucas
A Mateo y Valeria

Sumario

Prólogo, por Lucía Galán *(Lucía, mi Pediatra)* 13

Introducción 17
   ¿De qué va este libro? 17
   ¿Para qué este libro? 21
   La metáfora de la semilla....................... 24
   Mi hija es una semilla... ¿Quién cuida a quién?...... 27

1. Presencia y escucha 31
   La «u» que está en «escUchar» 31
   Luces y sombras............................... 32
   «Llevo toda la tarde con los niños» 40
   Salvamos el día, pero perdemos la vida............ 43
   Escuchar, escuchar, escuchar... 49
   ¿Cuál es tu criterio? 55
   Las palabras no se las lleva el viento 56
   «¡Escúchame con los ojos!»..................... 58
   ¡Gritos!...................................... 61
   Ejercicios de presencia y escucha 65

2. Explorar 67
   La «o» que está en «explOrar».................. 67
   Regalemos preguntas y no respuestas 69
   Cualquier situación es una oportunidad para conocer
      mejor a tu hijo........................... 71

Pregúntate «¿para qué?»	76
Las preguntas poderosas	79
¿Qué, cuándo, cómo, quién, para qué...?	85
El poder de preguntar distinto en tres historias	86
Ejercicios para explorar	92

3. Inspirar 93
- La «i» de «Inspirar» 93
- Lo positivo y lo negativo 95
- No es justo, y lo hacemos continuamente 97
- ¡El *sí* construye! 100
- El principio 90/10 102
- Mi hijo, ¿es rebelde o sabe lo que quiere? ... 107
- ¿Dónde miras tú? 110
- Liderar a nuestros hijos desde el ejemplo 112
- «Soy una niña de tres años tímida, sensible y algo introvertida» 114
- «Papá, si me sale mal, ¿qué pasa?» 116
- Ejercicios para inspirar 120

4. Empatía y emociones 123
- La «e» de «Empatía» y de «Emociones». ¿Inteligencia emocional? 123
- Los abrazos son poderosos 126
- Animemos a nuestros hijos a hablar de emociones ... 131
- «¡Ahora voy a ser tú!» 138
- «Mamá también pierde los estribos» 142
- «Mamá, cuando me porto mal también te necesito» ... 148
- Celos entre hermanos 150
- «Mis padres no me entienden» 152
- Los sentimientos de los niños 154
- «Recoge tus juguetes o no vamos al parque» .. 157
- «Papá y mamá se separan» 159
- «Yo no quiero que mi hijo sea feliz» 161
- Ejercicios de empatía y emociones 166

5. Armonía 169
    La «a» de «Armonía». 169
    La creencia crea. 171
    ¿Qué hace feliz a tu hijo?. 174
    «No soy un vago, soy un aventurero» 176
    «Mamá, ¿cuándo se va toda esta gente?». ... 177
    Los valores de la familia 180
    Los niños no tienen que obedecer 183
    Cuando dos minutos son más que dos minutos 185
    ¿Podemos convivir sin conflictos?. 191
    Momentos de armonía 200
    La adolescencia, esa etapa tan, tan... 204
    Límites con respeto 207
    Un niño, para poner límites, ha de ser valiente 211
    ¿Qué aroma se respira en tu hogar?. 214
    Ejercicios de armonía y tabla de valores 220

Conclusión 223
Nota de las autoras 225
Anexo. 227
    Recursos adicionales 227
    Cuestionario de armonía familiar. Padres conscientes,
        familias conscientes (autoevaluación). ... 227
Agradecimientos. 231

PRÓLOGO

Por Lucía Galán *(Lucía, mi Pediatra)*

Además de pediatra y escritora, soy madre de dos hijos maravillosos, pero ni yo soy perfecta, ni mis hijos son perfectos. Me decidí a hacer un curso de *coaching* para padres movida por mi intuición, por mi afán explorador y por mi necesidad de reafirmarme como madre que intenta dar lo mejor de sí en la educación emocional de sus hijos.

«Tú eres una mujer fuerte», me dicen unos. «Eres decidida y tienes las ideas muy claras», me dicen otros. Pues efectivamente, la inmensa mayoría de las veces sí, lo soy, pero hay otras muchas en las que como toda madre, las dudas y el miedo ocupan mis días y, en ocasiones, también mis noches. «¿Lo estoy haciendo bien?» «¿Por qué no termino de dominar esta situación con mis hijos?» «¿Qué más puedo hacer?» «¿Se me está escapando algo?» Y en esa búsqueda, en ese «¿qué más puedo hacer?», apareció casi por arte de magia Educar es Emocionar, AEIOU, con una preciosa entrevista que me hicieron que fue una flecha al alma.

En ese momento pensé: «Aún tengo mucho que aprender y, además, quiero aprender». Así, en menos de dos meses me encontraba en Barcelona haciendo un curso intensivo de tres días rodeada de diez desconocidos.

Nos sentamos haciendo un círculo, mirándonos las caras. Algunos mostraban nerviosismo, otros curiosidad, otros miedo; miedo a explorar. También había ilusión, esperanza y ansia; ansia por adentrarnos en un mundo hasta el momento desconocido. Y empezamos, y empezamos fuerte.

«¿Qué os ha traído aquí?», Andrea Zambrano, una de las *coaches*, lanzó la pregunta al círculo.

Fue entonces cuando mi compañero de al lado, Álvaro, nos reveló una historia tan intensa que sus lágrimas, para sorpresa de todos, fluyeron por todas y cada una de nuestras mejillas. Fue un flechazo. Algo acababa de ocurrir entre ese grupo de diez desconocidos que nos mantendría unidos, sospecho, para siempre.

Y este fue el inicio.

Aún no puedo comprender la conexión que establecimos, la intimidad a la que llegamos y la profundidad que alcanzamos. Pero así fue.

Durante tres días lloramos, reímos, limpiamos, luchamos contra nuestros miedos, pasamos frío en nuestras sombras, vimos la luz, la alegría, la esperanza y alcanzamos la seguridad y la certeza absoluta de «SOMOS CAPACES».

Rompí en un llanto desconsolado mientras escribía una carta a mis hijos, reí sin pausa mientras botaba sentada sobre una pelota gigante. Sentí miedo de explorar ciertos rincones de la mano de Patricia, una de las joyas que he conocido en este curso. También sentí ternura, amor, paz y felicidad plena.

Pero lo más importante no son los motivos por los que me derrumbé en la carta, ni la locura transitoria que tuve subida a la pelota. Lo verdaderamente importante es que SENTÍ. Y sentí hondo, y fuerte y de verdad.

«Lo que resiste, persiste. Lo que aceptas, se transforma.»

Y en esa transformación volví a mi casa con la intención de no volver a juzgar a mis hijos, de mirarlos con curiosidad, de no interrogarlos, de explorar sus emociones junto a ellos y acompañarlos en el camino.

De ponerme en sus zapatos de vez en cuando, de escuchar siempre. Y escuchar sin prejuicios, sin el «ya sé lo que me va a decir», sino esperando la sorpresa.

He aprendido que a veces nuestros hijos no necesitan que les demos soluciones inmediatamente, ni que organicemos su día al minuto. Muchas de las veces solo necesitan que estemos, que estemos PRESENTES, que les escuchemos, solo eso.

Que es mucho más importante el SER que el estar y que aunque ellos ya lo saben, debemos reconocer sus innumerables y maravillosas virtudes —«ERES tan alegre, ERES tan divertido, ERES tan generoso con mamá»—. Porque en el mundo hay hambre de reconocimiento. No reconocemos las cualidades de la gente que nos rodea y decidme, a quién no le gusta llegar al trabajo y que le digan: «Lo que me gusta de ti es que eres tan sonriente...». Nuestra mañana cambiaría, ¿verdad? Si en nosotros genera ese impacto, ¿qué impacto creéis que generaría en vuestros hijos si además es mamá o papá quien se lo dice?

Gracias, Andrea Zambrano; gracias, M.ª Ángeles Jové, y gracias a vuestro fantástico equipo de Educar es Emocionar, AEIOU. Sois inspiración, transformación y energía, y tras ese fin de semana inolvidable al fin lo habéis materializado en este libro revelador. Os deseo todos los éxitos del mundo.

Lucía Galán

Alicante, junio de 2017

Introducción

¿De qué va este libro?

Quizá todavía no lo sabes, pero esto es para ti. Estoy escribiendo para ti. Si tienes este libro en las manos es porque TIENES UNA FAMILIA QUE TE IMPORTA, y ¡¡mucho!! Unos hijos que adoras y que también te sacan de tus casillas... A estas alturas, a quién vamos a engañar, ¿verdad? ¿A ti también te pasa? ¿Sientes que te esmeras en dirigir un circo de tres pistas sin un público que reconozca tu esfuerzo? Casa, cole, trabajo, arriba y abajo, extraescolares, compras en el súper..., te entiendo. Muchas veces solo querríamos desaparecer. «¡Hasta aquí, ya no puedo más! ¡Siempre la misma cantinela! No quiero saber quién ha empezado, quién le ha quitado el juguete a quién. ¡No quiero saber nada más!»

Como te decía, lo especial de este libro es que es para padres. Para cambiar tú (y no tu hijo). ¿Por qué este enfoque? Porque tengo la firme creencia de que para conseguir algo distinto en casa, primero tenemos que aprender a SER un padre o una madre distintos. Este principio es aplicable a todos los ámbitos de nuestras vidas: si queremos que algo cambie, antes tendremos que cambiar nosotros. Así pues, este pretende ser un libro de cabecera para todo aquel que quiera transformarse en el padre o madre que sus hijos e hijas necesitan.

Todos vivimos situaciones en casa que ponen a prueba nuestras fuerzas, nos sobrepasan, perdemos la brújula y muchas veces no sabemos qué hacer. ¿Quizá llorar de desesperación? ¿Quizá aguantar el tirón pensando que son solo unos años y todo esto pasará? O ¿tal vez normalizar lo que pasa en nuestras casas pensando que «le pasa a todo el mundo»? Bueno, en ocasiones esto funciona en el corto plazo, pero...

¿Qué es lo que quiero de verdad para mi familia?

Hay momentos en los que vemos la luz. Pasada la tormenta, de repente todo el mundo parece estar cuerdo y se respira armonía en casa. Puedes sentir paz en tu corazón. Miras a tus hijos y sientes agradecimiento por la vida. Es en esos momentos cuando en lo más profundo de tu alma crees que TODO vale la pena. No te conformas con sobrevivir como familia, quieres progresar, crecer, y quieres dar lo mejor de ti a tus hijos. Sabes que ERES TÚ lo que de verdad necesitan, ni más ni menos. No quieres limitarte a salvar el día, no quieres perder la vida, quieres VIVIR...

¿Vivimos, en realidad, si no disfrutamos? Sé que quieres aprender a DISFRUTAR de ellos (si no, ¿para qué todo lo demás?). ¡Claro que quieres educarlos! Educar es complicado, es duro, a veces, nada divertido... Pero ¿podemos educar disfrutando al mismo tiempo de nuestros hijos?

Ahora es cuando por tu cabeza rondan pensamientos como «¿qué cuento me vas a explicar? ¿A mí me vas a decir lo que tengo que hacer con mis hijos?». No, no lo voy a hacer... Solo tú puedes DECIDIR LA FAMILIA QUE QUIERES CONSTRUIR, es la familia en la que vas a vivir. Solo la viviréis vosotros. Es tu responsabilidad, LA TUYA. Es para vosotros. Solo para vosotros.

En este libro NO SE DAN RECETAS. No existen las recetas, y menos en algo tan complejo como la educación. Así que si buscas que te diga qué hacer si tu hijo hace *x* o te revele «las cinco claves» para lograr la felicidad familiar, deja este libro. No es para ti. Creo que los padres estamos todos un poco cansados de que nos ofrezcan remedios milagrosos y consejos empaquetados, enfocados en el hacer («haz *esto*», «no hagas *esto otro*»), que no digo que no puedan resultar en un primer momento, pero son irremediablemente cortoplacistas. La educación es un largo camino, una carrera de fondo, lleva su tiempo.

Entonces, ¿cuál es la idea clave que debemos tener en cuenta y que a menudo olvidamos?

> EDUCAMOS DESDE QUIENES SOMOS. Desde quienes estamos siendo en ese momento. Siempre. Educamos desde nuestras emociones, nuestros miedos, nuestras creencias, nuestros pensamientos, nuestros prejuicios y nuestras actitudes también. Si estoy enfadada con el mundo, educo desde el enfado. Si vivo estresado y angustiado, educo desde el estrés, desde la exigencia, poniendo el foco solo en el resultado. Si vivo en la desconfianza, educaré desde el recelo, el control... Y así con un sinfín de ejemplos. Nuestros hijos más que aprender lo que les enseñamos, nos aprenden a nosotros, ¡POR ÓSMOSIS!, por modelos, por patrones, por ejemplos, no por discursos.

Tomar conciencia de esto es el primer paso para apostar por una verdadera transformación en nosotros por y para nuestros hijos. Un cambio profundo y duradero en nuestra actitud, en nuestra mirada, en el observador que somos del mundo, en nuestras creencias... Teniendo esto claro seguro que también haremos cosas distintas, ¡imposible no hacerlas! Y, además, será todo más sostenible en el tiempo, pues se habrá producido una verdadera transformación en nosotros, porque seremos más conscientes.

Podremos tener un objetivo claro. Un objetivo que no será ya conseguir que mis hijos hagan y se comporten como quiero o deseo sin más en un momento determinado. Sabremos que nuestro propósito es acompañar a unas personitas en formación, en construcción, las acompañaremos en su crecimiento, aprendiendo todos, para que se conviertan en su mejor posibilidad, en aquellas personas que están llamadas a ser, personas que sepan pensar por sí mismas, que sepan lo que quieren y se hagan cargo de su propia vida con responsabilidad, gratitud y felicidad. Es así como nuestra vida trasciende en otras vidas, sus vidas.

Queremos ofrecerte recursos para hacerlo posible y tú, solo tú, lo vas a hacer realidad. En este libro hablaremos de diferentes recursos, habilidades y herramientas, utilizando historias reales para ilustrar el mensaje que queremos transmitir (hemos cambiado algunos nombres y datos para preservar la confidencialidad de las familias, las cuales nos han autorizado a compartir sus historias). Algunas son anécdotas de niños más pequeños o más mayores; otras, de adolescentes. Lo importante es la herramienta, que es la misma, tú sabrás adaptarla a las necesidades y las edades de tus hijos. Sabrás ajustarla a vuestra manera de ser, entorno, personalidad de cada miembro de la familia y situación particular en casa (nadie mejor que tú para hacerlo, nadie conoce mejor a tu familia).

Son recursos que todos tenemos, lo que ocurre es que algunas veces los olvidamos. Todos tenemos un «cuartito de herramientas» en casa para hacer realidad este proyecto. ¡Qué poco entramos a veces en este cuartito! Allí están todas esas herramientas, recursos y habilidades que necesitas, EN TU INTERIOR.

Tienes el poder de rediseñar tu familia para que la vivas plenamente, con toda la pasión que te puedas permitir. No me dirás que no es un proyecto maravilloso, ¿verdad?

> Te invitamos a seguir con nosotras y, a lo largo de estas páginas, tomar conciencia de todas estas habilidades (emocionales) que iremos recorriendo y desgranando de la mano de las CINCO VOCALES del método AEIOU: nuestro modelo.

Déjame aclararte también que este libro está escrito en primera persona del singular, aunque en realidad somos dos autoras: Andrea y Ángeles. Andrea es mamá de dos niños: Mateo, de cuatro años, y Valeria, de dieciocho meses, así que empezó la aventura de ser madre conociendo y experimentando estas herramientas, viviendo su maternidad desde esta perspectiva. Ángeles es madre de Carlos, de veintisiete años, y Lucas, de veinticuatro. Ella, en cambio, conoció estos recursos *a posteriori* y habla en este libro de su experiencia del antes y el después, así como de anécdotas de la infancia de sus hijos, y también de su adolescencia. Ambas volcamos en este libro nuestras vivencias y experiencias tanto personales y familiares, como profesionales, por lo tanto no te extrañe que en algunas partes del libro hablemos una de nosotras y en otros pasajes hable la otra, en primera persona del singular. Nos ha parecido que así, cocreando, se enriquece este libro. Esta aclaración es para evitarte la confusión.

También queremos aclarar que nosotras no somos psicólogas, ni pedagogas ni expertas en crianza. Nosotras sabemos de educación emocional, de comunicación, de liderazgo, de *coaching* y de crear relación con las personas. Y es de esto mismo de lo que hablamos en este libro. Por eso te proponemos reflexionar junto a nosotras... Hacernos sobre todo preguntas, responderlas será tu trabajo.

Además, a lo largo de este libro encontrarás también ejercicios prácticos (al terminar cada una de las vocales) para que puedas realizar en casa, con tus hijos, todos los recursos que aquí planteamos. Aprendemos haciendo. Es la única manera posible de integrar e incorporar (pasar por el cuerpo) los aprendizajes. Te invitamos a que te atrevas a probar, intentar, jugar, hacer cosas distintas, a ensayar formas distintas de ser y de relacionarte con tus hijos... ¿Te animas?

Pero antes, ¡otra aclaración importante! Esta lectura es un complemento perfecto a nuestros cursos, si bien no son excluyentes, ¡todo lo contrario! En nuestros talleres VIVIMOS el aprendizaje en primera persona y eso es algo único. Es algo distinto que no te puedes perder. Este es nuestro verdadero valor añadido, como decía Lucía Galán (no damos apenas teoría). Saber las herramientas no es suficiente, solo se aprende experimentando y probando. La mayoría de las personas que han entrado en contacto con nuestro método han conocido profundos cambios en sus hogares. Así que no puedes dejar de EXPERIMENTAR en tu propia piel esta aventura, este viaje tan maravilloso para integrar experiencias y aprendizajes a la par, ya que es totalmente VIVENCIAL. Sí, vivencial, porque SENTIRÁS, COMPRENDERÁS e INTEGRARÁS ideas y sentimientos que no llegan a lo más profundo de tu interior si no es a través de esta conexión mágica entre corazones.

¿Para qué este libro?

- Cierra los ojos, respira hondo.
- Otra vez, sin prisas, tómate unos minutos..., nota cómo el aire entra y sale despacio, y te proporciona un poco de paz y serenidad...
- Ahora piensa en alguien que te hacía o te hace sentir bien...
- Alguien que cree o creía en ti...

Evocar su imagen te hace sonreír, no puedes dejar de emocionarte al pensar en esa persona, ¿cierto? Esta persona creía o cree en ti, en tu esencia, te conecta con lo mejor de ti... Puede ser tu abuela o tu padre, tal vez una profesora o quien fue tu entrenador, tu pareja... ¡No importa!

Sin prisas, poco a poco, trae el recuerdo de aquella persona o personas que jugaron un papel importante en la construcción de tu sentido de la vida, que fueron determinantes en el capital de alegría, creatividad, resiliencia, empatía y amor que llevas en tu interior.

¿Qué hacía o hace esta persona?

¿Qué era o es lo que marca la diferencia?

¿Qué es lo que impregna el recuerdo de las personas que han hecho que seamos quienes somos?

Probablemente, me dirás que esta persona «estaba para ti», estaba presente, disponible, «estaba ahí». Te escuchaba de una forma especial, como si le importases de verdad porque le importabas de verdad, eras valioso para ella, aceptaba quien eras, sin pretender cambiarte. Escuchando lo que decías, cómo lo decías y también lo que te dejabas en el tintero.

Sientes que esa persona no te juzgaba porque confiaba en ti. Te hacía grande porque te veía grande. Tienes la seguridad de que te comprendía pues empatizaba contigo y podías abrir tu corazón en su presencia, «sentía contigo»...

¡Guau!

¡Qué regalo tan maravilloso contar con alguien así!, ¡¿verdad?!

Seguramente, esta persona tuvo o tiene una gran influencia en tu vida, por la sencilla y grandiosa razón de que influimos en las personas por cómo las hacemos sentir. Porque inspiran y convocan lo mejor de nosotros mismos. Y quédate bien con esta idea, porque ¡es de las más importantes de este libro!

«EDUCAR ES EMOCIONAR» es nuestro eslogan, nuestra marca: porque educar sin tener en cuenta la emoción es totalmente inefectivo (y lo hacemos continuamente, ¿no crees?). Ya lo decía Platón: «Todo aprendizaje tiene una base emocional». Pues bien, el método AEIOU (nuestra propuesta) recoge todas esas habilidades, ingredientes o recursos: presencia, escucha, admiración por quién es, por comprenderle, ausencia de juicio, ilusión y curiosidad por explorar a tu hijo, respeto, confianza, reconocimiento, respaldo, inspiración, ejemplo, empatía, compromiso... Y otras muchas más en aras de un fin común: CUIDAR LA RELACIÓN, CREAR CONEXIÓN Y VÍNCULO CON TU HIJO.

Te propongo que seas esa persona con una fuerte y positiva resonancia emocional para tus hijos y que lo seas de una manera consciente e intencional (eres un referente y, por lo tanto, sí o sí estás ejerciendo tu influencia sobre él/ella, es algo irremediable). No olvides que los niños se comportan bien cuando se sienten bien, si los niños son felices reina la armonía en casa. Así se sienten vistos, valorados, no juzgados, escuchados, amados porque es entonces cuando están seguros, respaldados y motivados para dejarse inspirar por quienes más los queremos: SUS PADRES.

¿Cómo sería hacer este regalo a tus hijos con intención, consciencia y responsabilidad?

Para el método AEIOU, como te decíamos, hacer esto es cuidar y nutrir ante todo la relación que tenemos con nuestros hijos. Tenemos un mantra muy potente que inspira y es el sustrato de TODO lo demás:

> La relación es lo primero.

La relación es el abono donde se planta la semilla que es tu hijo (verás a lo que me refiero por *semilla* enseguida). Si el abono no es de calidad, esa semilla no podrá brotar con todo su potencial. La relación es el contexto donde se desarrollará la semilla, así que todo lo que lleve a alimentarla y fortalecerla va por el buen camino. Piensa que cuando las cosas se complican y se ponen feas —porque así es la vida— es más fácil desatascarlas si mantenemos el canal (el vínculo) limpio de maleza y fluye el agua cristalina (si el agua no corre, se estanca, acaba pudriéndose y huele mal).

No quiero decir que no vayan a presentarse dificultades y obstáculos que vencer, la vida nos pone continuamente a prueba, pero todo es más fácil y llevadero. Igual que es cierto que una buena adolescencia empieza en la infancia; si la relación está bien, todo lo demás también lo estará.

A lo largo de este libro, te invitamos, pues, a reflexionar sobre todas estas claves que te pueden ayudar a reconocer tu potencial como padre o madre, animándote a renovar la relación con tu hijo.

¿Te apuntas?

La metáfora de la semilla

Antes de seguir, déjame que te recuerde una verdad que desgraciadamente olvidamos muy a menudo por ser una obviedad, ¡es tan fácil olvidar cuando corremos detrás del reloj! Nuestros hijos son consecuencia de nuestro amor, pero no nos pertenecen. Vienen al mundo para vivir su propia vida, no aquella que decidimos para ellos. Aquí reside la generosidad de quienes somos padres, en nuestra renuncia. Renuncia a cambiarlos, a proyectar nuestros deseos y expectativas, nuestras necesidades, renuncia a moldearlos a nuestro gusto y conveniencia. Al fin y al cabo, renuncia a hacerlos a nuestra medida o a «programarlos», que es muy distinto a acompañarlos potenciando todo lo que son para que se conviertan en su mejor posibilidad.

> Los niños son una semilla de grandeza que contiene todo lo necesario para convertirse en aquello que son y pueden llegar a ser. Una semilla completa; en ese sentido, perfecta. ¡Cuántas cosas cambian si miramos con esta actitud a nuestros hijos!, ¿verdad?

Tu hijo puede ser un peral, un roble o un ciruelo. Un manzano que puede ofrecer al mundo unas manzanas rojas, brillantes, jugosas, deliciosas..., pero nunca dará limones. Si esperas limones te sentirás muy frustrado y puedes hacer a tu hijo muy desgraciado. Te perderás esas maravillosas manzanas, no las verás y acabarán pudriéndose ante tus ojos. Tengamos presente que la mayor muestra de amor a nuestro hijo es respetar y comprender su singularidad, aquello que lo hace único y convocarlo para que se manifieste al mundo, darle el espacio y el permiso para que sea quien es.

Acepta y observa la semilla que tienes ante ti. ¿Qué semilla es? ¿Necesita mucha o poca agua? ¿Qué tipo de tierra o abono? Somos como agricultores, creadores del contexto adecuado para que la semilla brote en todo su esplendor. Es una bonita metáfora que quiere reflejar el potencial de todo ser humano: SOMOS SERES COMPLETOS, CREATIVOS Y LLENOS DE RECURSOS (papá, mamá, vosotros también sois una semilla).

Cada semilla es única e irrepetible y, por tanto, necesita ser tratada de forma diferenciada. Todas las semillas son distintas, pero ¡¡todas son preciosas!! ¿Cuál es tu semilla?

A veces no es fácil aceptar nuestra semilla. Siempre tenemos expectativas sobre lo que queremos que sean los demás y con nuestros hijos nos pasa también. Aceptar y observar esta semilla sin prejuicios, con mucha curiosidad y admiración, comprenderla y amarla incondicionalmente para potenciarla al máximo es un reto extraordinario.

El agricultor no necesita «meter» nada nuevo en la semilla porque es completa en sí misma. Tampoco necesita «cambiar» nada de la semilla porque es perfecta tal y como es. Un agricultor sobre todo confía en que esa semilla va a brotar. Tan solo es necesario plantarla en un lugar fecundo (entorno), regarla, quitar las malas hierbas, fijar su tronco a un tutor si lo precisa, podar sus ramas, tener paciencia y darle tiempo... El trabajo de los padres también consiste en crear el contexto idóneo para poder «extraer» lo que ya está en la semilla, descubrirla, reconocerla, nutrirla, potenciarla, hacerla crecer, sin pretender transformarla en otra cosa, en lo que no es.

Estoy viendo tu ceño fruncido. No estoy diciendo que los padres se crucen de brazos y adopten una actitud pasiva. También habrá necesidad, por ejemplo, de señalar límites claros o, mejor dicho, enseñar valores, actitudes, reglas, normas y comportamientos, ¡claro que sí! ¡Imprescindible! ¿Acaso el agricultor no rocía con pesticida para combatir una plaga que daña a sus plantas o señala con límites nítidos sus tierras?

> Podemos enseñar muchas cosas y señalar los comportamientos deseados o esperados desde otro lugar, con otra actitud, con otra mirada, con otras palabras; de una manera firme, pero afectuosa; desde la confianza y el amor, y no desde el miedo y el control; con autoridad, pero sin autoritarismo; con claridad, pero confiando en que nuestros hijos tienen sus propios recursos, y reconociéndolos capaces, confiando...

Desde ahí, nuestro hijo podrá afrontar con más autoconfianza y seguridad sus áreas de mejora para convertirse en la persona que está llamada a ser. Nuestros hijos no se transformarán en personas capaces, autónomas y responsables si no confiamos en que son capaces de su propio éxito y responsables de sus propias vidas. Serán exitosos no por lo que nosotros hagamos por ellos, gestionando su vida paso a paso, minuto a minuto, sino por los resultados de sus propias acciones, de sus decisiones, de sus errores, de sus aprendizajes. Confiemos más y sobreprotejamos menos. Mejor estar a su lado y no encima de ellos, ¿no te parece? Los podemos ahogar...

Tenemos una tendencia aprendida a hacer las cosas de otra manera. Es decir, a actuar como un escultor que moldea y esculpe a su criterio un bloque de piedra o a ver a los niños como un recipiente vacío que hemos de llenar (el genio renacentista Miguel Ángel, sin embargo, al ser preguntado por el *David* dijo que se había limitado a quitar del bloque de piedra aquello que sobraba, pues allí dentro estaba todo). Tenemos asumido que esa es la verdadera tarea de unos padres. «Tengo que educar a mi hijo y hacer de él una persona de bien. Sé lo que es bueno para él, es mi obligación decirle en todo momento qué ha de hacer y no hacer, y cómo ha de hacerlo; tengo que inculcarle mis valores aunque a veces tenga que forzar las cosas, retorcerlas un poco. Al fin y al cabo lo hago por su bien, ¿no?»

Escucho estos razonamientos. Sin embargo, lo que quiero decir es que podemos acompañarlos de otra manera (con una actitud, una carga emocional, una energía y una mirada distintas). Si somos honestos, reconoceremos que sermonear, castigar, imponer por la fuerza sin escucharlos, «porque lo digo yo y punto», por obligación, no es efectivo a largo plazo. ¿Quieres convertirlo en una persona sumisa que obedezca ciegamente en el futuro instrucciones de otros aunque le sean perjudiciales o no las entienda, o alguien que tome con libertad las decisiones más acertadas para él, respetando a los demás?

Pues el único camino para lograrlo es confiar en él y permitir que se equivoque en su aprendizaje, con nosotros a su lado (no encima), acompañándolos siempre. ¡Cuidado! Claro está que muchas veces necesitan un «NO» como una catedral y habrá que dárselo —reservémoslo para cuando sea necesario de verdad—, pero para otras situaciones os proponemos hacerlo con una energía que les llegue de manera distinta. Se puede decir «no» de muchas maneras. Ya lo veremos. Amarlos incondicionalmente es que tengan la certeza de que estamos siempre presentes para ellos aunque nuestra obligación como padres sea también decirles lo que no son («Hijo, te quiero mucho y no me gusta cuando insultas, tú no eres agresividad. Eso no lo quiero para ti»).

¿Queremos que hagan las cosas por obligación o porque confían en nosotros? ¿Queremos convertirlos en personas bienmandadas o que hagan las cosas porque creen que son buenas para ellos? ¿Queremos que simplemente cumplan órdenes o que se impliquen, se responsabilicen y se comprometan por ellos mismos?

Confianza y compromiso van de la mano.

> Sin confianza no hay compromiso, sin confianza no hay relación, y (¿recuerdas?), la relación es lo primero.

¡Ah! Y por último, te insistimos una vez más en que este no es un libro o manual para tus hijos. No pretende conseguir que obedezcan o hagan lo que tú quieres que hagan (aunque, a veces, será una consecuencia que advertirás). Este es un manual para el agricultor, es decir, para ti, papá o mamá. Para que aprendas a ser el mejor agricultor o jardinero para tus hijos y hagas de ellos el árbol más fuerte, brillante y majestuoso que pueda llegar a ser. Como ya sabes, se trata de una carrera de fondo, porque cuando hablamos de educación siempre, siempre, siempre, hay que pensar a largo plazo.

> La vida (la educación) es una carrera de fondo.

Mi hija es una semilla... ¿Quién cuida a quién?

Me gusta empezar con un testimonio muy bonito de una mamá maravillosa que hizo hace tiempo uno de nuestros cursos AEIOU. Es un testimonio muy sentido. Recuerdo a la perfección la primera vez que lo leí una mañana cualquiera, allí estaba, en la bandeja de entrada de mi correo. Lo recuerdo porque me emocioné y al emocionarme quedó impregnado en mi memoria. Cada palabra nace de un corazón grande y por eso llegará también al tuyo. Desde la primera a la última línea desprende muchas cosas y todas muy profundas.

Nos recuerda que la educación de los hijos es un trabajo duro, retador y, a la vez, maravilloso, gratificante.

Que es precisamente esa dureza la que te hace fuerte y te permite llegar a hacer cosas por tus hijos que jamás imaginabas. Te hace grande y así los haces grandes.

Que por difícil que sea vale la pena la aventura. Siempre vale la pena. Siempre.

Que en cada recodo y obstáculo en el camino hay un regalo, un aprendizaje que nos espera.

Que cuanto más conscientes seamos como padres, más disfrutaremos de nuestros hijos. Que cuanto más felices seamos nosotros, más felices serán ellos.

Que cuanto más abracemos y amemos la vida con todo lo que nos depara, más aprenderemos a aceptarla y gozarla. Porque todo tiene un lado malo y uno bueno, y depende de nosotros escoger uno u otro, y que de esa elección depende en gran parte nuestra felicidad y la de nuestros hijos.

Que muchas veces las cosas no son como queremos o hemos imaginado y, aun así, hay que danzar con lo que la vida nos depara, confiando en que todo tiene un sentido, a veces muy escondido.

Que la educación de los hijos es un camino de ida y vuelta en el que aprendemos y crecemos padres e hijos juntos, todos. Porque el que enseña aprende dos veces.

Que nuestras vidas trascienden a sus vidas.

Que nuestros hijos son nuestros verdaderos maestros porque siempre nos hacen de espejo de nuestra realidad y nos señalan el camino.

Y, sobre todo, me encanta porque puede entreverse el amor incondicional de una madre que acoge a sus hijas aceptando quienes son, amando su singularidad, con la confianza y la seguridad de que descubrirá aquello que las hace únicas e irrepetibles como seres humanos.

Gracias, Mónica, por esta lección de amor que nos das a todos desde tu maternidad.

Hola, me llamo Mónica, soy la mamá de Andrea y Martina, dos piedras preciosas —Andrea, de catorce años; Martina, de ocho—. A Andrea la sociedad la llama minusválida; yo, diamante en bruto; con Martina estamos en el proceso de pulir para que salga la mejor piedra, la que quiera ella.

¡AEIOU, qué gran grupo!, me disteis la oportunidad de dar una vuelta de tuerca más a mi personal proceso de evolución. La frase que más he recordado de mi paso por vuestro taller: «Vuestros hijos son semillas que ya lo llevan todo», mentalmente me relajó tanto que dejé de poner tanta energía en todo y me dediqué a concentrarme en aquello que era importante. Como por arte de magia dupliqué la energía, porque ya no la malgastaba.

Hablaré en primera persona porque los procesos entre mi marido y yo no van al mismo tiempo, pero solo en tiempo, no en fondo, yo no hubiera podido hacer este proceso si Luis no hubiera estado cerca, muy cerca.

Con Martina, siento que se llevará el fruto de este gran proceso que estoy haciendo, por eso me voy a centrar en Andrea. Una vez oí en una charla que cuando decides ser madre, todos esperamos hijos redonditos, nunca piensas que el tuyo tendrá una o varias puntas.

A los dos años de nacer Andrea, me resistí a resignarme y pensé que también en esas puntas tenía que haber algo, que también tenían algo que decir, e inicié la búsqueda. Ha sido un camino largo en el que descubrí que cada vez que me acercaba a ella solo conseguía pincharme y pincharme con sus puntas. No avanzábamos.

Así llegue a la siguiente reflexión, «¿y si sus puntas me pinchan e insisten hasta hacerme daño para que me dé cuenta de algo?». Entonces me escuché y me oí, y me vi, entonces me trabajé y me sané. Mi asombro fue llegar a esta conclusión: ¿quién está cuidando a quién?

Pues la respuesta aún es más sorprendente. Yo me sano, pero su discapacidad mejora...

Andrea no sabe sumar 22 + 20 + 34, pero esta semana, cuando yo le propuse un eslogan para colgar en su habitación y que lo tuviera siempre presente, ella lo terminó así:

«*YO NO SOY EL PROBLEMA, SOY PARTE DE LA SOLUCIÓN...*

Y ella siguió diciendo:

»*... Y quien lo crea, será feliz; y quien no, vivirá en un cubo de basura.*»

Me da igual que mi hija no sepa sumar.

1. Presencia y escucha

> No se puede estar siempre presente, pero sí puedo elegir cuándo quiero estarlo.
>
> AEIOU

La «u» que está en «escUchar»

Antes de hablar de ESCUCHA, hablaré de PRESENCIA. La presencia es la habilidad fundamental de entre todas las que voy a hablarte. Es la primera clave para establecer una conexión potente con tu hijo. Es básica para tener una conversación/relación transformadora con otra persona.

Si no estás presente, nada importante o mágico va a pasar. Si no estamos presentes aquí y ahora, no podremos poner en práctica ninguna de las habilidades emocionales de las que hablaremos en este libro. Utilizando la metáfora que usamos con anterioridad, la presencia sería la caja de herramientas en la que iremos incorporando todas las demás habilidades.

> La PRESENCIA es estar al cien por cien en lo que estoy haciendo AQUÍ y AHORA.

Para los padres significa aprender a soltar todo el «equipaje» innecesario de la mente y estar plenamente disponibles para lo que requiere el momento. La presencia permite crear un espacio privilegiado para que tu hijo se atreva a conectar con su esencia, con algo verdaderamente importante para él. Le empuja a hacer visible su esencia y mostrar lo que es.

Significa, pues, aprender a poner un punto final a los asuntos que ocupan nuestra mente (la logística familiar, lo que tengo que hacer luego, el problema del trabajo...) y centrarnos en lo que estamos haciendo en este momento. Es así como vamos a poder responder a la situación única e irrepetible que aparece ante nosotros, ya sea una conversación con tu hijo, resolver un problema con él, o simplemente ser un apoyo («estar») para él.

> Para ser quien soy AQUÍ y AHORA (es decir, para ser quien mi hijo necesita que sea) tengo que renunciar a ser otro en otra parte o en otro momento.

Luces y sombras

> Cuida el presente, porque en él vivirás el resto de tu vida.
>
> Facundo Cabral

Me incorporé sobresaltado en la cama. El sudor frío me corría por la frente. La angustia se había apoderado una vez más de mi garganta y no me dejaba respirar bien, «no puedo respirar», me repetía una y otra vez. La respiración entrecortada se sumaba a un fuerte dolor en el pecho, como si tuviera una pesada y fría losa de mármol que me comprimía los pulmones y lo hacía más difícil. Mi mujer encendió la luz de la mesilla de noche y con una mirada llena de amor y preocupación preguntó: «¿Otra vez?». Asentí con la mirada.

Otra vez la misma pesadilla, las mismas imágenes una y otra vez. La mismas emociones. Miedo y culpa. Culpa y miedo. Conducía mi vida tranquilo hasta que un día el destino implacable como un verdugo decide cambiarlo todo. Tornar mi vida gris, triste, apagada, llena de sombras, de culpa, de vacío. Un vacío que paradójicamente llena todo mi ser desde aquel día en que viví impotente cómo el coche se estrellaba. La luz del sol me cegó hasta el punto de no ver nada y no poder evitar la fatalidad. Ya nada es igual para mí desde entonces.

Una persona murió y vivo atormentado por ello. No hay día que no me culpe. No hay día que no sienta esa culpa que me quema por dentro a pesar de que me repito una y otra vez que nada podía hacerse.

Sigo adelante, hay días que logro liberarme y sentirme bien, a veces me castigo por eso y me siento todavía peor. Me esfuerzo por llevar mi vida lo mejor que puedo, pero los que me conocen y quieren saben que no soy el mismo de siempre. Estoy presente, pero ausente muchas veces. Me cuesta más estar incluso con los que más quiero. Tengo dificultad para estar con mi hija. Luz, que así se llama, me busca, pero muchas veces no me encuentra y me duele en el alma. ¡Qué horrible coincidencia! La luz que me cegó es el nombre de mi preciosa pequeña. ¡La quiero tanto! Me lo recuerda cuando me mira con sus brillantes y luminosos ojos negros.

Esta tarde mi mujer y yo hemos participado en una formación para padres. Ha sido una experiencia muy satisfactoria que me ha hecho pensar y conectarme con lo mejor de mí mismo. Hemos hablado sobre la presencia y practicado ejercicios para tomar conciencia de cuándo estamos o no estamos presentes. He visto lo importante que es la presencia para sentir conexión con los demás, para reconectar con mi hija Luz.

Lleno de buenas intenciones y animado por haber compartido esta experiencia, al llegar a casa me he puesto a jugar con Luz. He visto cómo se sorprendía un poquito al principio y lo contenta que estaba después. Lo hemos pasado muy bien. ¡He disfrutado tanto! Por unos momentos nada más existía en el mundo. Estábamos Luz y yo. Nada más importaba. Su risa me llegaba al alma. No podía dejar de sonreír. Sus ojos limpios me miraban sin juicio, con curiosidad, con mucho cariño. Hemos pasado un buen rato, pero tan real, tan consciente, tan presente, tan intenso, que más bien me ha parecido un instante eterno. Un instante pleno, perfecto. No le faltaba nada, no le sobraba nada. Estaba feliz.

De repente, recordé que había olvidado algo en el coche. Me puse de pie de un brinco y cuando me disponía a salir por la puerta Luz dijo que me acompañaba. «Estoy seguro de que lo ha hecho para seguir conmigo», pensé. Cojo las llaves con una mano y con la otra a mi hija y salimos juntos a la calle. La veo contenta y yo también lo estoy. Me siento unido a ella como hacía tiempo no me sentía. Abro la puerta del coche y entramos los dos. Ella está a mi lado y no deja de mirarme. Abro la guantera y de repente Luz me dice:

—Papá..., ¿a ti te gusta estar conmigo?

Su pregunta es como una flecha que va directa a mi corazón. Se clava en lo más íntimo, pero sin dolor, más bien con la suavidad de un haz de luz que ilumina mi conciencia. ¡Qué hondo llega! Tengo que tragar saliva y coger aire para atreverme a pronunciar unas palabras.

—Sí, hija, claro que me gusta. Me gusta mucho, ¡muchísimo! Lo que pasa... —hice un silencio—, es que se me había olvidado.

Luz estaba a punto de pronunciar unas palabras sanadoras. Unas palabras que iban a transformar mi vida. Iban a reparar y a fortalecer nuestra relación y a aliviar mi alma. Estábamos los dos en el coche. Todo tenía un significado muy revelador para mí.

—No pasa nada, papá. No te preocupes, TE PERDONO.

Sentí cómo, poco a poco, el peso que soportaba sobre mis hombros desaparecía. Hacía tiempo que no me sentía tan ligero y liberado. Empecé a respirar hondo y profundamente sin dificultad. La abracé fuerte, muy fuerte, mientras las lágrimas mojaban nuestras mejillas. Estaba feliz, podía sentir su amor incondicional. Hija mía, nunca podré agradecerte bastante lo que hiciste por mí aquella tarde que pasamos juntos. No había podido perdonarme por lo que pasó hasta ese momento. Nuestro momento. Gracias, hija. ¡Te quiero!

Este testimonio es real, muy real. Es de un papá que asistió hace un tiempo a nuestro curso AEIOU. Es una historia que todavía nos emociona al recordarla. En este caso, la presencia de la que hablamos tenía un significado muy especial por la peculiaridad de la situación que describe. Sin embargo, siempre, siempre, siempre, la PRESENCIA tiene el don de hacer mágicos los momentos. Cuando dos personas se «encuentran» porque «están presentes» actúan como sustancias químicas que se conectan y se transforman, ¡PURA ALQUIMIA!

No te pedimos que nos creas, te pedimos que lo experimentes tú mismo: la presencia es el regalo más auténtico y exclusivo que podemos hacer a los demás. La presencia es mágica, de verdad y en sentido literal. Estando presentes nos damos a nosotros mismos. Damos lo que somos. Estamos regalando nuestro ser. Por eso es tan valiosa. Es un acto de generosidad inmenso, pues el que regala su presencia, su tiempo, jamás lo volverá a recuperar.

Sin presencia no hay conexión y sin conexión no hay relación posible. No hay nada. Nada. Coleccionando momentos de presencia con tus hijos, creas vínculo, estás cuidando la relación. La presencia es también sanadora, reparadora. Recuerdo cuando mi abuelita venía a verme cuando estaba enferma. Era verla asomarse por la puerta de mi habitación y parecía que me encontraba mejor, sentía alivio. Cogía una silla, la acercaba a mi cama y sacaba de su bolso un paquetito con mi merienda favorita. Estaba para mí, toda ella para mí. Me leía cuentos, me contaba historias e iba forjando cada día un vínculo que se iba haciendo más y más fuerte a base de momentos de presencia y atención.

¿Por qué es tan poderosa? Porque los niños son PRESENCIA, están enfocados en el aquí y el ahora, centrados en lo que está ocurriendo mientras tiene lugar, con una actitud llena de asombro, expectante, curiosa, sin juicios..., por eso la detectan, porque se nutren y alimentan de presencia.

Tu hijo te hace un regalo vital y trascendente para entender la vida, la PRESENCIA. Si estás atento, te avisará cuando no vivas y disfrutes del presente, cuando te encalles en el pasado y estés preocupado o ansioso por el futuro. La presencia es un regalo que se nos concedió cuando vinimos al mundo y perdemos por el camino. Los niños, si les dejamos, nos ayudan a reconectar con el presente. ¿Por qué será que a veces no lo aprovechamos?

¿Cuándo fue la última vez que te asombraste con algo cotidiano?

¿Cuándo te empapaste de tal forma del presente?

Ciertamente, no podemos estar siempre presentes para ellos ni para nadie (es imposible), pero sí deberíamos estarlo cuando nos necesitan. Es la forma real y eficaz de decirles que los queremos, que nos importan y son valiosos para nosotros.

No hablo necesariamente de cantidad, hablo de momentos de presencia de verdad (todos los que podamos). Porque un pequeño gesto puede significar mucho. A mi padre le gustaba leer el periódico los domingos con tranquilidad. Mi madre siempre estaba pendiente de que no le molestáramos. Nos decía: «No hagáis ruido, papá está descansando. Ayer llegó de viaje y está muy cansado. Papá está leyendo el periódico, no le molestéis». Han pasado muchísimos años y lo recuerdo perfectamente. A mí me gustaba observarle mientras leía y, en cierto modo, le tenía un respeto reverencial. Poco a poco, me iba acercando para hacerme visible. Cuando mi padre se percataba de mi presencia, cerraba el periódico con mucha decisión y me decía: «¡Estás aquí! ¡Qué alegría! ¡Qué tonto soy leyendo estupideces cuando tú eres más importante que las noticias! ¿Querías decirme algo? Estoy para ti».

Estos momentos eran para mí muy importantes. Los buscaba siempre que mi padre estaba en casa, ya que viajaba mucho por trabajo y le veíamos muy poco. ¿Podéis imaginar el impacto que tenían en mí esas palabras? Me hacían sentir lo único importante para él en esos momentos. ¡Más importante incluso que las noticias del periódico! ¿Sabéis lo que significa esto para una niña de seis años? Apenas le había contado alguna cosa me iba feliz dando saltitos a jugar a mi habitación y mi padre seguía tranquilamente leyendo la prensa.

Cuando estoy presente construyo relación. Nutrimos la relación cuando estamos disponibles o nos saben disponibles, esto último es fundamental y es suficiente en muchas ocasiones. La presencia es tan poderosa que a quien ha estado presente en nuestras vidas le seguimos sintiendo así aunque ya no esté con nosotros. Su presencia seguirá inspirándonos, dándonos alas, reconfortando, motivando, le seguiremos sintiendo en lo más profundo de nuestro ser. Siguen con nosotros, invisibles, pero siguen con nosotros, ¿verdad?

Si lo pensamos con detenimiento, estar presente compartiendo un lugar, un momento, una situación única e irrepetible (por semejanzas que puedan existir, es la primera y la última vez que aparecerá en nuestras vidas), ¡es maravilloso! Cada situación vivida y que te queda por vivir con tu hijo es una oportunidad. Ya sea un momento idílico, o uno delicado y de frustración, ¡no importa!, porque dependiendo de tu reacción, gestión, comportamiento, según lo que hagas, digas, cómo lo hagas y cómo lo digas, en fin, según cómo la VIVAS, estás dando una lección de vida impagable, al tiempo que construyes o destruyes relación.

Lo contrario, estar desconectado del presente, nos lleva a reaccionar muchas veces de una manera disfuncional y victimista. Nos quedamos enganchados en nuestro ego, nuestra historia/mente, «lo que me interesa a mí, mis prisas, mis intereses, mis necesidades, mis obligaciones, mis juicios, lo que tengo que hacer, mi cansancio...», *mí, yo, me, conmigo...*

Insisto, no subestimes los pequeños gestos. Es muy triste cuando no hacemos algo porque pensamos que es poco o muy poco y no vale la pena. Créeme, ese poco se transforma en mucho con el tiempo. Por ejemplo, estando presente de verdad en el momento del baño con tu hijo. Pueden ser tan solo unos minutos, pero también será un momento de ternura, de juego, de diversión y complicidad que llevará siempre en su corazón. Esos momentos se graban en el alma. Cada uno de vosotros sabrá encontrar esta clase de momentos de presencia. Aquellos diez minutos del cuento antes de acostarlo. El trayecto cuando le acompañas a su partido de baloncesto. Un día tras otro, de forma constante, te llevará a una comunicación fluida con los años. Os proporcionará conexión, confianza y con ella llegará el compromiso de daros lo mejor que tenéis el uno para el otro.

¿Cuál quieres que sea tu momento de plena presencia?

> Santa Teresa de Calcuta decía que el cielo y el infierno empiezan en el hogar de cada uno de nosotros. Nosotros decidimos, al fin y al cabo, proporcionar momentos de paz o de guerra a nuestros hijos.

Al fin y al cabo, «somos» también la relación que creamos.
¿Cómo es la relación con tu hijo?
¿Y con tu pareja?
¡Estamos hechos de relaciones entrelazadas!

SOMOS UN NUDO DE RELACIONES. Cómo sea la relación determinará en gran parte lo que somos, lo que serán tus hijos, lo que serán tu familia y tu hogar. Hemos venido a este mundo a dar y recibir amor. ¿Podemos decir que amamos de verdad a alguien si no estamos presentes, atentos y disponibles para él? El amor y el grado de amor que recibimos y damos conforman nuestras relaciones, construyen nuestros vínculos y, como decía, determina en gran medida quiénes somos.

Porque no podemos decir que amamos al otro si no le cuidamos, y CUIDAR AL OTRO EXIGE MUCHA PRESENCIA.

Lo que somos depende también en gran medida de la ternura que los demás han tenido con nosotros. Cuando existe ternura no hay relaciones instrumentales, ni intereses ocultos. «Te cuido, te respeto, te protejo, te sostengo, te procuro seguridad porque te quiero, te amo y no busco nada a cambio. Estoy presente para ti. Te procuro cuidado, amabilidad, atención, protección y ayuda porque deseo tu bien.» ¡Qué más podemos ofrecer a nuestros hijos! Alimenta el alma y crea APEGO, fortaleciendo el vínculo.

Tus hijos te piden atención (presencia), amabilidad, ternura y contacto físico, sobre todo de pequeños. Durante los primeros años es fundamental la relación que generan con su principal cuidador para establecer un apego seguro, que será cimiento para un desarrollo emocional e intelectual óptimo. Y el contacto nos ayuda a estar presentes.

Me viene ahora a la mente un recuerdo de cuando mis hijos eran pequeños. Jugaban tranquilamente. De repente, Lucas, el pequeño, se levantaba, se acercaba a mí y se sentaba unos momentos en mi regazo, recargándose emocionalmente en su fuente. No decía nada, no le decía nada, solo la presencia que sientes en el cuerpo y que te conecta con el momento que estás viviendo, escuchas su respiración y notas cómo palpita su corazoncito al colocar suavemente la mano en su pecho. Al ratito y sin mediar palabra se bajaba de mi falda y volvía al mismo lugar donde estaba jugando.

Tus hijos adolescentes también lo piden aunque les cueste reconocerlo y no te lo digan abiertamente. Un abrazo profundo con presencia puede sintetizar muchas cosas sin necesidad de palabras. Puede significar: «Hijo, te quiero mucho, aunque estemos enfadados», «Te has equivocado, no apruebo lo que has hecho y, aun así, estoy contigo», «Lo siento y te sostengo porque te quiero incondicionalmente», «Comparto tu alegría y estoy orgulloso de ti», «¡Qué contento estoy!», «Te perdono».

La presencia y la ternura se dan también en los silencios, en las palabras susurradas bajito que te alientan: «Hijo, tú puedes», «Estoy contigo, lo vas a conseguir», «Estoy aquí si me necesitas».

En los gestos, en las miradas de complicidad que te dicen: «No te preocupes, todo saldrá bien», «Estoy aquí para echarte una mano, entre todos saldremos de esta situación, ya lo verás, confía en mí, yo confío en ti», «Te quiero cuidar y puedes apoyarte en mí, me tienes a mí».

Las encontramos en las sonrisas amplias y alegres que te muestran la alegría de compartir. Sonrisas que te dicen: «¡Cómo te quiero!», «Te quiero simplemente por ser quien eres».

La presencia y la ternura están en las caricias que te reconfortan, te curan y te valoran.

> Cuando eres tierno y amable, ante todo estás presente, respetas, valoras, reconoces y amas.

Estar presente también tiene mucho que ver con reír, divertirse, disfrutar y pasarlo bien con tus hijos. La complicidad que podemos crear con nuestros hijos es mágica si estamos presentes. Ya sea cocinando un pastel una tarde de sábado o jugando a las cartas toda la familia, dibujando o haciendo una manualidad con los más pequeños, no importa lo que hagamos siempre que tengamos claro que nos ayuda a conectar toda la creatividad e imaginación que podamos reunir... También otros ingredientes como la flexibilidad, la complicidad, la empatía, el fluir sin apegarme a un resultado concreto, el no juzgar, las ganas de pasarlo bien, ese punto payaso que te lleva a la liviandad y la ligereza, mover el cuerpo, saltar, reír, correr, bailar...

No importa si el pastel acaba siendo comestible o una torre de piezas de construcción inestable, ganes o pierdas a las cartas o que la manualidad acabe en la papelera. Importa compartir el juego, las ganas de estar juntos, el tocarse, las risas explosivas, las miradas y toda la interactuación que generemos con ellos... Atrás quedan la rigidez, la planificación, el juicio, el apegarme a cómo deberían ser o hacerse las cosas. Analizar, planificar, estructurar, el que todo tenga sentido, son habilidades analíticas de mucha utilidad en el trabajo, pero si quieres estar presente con tu hijo, crear conexión y vínculo, te sirven las habilidades interpersonales. Es decir, darte cuenta de cómo te habla, cómo te mira, su expresión (más incluso que lo que te está diciendo), ver qué emoción hay detrás de esos ojillos chispeantes y confiar en tu intuición. Disfrutar de todo este proceso independientemente del resultado.

¿A quién le puede importar ganar o seguir a rajatabla las instrucciones del juego cuando lo estás pasando bomba con los más peques?

¿A quién le importa en realidad lo que hayáis hecho, si compartir este espacio le ha permitido a tu hijo adolescente explicarte algo que le preocupaba?

No debería preocuparle a nadie, pues disfrutar, compartir o generar espacios de confianza es el verdadero objetivo.

«Llevo toda la tarde con los niños»

Llevo toda la tarde con los niños. Toda la tarde. Estoy con ellos, pero... ¿Estoy realmente con ellos? ¿Estoy, pero no estoy?

Los miro, pero no los veo.

Los oigo, pero no los escucho.

Me tocan, pero no los siento.

Estoy con ellos, pero no los disfruto.

¿Los disfruto?

Estoy imbuida en mis pensamientos. Engullida en mis preocupaciones. Cuanto más y más pienso, más lejos me siento de esta habitación. Menos conectada con lo que está ocurriendo en estos momentos. ¿Dónde estoy? ¿Dónde quiero estar? Su mano gordita y suave me coge la mejilla acercándosela a su carita en un nuevo intento de llamar la atención. En lugar de sentir y apreciar su calor y suavidad, me molesta, me fastidia... ¡Qué pesadez de tarde! ¡Qué ganas tengo de que llegue la hora de acostarlos!

Insisto, los niños son detectores de presencia. Tienen un radar muy potente y advierten cuándo estamos ahí, pero sin conectar, sin estar del todo..., como si estuviéramos, pero en realidad ausentes. Captan cuando nos encerramos en nuestra mente de adulto aunque pretendamos disimular.

¡Qué ilusos somos los adultos!

¿Crees que los engañamos?

Creemos que ellos no notan que estamos enganchados a aquello que nos ocurrió ayer, cuando queremos anticiparnos a lo que pensamos que pasará o debería pasar mañana, cuando estamos enjuiciando todo lo que está ocurriendo como si no se ajustara a lo que queremos que pase, pero..., ¡es que pasa!, ¡está pasando!... «Se ha vuelto a manchar y estaba recién bañado, no ha querido cenar y ahora me pide...»

Curiosamente, cuando más encerrados estamos en nosotros mismos, cuando menos conexión hay entre nosotros y nuestros hijos, menos armonía reina en casa, más pesados y demandantes nos parecen, menos hacen lo que nos gustaría, más difícil nos lo ponen, todo parece mucho más complicado, más espeso y denso... ¡Ufffff...! ¡Qué difícil!

¡Querría desaparecer!

Sigo agobiada y enfadada por lo ocurrido hoy en el trabajo, todavía siento en mi cuerpo el bochorno y el enfado vivido en la reunión de equipo... ¿o lo que me agobia y me enfada es que no está recogiendo los juguetes cuando se lo he pedido por cuarta vez?

¡Cuidado!

¿Qué está pasando realmente?

Ese agobio y ese enfado, ¿a qué obedecen en verdad?

¿Cómo se lo he pedido?

¿Qué tono he empleado?

¿Qué ha visto en mi expresión?

Stop... Respira, recupérate, [re]conecta con el momento presente, coge a tu hijo, tócale, sonríele mirándole a los ojos durante unos instantes hasta que te sonría él a ti, hasta que resurja la conexión, siéntelo, os lo merecéis los dos... Todo vuelve a comenzar cuando reconectas con tu hijo, ¿verdad? Todo está bien. No pasa nada. No hay culpa, porque no sirve para reconducir las cosas. Sirve el amor que sientes por él y las ganas de mejorar.

Continuamente les pedimos a nuestros peques que vivan en nuestro mundo, ¿no os parece? Tienen que saber callar cuando nos interesa que callen, «ahora te estás calladito, ¡¡chiss!!, *ni una palabra más*», tienen que estar quietos a la voz de «ya», «ahora esto no toca», tienen que hacer las cosas cuando nosotros queremos que las hagan y no en otro momento, podría ser indiferente, pero queremos que sea cuando exactamente nosotros decimos que sea. Insistimos para que sigan nuestro ritmo, nuestros tiempos. Esto nos gusta, nos sentimos como si todo estuviera bajo control. Si a esto le sumamos que los adultos solemos vivir en un mundo estresado y, las más de las veces, bajo presión y con muchas prisas, el resultado es niños estresados y, en el peor de los casos, además rebotados (¿te extraña?).

Por supuesto que, como padres, hemos de ir enseñando a nuestros hijos a respetar el turno de palabra y otras normas de cortesía y convivencia, preocuparnos por que adquieran conocimientos, a que se responsabilicen de sus tareas, a que colaboren en aquellas obligaciones familiares y muchísimas otras cosas que son necesarias e imprescindibles para vivir en sociedad... (pero ¡sin olvidar que son niños!).

La reflexión que quiero traer aquí es cuestionarnos la de veces que les pedimos a los niños que vivan nuestro mundo y las pocas veces que visitamos el suyo.

¿No crees que visitando de vez en cuando su punto de vista habría mayor comprensión en casa y las cosas fluirían mejor?

Me preguntarás: «¿Para qué me sirve a mí visitar su mundo?».

Insisto. Insisto una vez más: para que exista CONEXIÓN con tu hijo, pues cuando estamos encerrados en nuestro mundo estamos desconectados, el flujo de comunicación se rompe, no hay «cobertura». Si no aprendemos a RECONECTAR con nuestros hijos, a crear un vínculo inquebrantable con ellos, a tener siempre abierto un canal de comunicación y confianza con ellos... Si, en definitiva, no cuidamos la relación, nada bueno pasará porque la puerta del corazón se abre desde dentro (nunca desde fuera).

¿Cuántas veces nos ponemos a la altura de nuestros hijos para ver el mundo con sus ojos? Cómo, si no, voy a descubrir quién es mi hijo, cómo voy realmente a conocerle. Averiguar qué le gusta y le disgusta, qué valores tiene y qué le importa, qué piensa de sí mismo o qué piensa de mí, qué le impide obedecerme, qué le hace pegar a su hermano, qué le está siendo difícil en el cole, qué necesita para escucharme, qué pasa que ya no quiere tocar el piano, qué hace que se aísle de todo y de todos...

Nuestro hijos, sobre todo los más pequeños, necesitan que conectemos emocionalmente con ellos para mostrarse ante nosotros, para que abran su corazón, para que nos cuenten, nos expliquen, nos hablen de sus sentimientos y sus necesidades. Necesitan abastecerse emocionalmente y nosotros somos la fuente donde consolidan su estructura emocional para convertirse en adultos seguros y equilibrados. Y una forma eficaz de hacerlo es abrir nuestro corazón primero y yendo a visitar su mundo después.

El camino para EDUCAR A NUESTROS HIJOS, para enseñarles, para acompañarlos, EMPIEZA EN SU CORAZÓN.

La próxima vez que tengas oportunidad, conecta con tu niño interior, con tu verdadera esencia, y mira a tu hijo con calma, sonríele, tócale, abrázale fuerte, siente vuestra complicidad y desde allí, con presencia, disfrutando de ese precioso y preciso momento...

¿Qué puedes decirle?
¿Qué puedes hacer?
¿Qué vais a sentir?
¿Qué os vais a permitir?

> Darse cuenta de que nos hemos ido (sin habernos ido), pero que hemos vuelto con nuestro hijo, es el primer paso para que las cosas vuelvan a fluir y se respire otra vez aire fresco en tu hogar.

Salvamos el día, pero perdemos la vida

> La mayoría de la gente trata el momento presente como si fuera un obstáculo que debe superar. Dado que el momento presente es la vida misma, es una manera demencial de vivir.
>
> ECKHART TOLLE

Seguimos con la PRESENCIA, paradójicamente tan ausente en nuestra vida y sociedad. El día a día muchas veces nos sobrepasa. Son muchas las cosas que tener en cuenta para seguir el ritmo actual, sobrevivir y no sucumbir en el intento. A veces pienso que lo que hemos ganado con tantos avances tecnológicos en rapidez, comodidad e inmediatez lo hemos perdido en serenidad, atención y paciencia. Podemos conectar con personas que se encuentran en lugares lejanos. Podemos seguir una conferencia de trabajo a distancia en tiempo real, comprar *online*, preparar nuestro viaje sin salir de casa, desde la ventana de nuestro ordenador, y un sinfín de cosas más. Es como si estuviéramos haciendo correr la vida a un tiempo, a un ritmo que no le corresponde. Cada vez queremos más, mejor dicho, exigimos que las cosas sean para ya, «lo quiero ahora», «lo necesito para ayer», «esto es urgente, y esto, y esto otro también», «ya estás tardando»...

Los adelantos tecnológicos, que tan útiles se nos hacen para tantas y tantas cosas, nos están convirtiendo en personas más descentradas, impulsivas, ausentes, irritables e impacientes. Nos convierten en personas dispersas, incapaces de prestar atención a lo que real y verdaderamente requiere atención, a lo importante. Como si estuviéramos adormecidos, sin darnos cuenta de lo que ocurre delante de nuestras narices. Ya no hay tiempo para escuchar a un amigo, «hemos de quedar un día de estos y nos ponemos al día, ¿vale?», decimos para tranquilizar nuestra conciencia; «hijo, cariño, ahora no puede ser, me lo cuentas mientras cogemos el ascensor (de paso le pongo el abrigo a tu hermana) y os acompaño al cole». Estoy cenando con mis hijos y pienso en todo lo que me queda por hacer, hago ver que los escucho y mentalmente repaso la reunión que tendré mañana.

¿Dónde estamos?

Me encanta la publicidad creativa, original e inteligente. Siempre me gustó el anuncio de una marca de automóviles que todos conocéis: «Cuando saltes, salta. Cuando corras, corre. Cuando llores, llora. Cuando rías, ríe... Cuando conduzcas, conduce», y yo añadiría: «Cuando estés con tus hijos, disfrútalos. Disfruta de tu tiempo con ellos».

No podemos olvidar que la vida *(offline)* tiene un ritmo lento, pausado, paciente. Me refiero a la naturaleza. Somos parte de ella y desconectarnos en demasía de su fuente provoca angustia, estrés, ansiedad... Basta ir al campo y sentarse con unos amigos a disfrutar del paisaje y parece que el tiempo se detiene. Las agujas del reloj se paran. Sientes cómo el sol te acaricia las mejillas y puedes oler la tierra, la vida. Lo cierto es que el reloj no se ha detenido, pero aunque no seas del todo consciente, estás viviendo el presente. El disfrute y la paz que sientes te lo está proporcionando tu conexión con el momento. Atrás quedan las preocupaciones del trabajo, de la casa y parece que el aire entra mejor en tus pulmones, ¿no es cierto? Sientes la serenidad tan anhelada en aquellos momentos en los que contestaste mal a tu pareja, a tu compañero de trabajo o gritaste a tus hijos. Gozas de la paz necesaria que te faltó cuando tomaste aquella decisión que tantos problemas te acarreó.

¿Somos conscientes del daño que nos hace vivir tan desconectados con el presente y, consiguientemente, con nosotros mismos? Esta desconexión nos provoca ansiedad, angustia y mucha frustración e insatisfacción. Parece que nos empuja a hacer y hacer más cosas para calmarnos, pero es un esfuerzo inútil. Más cosas y cada vez más de prisa. Y cuando llegamos a casa seguimos igual, haciendo y haciendo cosas como «pollos sin cabeza», sin priorizar.

¿Os imagináis lo difícil que ha de ser para los niños?

«Ya tendrías que haber merendado... Acábate el bocadillo o no tendrás tiempo de hacer los deberes...» «Ya estás tardando en acabar los deberes, que tienes que ducharte...» «Pero ¿todavía estás en el baño?» «No habrá tiempo para jugar...» «O te acabas el plato o me voy a enfadar, y este fin de semana no vamos al cine.»

Rápido, rápido, rápido.

¿Cuántas veces les decimos «llegas tarde», «vas tarde», «estás tardando»?

Hemos de tomar conciencia y replantearnos ciertas cosas. Para conectar con el momento presente es necesario el esfuerzo de poner intencionadamente el foco en lo que está pasando con una mentalidad abierta y amable. Esta mente ABIERTA, COMPASIVA Y AMABLE que acepta sin juicio lo que está ocurriendo es necesaria para no quedar atrapado y paralizado en nuestra historia personal: «Esto no puede ser..., ¿por qué a mí? No me lo merezco, después de todo lo que hago por ellos y así me lo pagan..., es que estos niños no me hacen ni caso y deberían hacer lo que les pido. ¡Esto no debería estar pasando!».

Porque cuando «juzgo» que lo que ocurre no debería ocurrir y ¡está pasando delante de mis narices! —«llego tarde», «la cocina parece un campo de batalla», «hay una mancha en la chaqueta y tengo entrevista con el jefe», «me faltan horas de sueño y suena la misma cantinela de todas las mañanas», «¡ha empezado ella!»—, entonces, sale lo peor de mí, estallo... ¡Booommm!

Cuando me peleo con la realidad tengo todas las de perder. Me duele verme así, pero es así. También me he convertido —más veces de las que me hubiera gustado— en alguien fuera de sí, sin control alguno. Apenas son unos segundos, pero luego te sientes fatal, ¿verdad? Creo que es muy bueno reconocerlo, pues al aceptar estamos preparados para cambiar, es el primer paso para trabajar en este sentido. De lo contrario, seguirá condicionando lo que hacemos y cómo lo hacemos.

La alternativa es PARAR y RESPIRAR (conectar con tu respiración es una forma muy útil y eficaz de recuperar la calma, la serenidad). ¡Qué paradoja cuando PARAR se convierte en un atajo! Sí: es el camino más corto para llegar a ser la mamá o el papá que queremos ser, imperfectos, aunque los mejores para nuestros hijos.

Parar, respirar y conectar con el momento presente, aceptándolo sin juicio, ¡casi nada! ¿verdad? Entonces es cuando flipas conmigo y con recelo y, por qué no decirlo, con un poco de enfado piensas: «Son unas palabras preciosas, yo también he oído hablar de esa cosa del *mindfulness*, pero eso... ¿sirve para algo? ¿Cómo lo aplico en casa o con los niños?». No digo que sea fácil. Requiere un duro aprendizaje, un hábito. Un ejercicio de constancia, consciencia, autoconocimiento y sobre todo de gobierno de uno mismo. Dejar atrás el ruido de nuestra mente, esa historia o diálogo interno que me desconecta del aquí y me separa del ahora, que enturbia y contamina la realidad de este preciso momento con mis juicios, interpretaciones, valoraciones... Con «mi historia», con todo aquello que me cuento yo mismo.

¿Qué puede ayudarte a hacer ese clic? Es decir, a darte cuenta de que estás, pero no estás. Presente, pero ausente. Aquello que puede ayudarte a no estallar, a no reaccionar.

> Dedica unos instantes a recordar con curiosidad quién es tu hijo o hija. Intenta imaginar un mundo visto por sus ojos, es decir, desde su punto de vista, desprendiéndote del tuyo.

Por ejemplo, estáis preparados a punto de salir de casa y tu hijo de tres años te pide hacer pipí. ¡¡Lleva puesto hasta el abrigo y la bufanda!! Los adultos podemos comprender tu malestar. Tu peque no alcanzará a entender tu disgusto o incomodidad simplemente porque no puede. «¿Es malo pedir hacer pipí? ¿Mamá se ha enfadado? ¡Ayer se puso supercontenta cuando le dije que tenía pipí! No entiendo por qué unas veces se pone contenta y otras no le gusta nada que le pida ir al baño. Es que no sé muy bien cuándo puedo aguantarme y cuándo se me va a escapar.»

Tú puedes hacer el esfuerzo para entenderlo. Tu hijo de tres años no puede. Si lo pensamos con detenimiento podríamos evitarnos muchos conflictos y disgustos solo teniendo en cuenta lo que podemos o no esperar de un bebé, de un niño pequeño o de uno ya mayorcito. No conozco a nadie que se enfade porque su bebé de dos meses necesite cambiar de pañal. Tenemos asumido que no controla sus esfínteres y que no nos avisará de que se hace pipí, entre otras cosas, porque no sabe hablar.

Te encantaría que tu hijo hiciera los deberes en cuanto llegara a casa. ¿Te has preguntado alguna vez lo importante que puede ser para él su «momento Cola Cao» después de todo el día en el cole, yendo «a toque de pito»? ¿Por qué los tiene que hacer mientras merienda? ¿Puede hacerlos después? Para otro niño la comida puede no ser importante, pero recuerda que todos somos semillas diferentes.

¿Tu hijo ha dejado de ser un niño? ¿Tu niña se ha convertido en una mujer? ¿Quiere que respetes su intimidad? ¿Puedes entender que ahora quiera compartir algunas cosas y que otras prefiera guardárselas para él o para ella?

> *Imagina durante unos minutos cómo te ve y cómo te escucha.*
> ➤ *¿Modificarías la manera en la que le hablas?*
> ➤ *¿Con qué palabras?*
> ➤ *¿Cambiarías la forma en la que estás siendo con él o ella?*
> ➤ *¿Le hablarías de otro modo, quizá mirándole a los ojos?*
> ➤ *¿Le sonreirías más?*
> ➤ *Si tu hijo ha crecido... ¿Le consultarías más cosas?*

Me viene ahora a la cabeza una pregunta que me hacían mis hijos con mucha frecuencia cuando eran pequeños y preadolescentes:

«Mamá, ¿estás enfadada? ¿Te pasa algo?». Lo preguntaban con cara de preocupación, incluso algo temerosos..., sí, lo reconozco, con un poco de miedo. Yo, en realidad, no entendía muy bien por qué me lo decían tan a menudo, incluso me molestaba un poco. Me pregunto ahora..., ¿qué verían en la expresión de mi cara? ¿Era consciente del impacto que causaba en ellos? Debía de estar tan imbuida en mis pensamientos, tan ausente, tan cerrada en mí misma que a sus ojos resultaba totalmente inaccesible, inalcanzable. Me duele mucho darme cuenta ahora. Es algo que hoy hemos hablado, pues ya son adultos y han comprendido que fueron unos años malos para mí. Sin embargo, ahora sé que no ser consciente de mi impacto en ellos no me ayudaba nada a superar la situación que vivía.

Dedica unos minutos a ser consciente de las expectativas que tienes depositadas en tu hijo o hija.
- *¿Son las que más le convienen? ¿A ti..., o al él o a ella?*
- *¿Corresponden a tus necesidades o a las de tu hijo?*
- *¿Son, simplemente, reales?*

Recuerdo una anécdota que me sucedió con una amiga. Estábamos hablando precisamente de esto y empezó a reírse a carcajadas. Fue consciente en ese preciso momento de algo que le decía a su hijo de seis años con bastante frecuencia: «"Héctor, quiero que te comportes como un niño de seis años". Ahora entiendo la cara de desconcierto que me pone cuando le digo esto», me decía. Al margen de que olvidamos muchas veces que nuestras peticiones deberían ser lo más concretas y específicas posible para evitar problemas y no sentirnos defraudados, mi amiga me decía: «Es que yo, en realidad, ¡no sé cómo ha de portarse un niño de seis años! ¡Madre mía!, ¿cómo lo va a saber él?».

Practica ver a tu hijo tal como es.

Acepta y acógelo amorosa y generosamente como el niño de tres, de nueve o de siete años que es. O tal vez ya tienes un adolescente en casa con todas las consecuencias que ello acarrea.

¿Qué tal si pruebas a pensar en tu hijo o hija como en alguien «perfecto y completo», tal como es en ese preciso instante?

No es nada fácil en determinados momentos, aunque tiene su recompensa cuando logras disfrutar viendo cómo tu peque se viste, ni más ni menos, con la habilidad propia de un niño de su edad. ¡Es un regalo! Además está siendo un maestro para ti, te está enseñando paciencia, generosidad y gestión del tiempo (¡quizá habrá que levantarse antes!). Observar a un adolescente no deja de ser muy desconcertante a veces. Sin embargo, ¿serías capaz de ver a la personita en la que se está convirtiendo? ¿Serías capaz de consultarle o pedirle opinión en más cosas a partir de ahora?

Aun así, puedes sentir que no sabes qué hacer, qué decir, cómo actuar... Observa con una mirada amable la totalidad del momento y simplemente PUEDES NO HACER NADA.

Aprender a convivir con esta tensión (SOSTENER) es una carrera de fondo; MANTENER LA CALMA (NO HACER NI DECIR NADA) PUEDE SALVARNOS de aquellos segundos que lo cambian todo, que le dan la vuelta a «un momento» y lo tornan oscuro, convirtiéndolo en un «momento infierno» (¿os acordáis de lo que decía la Madre Teresa?).

> El mejor regalo para tus hijos eres tú y dispones de este preciso momento, del AHORA, para demostrárselo.
>
> AEIOU

Escuchar, escuchar, escuchar...

> Escucha a los pequeños porque nada es despreciable en ellos.
>
> SÉNECA

No es lo mismo oír que escuchar. Escuchar es una dimensión superior que nos lleva a la consciencia del ser y desde allí a la presencia para vivir el ahora. Del mismo modo que podemos mirar sin ver, también podemos oír sin escuchar. Enfocamos la vista para ver y acomodamos el oído con atención e intención para escuchar, de esta manera podemos analizar y comprender lo que escuchamos.

La audición es un acto pasivo e involuntario que pertenece al terreno de lo sensorial. Sin embargo, la escucha es un acto activo, voluntario o intencional que se ubica en el terreno de la percepción. Necesito escuchar para saber quién soy, quién es el otro, y qué y cómo es el mundo que me rodea. Y para saber escuchar necesito haber sido escuchado. Tu hijo no sabrá escuchar si antes no ha sido escuchado.

¡Cuántas veces oímos y no escuchamos! ¡Qué barbaridad! ¡Montones de veces! Te oigo, pero no comprenderé total o parcialmente lo que me estás diciendo (me lo estoy perdiendo) porque, en realidad, no te escucho.

Pensamos que saber hablar es fundamental para la comunicación —y lo es—, pero olvidamos que es más importante saber escuchar. Tenemos dos orejas y una boca, y hablamos mucho más de lo que escuchamos. Goethe decía que hablar era una necesidad, pero escuchar era un arte. ¿Somos conscientes de cuándo no escuchamos? ¿Sabemos el impacto que esto tiene en el otro? ¿En nuestros hijos? ¿Cuántos de nosotros llegamos a casa y consultamos el móvil, miramos la tele o leemos el periódico mientras «escuchamos» a nuestros hijos? ¿Te suena? No se trata de sentirnos culpables, sino simplemente de tomar conciencia. ¡Claro que necesitamos desconectar para descansar! Y una forma de desconectar para descansar es no escuchar. Como he de cuidarme para poder estar para el otro, para mi hijo, será responsabilidad mía (y solo mía) procurarme ese espacio y tiempo de descanso para mí, para luego poder «estar» y «escuchar» a mi hijo.

Así, puedo oírlo y estar escuchando mis pensamientos. Me escucho a mí mismo, mi historia. Es como tener la radio puesta en la cabeza. Le oigo, pero escucho «mi programa de radio», ¿te ha pasado? Todos sabemos de lo que estoy hablando, ¿verdad? «Dios mío, no me lo puedo creer, otra vez me está contando lo mismo, pero ¿qué dice...? No estoy de acuerdo... Esto me recuerda que tengo que llamar a fulanita para preguntarle... ¡Ufff! Llegaré tarde a casa y tengo que hacer un montón de cosas todavía...» Solo oigo, no escucho, no estoy presente.

A veces, con los adultos logramos disimular bastante bien y si tenemos la suerte de que el otro está muy centrado en sí mismo y la conversación es intrascendente, no pasa nada y la sangre no llega al río. Pero ¿qué pasa cuando el otro necesita que le escuches? ¿Qué pasa cuando habla de algo que le importa de verdad? No lo dudes, el impacto es horroroso, es violencia, hiere en lo más profundo, ¡zas!, le rompe por la mitad, le frena en seco y es incapaz de seguir hablando.

¿Cuántos adolescentes se han acercado a sus padres con la intención de comunicarse y han dado media vuelta? Es una época difícil para ellos y, muchas veces, no se lo ponemos nada fácil.

Con los niños todavía es peor. Créeme cuando te digo que los niños detectan con mayor facilidad quién los escucha de verdad. Ten la seguridad de que no abrirán su corazón, no te explicarán sus cosas ni te hablarán de su mundo si no pones tu corazón en escuchar. ¿Acaso explicarías algo trascendente de tu vida a alguien que está ausente, ensimismado en sus pensamientos y que asiente con la cabeza haciendo ver que te está escuchando? La respuesta es NO.

Es muy cierto que escuchar a este nivel o, mejor dicho, simplemente oír, lo hacemos constantemente. Es normal, porque no podemos mantener la atención y la concentración por mucho tiempo. Lo importante es ser consciente de cuando «se me va la cabeza» y dejo de escuchar. Y es importante que me dé cuenta para poder «recuperarme», es decir, volver a la escucha cuando la situación lo requiere.

Como padres deberíamos saber cuándo nuestros hijos necesitan ser escuchados y, si no es posible escuchar en ese momento, es mejor decírselo y estar disponible para ellos más tarde. Si son pequeños, hay un montón de recursos o herramientas que se te pueden ocurrir para no defraudarle, por ejemplo, que te dé un muñequito que guardarás en el bolsillo y que te recordará que tenéis que encontrar luego un momento para conversar los dos. Llegado ese momento basta con decirte: «Ahora voy a dejar de hacer lo que estoy haciendo y voy a centrarme en escucharle, con todo lo que soy». El mensaje que le llega a tu hijo es que te importa.

¿Habéis estado enamorados, verdad? La escucha de los enamorados es activa, profunda, empática. El mundo se detiene y parece que no hay nada más que quien tienes frente a ti. Puede haber un terremoto, que no importa, porque solo existe esa persona. Escuchas qué dice, cómo lo dice, qué es lo que no dice, qué emoción muestra con sus palabras, qué sentimientos quedan escondidos... Escuchas con los oídos, con la mirada, con todo tu cuerpo, ¡con la piel!, incluso sientes lo que está sintiendo el otro. Es como si supieras cuáles son sus necesidades, lo que es importante para él o ella, sus valores; intuyes y presientes de lo que es capaz; en fin, estás viendo su esencia... Cuando escuchas así a tu hijo, él se siente visto, valorado, importante y, sobre todo, aceptado y amado por ti.

Te voy a contar un secreto para que tu hijo se sienta escuchado: ayuda mucho, sobre todo si es pequeño, parafrasear lo que te está contando. Por ejemplo:

—Mamá, mamá, ¿sabes qué? ¡Hoy he hecho la voltereta para atrás! Y me ha salido muy bien, ¡la voltereta para atrás!, ¡la voltereta para atrás!, ¡la voltereta para atrás!...

—¡Ohh! ¿Qué dices? ¡La voltereta para atrás! ¡Qué difícil!

Lo realmente importante es que tu hijo se sienta escuchado. Quiero decir que tú puedes escuchar, pero lo que marcará la diferencia es que él se sienta escuchado. Repetir «¡la voltereta para atrás!» es una manera de decirle que lo estás escuchando. Sí, eso es, ¡no es una voltereta cualquiera!, o ¡una voltereta normal hacia delante! ¡Es una voltereta para atrás! Es como si no dejaran de insistir hasta que repites sus propias palabras y comprenden así que los has escuchado de verdad.

Escúchale como la semilla que es.
- ¿Qué te está queriendo decir?
- ¿Qué hay detrás de este comportamiento? ¿Cansancio, sueño, hambre, frustración, impotencia, rabia...?
- ¿Qué necesidad no sabe expresar?

Os animo a escuchar vuestra intuición. Como padres tenemos mucha intuición y, a veces, la despreciamos. Seguro que te ha pasado alguna vez. Estás en el trabajo y entras en una sala en la que ha habido una reunión. No sabes nada, ignoras lo que ha pasado, pero palpas una energía muy concreta en el ambiente. El aire es muy denso, se puede cortar con un cuchillo. ¡Uf! ¡Qué miradas! ¡Aquí ha habido bronca! Sientes la impotencia y el resentimiento que flota por la habitación.

Este es un nivel de escucha muy potente. Sería una escucha de trescientos sesenta grados, como de vista de pájaro, como si te subieras a una silla y, desde allí, captaras el clima o la «energía» del ambiente. Es muy útil en casa con los niños. Muchas veces, sentimos la energía que flota en la habitación, ¿verdad? Escuchamos «cansancio», «aburrimiento» y quizá es el momento de proponer un paseo, una salida al parque para moverse y subir los ánimos. Tal vez, escuchas que tu hijo no ha pasado un buen día en el cole, no se ha acabado el bocata de crema de cacao que tanto le gusta y ha estado más bien callado todo el trayecto de vuelta a casa.

Recuerdo cuando mi hijo menor empezó a salir con la chica que ahora es su novia. Había sido un ligón de mucho cuidado, pero esta chica era especial para él, yo lo sabía, lo supe antes que él mismo. Antes de que me dijera nada, escuché un montón de señales que me lo decían. Él se sorprendió cuando le dije incluso el día que lo supe.

—Cariño, llevas dos semanas justas saliendo con Nina.
—Pero, mamá... ¿Cómo lo sabes?

Basta con escuchar con curiosidad quién es tu hijo para empezar a descubrir un montón de cosas maravillosas.

Cada situación que vivas con él, por mucha similitud que tenga con otras situaciones de vida anteriores, tiene un nuevo rostro que no volverá a aparecer jamás. Y, por ello, nos exige ¡a nosotros mismos! Nos exige escucha.

Te propongo pues que pruebes lo siguiente cuando surja la ocasión: primero escucha; en segundo lugar, escucha; y, por último, escucha. Si no escuchamos se nos pasarán muchas cosas, no las veremos...

Puede parecer fácil, pero limitarse a escuchar es realmente difícil, pues nos es más fácil tranquilizar, aconsejar, decir a nuestros hijos cómo han de sentirse, qué tienen que hacer... Guárdate la tentación de valorar e interpretar lo que les pasa y lo que sienten. Refrena el impulso de aconsejarles y decirles lo que tienen que hacer y lo que se espera de ellos, de comparar.

Mantén el silencio escuchando con el corazón, con todo tu ser para que, poco a poco, sientas su emoción, los sentimientos y las necesidades que hay detrás de sus palabras, de su tono de voz, de sus silencios...

¡Escucha!

*Cuando te pido que me escuches
y tú empiezas a aconsejarme,
no estás haciendo lo que te he pedido.*

*Cuando te pido que me escuches
y tú empiezas a decirme por qué yo no debería sentirme así,
no estás respetando mis sentimientos.*

*Cuando te pido que me escuches
y tú piensas que debes hacer algo para resolver mi problema,
estás decepcionando mis esperanzas.*

*¡Escúchame!
Todo lo que te pido es que me escuches,
no quiero que me hables ni que te tomes molestias por mí.
Escúchame,
solo eso.*

*Es fácil aconsejar.
Pero yo no soy un incapaz.
Tal vez me encuentre desanimado y con problemas,
pero no soy un incapaz.
Cuando tú haces por mí lo que yo mismo puedo
y tengo necesidad de hacer,
no estás haciendo otra cosa
que atizar mis miedos y mi inseguridad.*

*Pero cuando aceptas, simplemente,
que lo que siento me pertenece a mí,
por muy irracional que sea,
entonces no tengo por qué tratar de hacerte comprender más
y tengo que empezar a descubrir lo que hay dentro de mí.*

R. O'Donnell,
El mosaico de la misericordia

¿Cuál es tu criterio?

Hace unos días mi marido me hizo una pregunta que me hizo reflexionar. Mi hijo Mateo lleva una temporada (desde que empezó la guardería más o menos) en la que le cuesta dormir. Hace ya unos meses que se dormía solo y del tirón toda la noche. Ahora, el momento de irse a la cama se ha vuelto un poco más complicado: no quiere dormir, nos pide que nos quedemos con él en la habitación, se despierta varias veces, quiere venir a nuestra cama... Hasta aquí, supongo que todo esto te sonará familiar si tienes niños pequeños.

Como es natural en estas situaciones y en las que hay giros «repentinos» no sabes muy bien qué hacer. Las cosas en casa cambian constantemente y con los niños hay que adaptarse continuamente. Es cierto que en el pasado ya hubo otras ocasiones en las que Mateo tampoco quería dormir, porque estaba tan agotado que le costaba coger el sueño o pillaba una rabieta porque quería ver *Peppa Pig* o prefería simplemente estar de juerga que irse a la cama. Sin embargo, ¿ahora pasaba lo mismo?

Ante todas estas situaciones he actuado de manera diferente, la verdad. Y hablándolo con mi marido (porque como todas las parejas, a veces pensamos o actuamos de forma distinta) él me preguntó: «A ver, Andrea, ¿cuál es tu criterio? Porque no entiendo muy bien qué se supone que se tiene que hacer si el niño no quiere dormir... A veces haces una cosa y otras veces otra. Y yo ya no entiendo nada».

Ante esta pregunta me paré un instante a pensar: ¿cuál es mi criterio? Lo cierto es que la pregunta me resultó un poco retadora, pero se la agradezco de corazón porque me permitió reflexionar. Porque es verdad que ante el «mismo» hecho reacciono de diferente manera. Y después de darle un par de vueltas encontré mi respuesta: «MI CRITERIO ES ESCUCHAR», me dije a mí misma.

Esta pregunta me hizo darme cuenta de que vivimos en un mundo en el que esperamos una lista de instrucciones o una «receta» que nos diga en todo momento qué tenemos que hacer ante una determinada situación. ¡Sería tan fácil! ¿Verdad? Nos encantaría que alguien nos dijera «si tu hijo se pega con otros, haz A», «si tu hijo está enganchado a la *tablet*, haz B» y «si el niño no quiere dormir por las noches, haz C». Y esto, con los niños (y como con muchas otras cosas en la vida) no funciona. En mi opinión, no existe una «solución» que siempre funcione para cada tipo de situación. Por lo tanto, mi criterio es ESCUCHAR qué necesita mi hijo en cada momento y observar PARA QUÉ está haciendo lo que está haciendo, ver qué hay detrás del comportamiento. Y sin presencia y escucha, no lo voy a conseguir.

Por ejemplo, ¿voy a actuar igual si escucho que mi hijo no quiere dormir porque quiere ver *Peppa Pig* o porque está viviendo un cambio difícil para él, como es empezar la guardería? Naturalmente, no. En el primer caso se trata de un «capricho» y le ayudaré a gestionar esa rabieta y su frustración. En el segundo, lo que escucho que necesita (y a su manera me lo está pidiendo) es contacto físico debido a la separación que vive diariamente en la guardería.

Los niños, sobre todo los pequeños, muchas veces no te lo van a decir con palabras, tienes que estar atento y escuchar qué hay detrás de cada conducta. Sin dar por hecho nada. Sin pensar «yo ya sé qué le pasa». Sin esperar «recetas». No las hay. Si aguzas el oído y abres tu mente, todo padre o madre sabe escuchar qué necesita su hijo.

Las palabras no se las lleva el viento

> La palabra es mitad de quien la pronuncia, mitad de quien la escucha.
>
> MICHEL DE MONTAIGNE

Las palabras no se las lleva el viento. La palabra hiere o sana. Te lleva a las profundidades o te eleva a lo más alto. Todos lo sabemos porque lo hemos experimentado en alguna ocasión. Todos podemos recordar alguna experiencia transformadora que empezó con unas palabras de aliento, de reconocimiento y también otras que te hundieron, te hicieron dudar, no creer...

¿Cuidamos lo que les decimos a nuestros hijos?

¿Qué palabras escogemos?

¿Qué tono empleamos?

¿Con qué mirada?

¿Las acompañamos con una sonrisa?

¿Qué emoción las impregna?

Cuántas veces nos pillamos diciendo a nuestros hijos: «Eres un pesado, te portas mal, eres un desobediente, así no vas a llegar a ningún sitio, ya sabía yo que ibas a suspender, eres un caso perdido, eres un vago...», lo decimos así, sin querer, tan alegremente... Pero hay que ser impecable con las palabras, porque el lenguaje importa y ¡mucho!, el lenguaje no es inocente.

Además, el lenguaje no es solo descriptivo, el lenguaje es generativo, CREA, ya que genera oportunidades o limita posibilidades. «Eres esto y lo otro» «¡¡¡Eres, eres, eres!!!»... Cada vez que nos expresamos así estamos hablándole a su identidad, estamos conformando su autoconcepto, estamos comportándonos con nuestra actitud como si fuera realmente así y lo llevamos al callejón sin salida del inmovilismo («si soy así, no puedo hacer nada») y de la profecía autocumplida («¿ves como es así? ¡Ya lo sabía yo!»).

Si no cuidamos las palabras que escucha nuestro hijo, no solo le dañamos a él, sino que también dañamos la relación, hacemos endeble el vínculo que nos une y puede romperse. Las palabras, el tono, la carga emocional, incluso la melodía que utilizamos pueden influir poderosamente en el desarrollo de nuestros hijos, tanto positiva como negativamente. ¡Háblale bonito a tu peque! Hemos de ser especialmente cuidadosos cuando hablamos a niños pequeños porque están muy pendientes de cómo decimos las cosas, de cómo les estamos hablando. ¿Qué están escuchando de papá y mamá? Muchas cosas. La expresividad de la cara, el gesto, el tono, la melodía, nuestro lenguaje corporal, todo es de suma importancia. ¡Todo lo escuchan! Es vital la intención, la actitud, la emoción que desprenden nuestras palabras. Si no hay coherencia entre el contenido del mensaje y el lenguaje no verbal, los confundimos, les generamos ansiedad e inseguridad, y no es exagerado decir que puede influir en su desarrollo.

Así que, seamos razonables, ¿cómo podemos pedirles que no griten, si gritamos nosotros? ¡Qué incoherencia!, ¿verdad? Si son muy pequeños podemos confundirlos con mensajes irónicos que no entenderán. «Bonito, ¿no? ¡Mamá está muy contenta con lo que has hecho!». Sin embargo, un poco de ironía y humor pueden ser muy útiles con los adolescentes. El humor es un gran aliado en la educación. Mis hijos cuando eran adolescentes sonreían cuando les decía: «Hace rato que espero que venga tu avatar a hacer la cama», me seguían la corriente y bromeábamos mucho con esto.

Es importante cuidar las palabras y el tono con el que los corregimos. Podemos encontrar la manera de hacerlo infundiendo seguridad, autoridad y firmeza y, al mismo tiempo, siendo afectuosos con ellos. Eso requiere mucha autogestión por nuestra parte. No siempre lo lograremos. No pasa nada. Tomamos conciencia y seguimos adelante. Todos nos equivocamos.

Lo importante es recordar que podemos esmerarnos en hacer coincidir nuestro lenguaje verbal y no verbal o corporal para que las cosas fluyan con mayor facilidad. Con nuestro tono podemos ofrecerles optimismo, alegría, entusiasmo por la vida. Podemos empatizar con ellos por las cosas buenas y no tan buenas. Puede ser complicado al principio. Se trata de un hábito. De estar presentes. Muchas veces les contestamos mal o les pedimos las cosas de peores modos porque en realidad estamos inmersos en nuestros pensamientos y preocupaciones, y hablamos desde la emoción equivocada, ¿no es así? No pasa nada por reconocer que muchas veces no va con ellos, va con nosotros.

Te invito a prestar atención la próxima vez que les hables. Una vez más, lo diré, miremos a los ojos a nuestros hijos cuando les hablemos. Ellos lo están esperando de corazón.

> ¿Qué palabras vas a escoger para tus hijos?

«¡Escúchame con los ojos!»

«¡¡Mamá, mira lo que hago!!»
  «¡¡Mamá, mamá mira cómo dibujo!!»
  «¡¡Mamá, mira qué alto he subido!!»
  «¡¡Mamá, mira dónde estoy!!»

¿Os suena? Los niños reclaman nuestra mirada constantemente. Cuando los miramos se sienten escuchados, valorados, vistos. Sienten que son importantes y valiosos para nosotros. Por eso es tan vital para adquirir seguridad, confianza y autoestima.

¿Cuántas veces miramos directamente a los ojos a nuestros hijos? Si somos honestos hemos de reconocer que muchas veces les hablamos, los vemos, les decimos lo que tienen que hacer, les preguntamos... Pero lo hacemos ¡sin mirarlos! Cada vez miramos menos a los ojos (les decimos que lo hacemos, «¡pero si ya te miro!», pero no, no lo hacemos de verdad).

¡Qué lástima! A veces me pregunto cómo se puede enseñar y aprender a interpretar o leer una mirada si estamos todos cabizbajos observando nuestro móvil, nuestra *tablet* o perdidos en nuestra mente. ¡No se puede! ¡Despertemos!

Así no podemos escuchar.

Un niño necesita la mirada de sus padres, de su cuidador para crecer, para conocer y aprender a interpretar el mundo que le rodea. Los niños cuando son pequeños están permanentemente pendientes de la mirada de un adulto para poder entender el mundo, lo que pasa a su alrededor... Ante cualquier situación nueva observará la mirada de su madre, de su padre o de su cuidador para darle sentido, para entender y comprender lo ocurrido. La respuesta (mirada) que obtenga definirá su autoconcepto y también le ayudará a calibrar la realidad y cómo ha de interpretarla, le permitirá pues distinguir los hechos de los juicios y las valoraciones, aprenderá o no prejuicios, le estaremos enseñando a creer unas cosas u otras. ¡Menudo papel tienen las miradas!

«Si no me mira, es que no valgo, no soy importante.»

«Si tengo disponible una mirada de aprobación y aceptación, me siento bien, siento que soy suficiente.»

«Si me caigo y mi madre me mira asustada, yo también me asusto.»

«Si me caigo y mi madre me mira con serenidad, me será más fácil consolarme.»

Somos nosotros, los adultos, quienes completamos el significado de lo ocurrido. Como dice Catherine L'Ecuyer, UNA MIRADA explica mucho, EDUCA y enseña cosas que difícilmente pueden transmitirse de otra manera.

Si un niño en el parque observa cómo alguien tropieza y cae aparatosamente, mirará rápidamente a los ojos de su cuidador y dependiendo de su reacción aprenderá una u otra lección. Si el adulto tiene una mirada burlona y se ríe, el niño también se reirá, aprende que no pasa nada por reírse cuando alguien cae y se hace daño. Si el adulto mira con preocupación y compasión y su mirada habla: «Vaya, parece que se ha hecho daño. Vamos a ayudar a este niño a levantarse y veremos si necesita que le curemos y avisemos a su mamá, debe de estar asustado, ¿no crees?». El niño recibirá todo este sentido e interpretación y estará aprendiendo lo que es la *empatía*.

Si vamos por la calle y vemos que alguien corta el paso con el coche e insulta a otro conductor, nuestro pequeño nos mirará (expectante y, tal vez, algo asustado) para ver lo que hacemos o cómo reaccionamos. Podemos decir: «Este señor es muy malo porque dice palabrotas», o «Este señor debe de estar muy enfadado o nervioso. Las palabrotas son feas. Este señor se ha equivocado al decir palabrotas». Aquí estamos enseñando la distinción entre juzgar y describir objetivamente los hechos (pues obviamos las valoraciones) como también el concepto de *compasión* (todos nos equivocamos).

¿Hay otra manera mejor de transmitir estas enseñanzas?

El poder de una mirada

Papá, mamá... ¡Miradme a los ojos!

Poneos a mi altura y miradme directamente a los ojos.

Con ojos de niño, de niña... ¡No importa! Pero que sea una mirada transparente para que nos encontremos. ¡Así será más fácil, ya lo veréis! Vais a ser mis referentes y necesito conoceros, ver vuestra alma y también sentirme visto. Sentir que descubrís mi esencia y me aceptáis incondicionalmente.

Con ojos seguros porque no quiero moverme en arenas movedizas y tengo que conocer bien los límites para sentirme a salvo. Miradme con ojos pacientes y generosos, pues tengo que aprender muchas cosas, ¡muchísimas!, y no va a ser fácil para mí... Con ojos que inspiren y alienten, pues tengo que creer en mí. ¡Tenéis que hacerme más grande de lo que yo mismo creo ser! Con una mirada que confía y, así, me respalde y fortalezca.

Con ojos cómplices, pues así sabré que cuando me sienta triste, impotente y tenga miedo, el mejor lugar donde puedo estar es con vosotros.

Con ojos curiosos, incansables, que quieren descubrir quién soy y que me permitan serlo, dándome el espacio necesario para que pueda expresarme, descubrirme, mostrarme al mundo con humildad y con toda mi belleza.

Una mirada sin juicios que legitime mis errores y los convierta en oportunidades de aprendizaje. Una mirada perseverante que me explique que voy a caer muchas veces, que no hay respuestas para todo y que todos nos perdemos y nos encontramos en el camino.

AEIOU

¡Gritos!

Carla tiene cinco años. Es una niña preciosa, dulce y delicada. Sé que le gusta estar conmigo, quiere tocarme y abrazarme todo el tiempo. ¡Es tan cariñosa! Sé que me adora. Últimamente ando muy nerviosa. Mucho. Estos meses el trabajo se me acumula y siento que me ahogo y que no llego a todo. Todo se hace más difícil. Estoy muy cansada. No es un buen año. Cuando llego a casa siento cómo la impaciencia y la irritabilidad ganan y ganan más terreno hasta sentirme acorralada. Me cuesta repetir las cosas con la paciencia de antes y he de reconocer que grito con facilidad, con mucha facilidad. He pasado de pedir a exigir, de hablar a sermonear... Hace días que noto a Carla esquiva conmigo. Procura no estar delante de mí. No puedo evitarlo, todo me pone nerviosa, que no haga lo que le pido, que no lo haga cuando se lo pido...

Ayer lo vi claramente en su mirada. Estaba preparando la cena. La mesa estaba lista. Carla se subió al taburete para alcanzar unas galletas. Sabe que no es momento para galletas, pero lo hizo... El bote de cristal donde guardo el café cae al suelo y se rompe en mil pedazos. Los diminutos granos de café están por todas partes. Carla está subida en el taburete con las galletas en la mano. Sus ojos están abiertos por la sorpresa, pero pronto los cierra encogiéndose de hombros, como preparada para recibir un golpe. Pero... ¡si yo nunca la he pegado! Al volver a abrirlos pude ver el miedo en su mirada y me quedé helada. Me sentí como un monstruo. ¡Mi hija me tiene miedo! Un ogro que, como en los cuentos, se come a las niñas que se portan mal. Me vi gritándole una y otra vez.

Los gritos también son golpes, son bofetadas. Y si no son lo mismo, pueden hacer el mismo daño. Sentí mucha lástima por Carla, pero sobre todo sentí pena por mí. Por verme convertida en alguien que no quiero ser para mi hija. En ese momento me hice el propósito de no gritar más a Carla. Sé que es un hábito que con esfuerzo y mucha intención voy a conquistar. Siento que he tocado fondo. He comprendido que el agotamiento y la irritabilidad se han apoderado de mí. He decidido cuidarme para estar bien por mí y por y para mi hija. Si estoy bien, ella también estará bien.

Hasta la persona más calmada, tranquila y serena grita en algún momento. Sí, hasta la persona más calmada, tranquila y serena siente rabia y la puede expresar mal. Todos nos hemos visto en una situación en la que no hemos podido evitar gritar a uno de nuestros hijos. Incluso más veces de las deseables. Yo también he gritado hasta el punto de hacerlos llorar y no me siento orgullosa de ello.

Puedo llegar a gritar por muchas razones: dos de ellas, por cansancio y falta de sueño. Si tenéis niños pequeños sabéis lo que es no dormir todo lo que necesitáis. A veces, el trabajo aprieta y se acumula durante más semanas de las deseables y pasa lo que pasa. ¿Qué puedes hacer? Escucha tu necesidad y busca espacios para recuperarte y descansar (cuanto más tranquilo estés, más tranquilo estará tu hijo, más tranquilidad se respirará en tu hogar). Para cuidar a los demás, primero cuídate tú.

También grito por exigencia. Nos exigimos mucho y exigimos a los niños. Deberíamos rebajar nuestras exigencias, ¿no crees? No pasa nada si solo por hoy no se baña y en lugar de preparar la cena hago unos bocadillos y me siento un rato en el sofá para descansar. Todos estaremos mejor.

Quizá también gritamos porque nos han gritado nuestros propios padres. Hemos llegado a normalizar o automatizar que a un niño se le puede gritar y no nos damos ni cuenta cuando lo hacemos. Además, ¡¡¡es como si creyéramos que si no gritamos no nos van a hacer caso o no nos escuchan!!! ¿Verdad? Y, entonces, se convierte en un tema de autoridad y de hacerse respetar.

> Cuando gritamos a nuestros hijos, nos oyen, pero dejan de escucharnos.
> Cierran los oídos porque no quieren escuchar, porque les hiere. Sí, porque el oído es un órgano muy sensible a la aceptación y al rechazo, todos nos volvemos sordos.

Lo que está claro es que los gritos tienen mucho que ver con nosotros y poco con nuestros hijos, por mucho que nos digamos a nosotros mismos que gritamos por su mal comportamiento o porque no nos obedecen o por lo que sea. Sí, seamos honestos y reconozcamos que los gritos tienen mucho que ver con cómo nos gobernamos a nosotros mismos y gestionamos nuestras emociones, necesidades, expectativas, insatisfacciones y frustraciones...

La voz es sonido y el sonido es vibración, por lo que cuando aliviamos nuestra tensión gritando olvidamos que el grito es una agresión física para el que nos escucha, para nuestros hijos. Sin duda alguna, podemos sentir un grito en todo el cuerpo, los órganos internos se contraen. También es una agresión psicológica en toda regla. Tan lesivo para los pequeños como puede serlo otro castigo físico. Daña la autoestima del niño, es un pésimo ejemplo para regular y gestionar la frustración, en lugar de reconducir el mal comportamiento lo empeora y llegada la adolescencia puede hacer realmente las cosas complicadas, muy complicadas. Porque cuando gritamos estamos comunicándonos con un corazón que está cada vez más y más lejos de nosotros. El grito nos separa, nos aleja, construye un muro entre nuestras almas. Cuando gritamos no nos encontramos, vivimos en la distancia. Paradójicamente, con el tiempo, cuanto más gritamos más sordos nos convertimos.

Como te decía, dejamos de escuchar..., los demás nos oyen pero también dejan de escucharnos.

Por el contrario, cuando nos sentimos unidos a alguien nuestras palabras son suaves, tranquilas, basta un susurro para que lleguen al otro, no hace falta que alcemos la voz porque el otro «está cerquita». ¿Os habéis fijado cómo hablan los enamorados? Sienten sus corazones tan cerca el uno del otro que hablan bajito, dulcemente.

Si tomamos conciencia de lo lejos que se sienten nuestros hijos de nosotros cuando los chillamos (ponte, por ejemplo, en la piel de tu hijo adolescente), la próxima vez nos será más fácil gestionar nuestra rabia, insatisfacción o frustración y tardaremos más en perder los nervios y gritar. Y así, poco a poco, podemos comprometernos a hablar sin gritar, a pedir sin exigir, a dar ejemplo en lugar de sermonear a gritos. En realidad, cuando alguien nos grita no podemos escuchar, no nos llega otro mensaje que el del dolor, la incomprensión, la soledad, el rechazo y el vacío.

Así, para dejar de gritar, lo primero que hemos de hacer es admitir que es negativo y malo para todos. Mi rabia puede estar muy justificada, pero los gritos no son el mejor modo de expresarla. ¿Qué hacemos en otros escenarios? ¿En el trabajo? ¿Con el vecino? Intentamos encontrar otras formas de canalizarla. Pues con los niños y adolescentes deberíamos hacer igual. Y, segundo, si hemos perdido la paciencia y hemos gritado, pedimos perdón, un perdón sincero y punto. Así, todos nos sentiremos bien y repararemos la relación.

Recordemos además que los niños cuando no hacen lo que les pedimos o esperamos de ellos, las más de las veces no lo hacen para fastidiar. Nosotros nos lo tomamos como algo personal, estallamos y gritamos. ¡Claro que podemos perder la paciencia! Pero ayuda mucho pensar que un niño puede no comportarse como deseas o esperas por muchas razones que no son «para fastidiar a papá o a mamá»: por olvido, porque está distraído o concentrado en su juego, porque no entiende la norma, porque no ha incorporado ese hábito, porque en ese momento le cuesta especialmente, porque es pequeño y es normal que se comporte como lo hace...

Si gritamos, le enseñamos que ha de comunicarse gritando. El grito es un monólogo porque no permite el diálogo. ¿Queremos hijos dialogantes? Cuando gritamos no exponemos nuestros razonamientos, nuestros deseos, nuestras necesidades, nuestras peticiones, nuestros sentimientos, respetando al otro. Respetar es incompatible con gritar. Los gritos no educan, ensordecen el corazón y cierran nuestra mente.

Ejercicios de presencia y escucha

En la próxima semana...
1. «Píllate» a ti mismo al menos en cinco ocasiones en las que estés distraído y no estés presente. Observa: ¿dónde estás?, ¿cómo te recuperas?, ¿qué haces?
2. Haz una lista de «ladrones» de presencia y una acción para combatirlos. Por ejemplo, el móvil, y como acción, poner una cesta en la entrada de casa para colocarlos y que tu hogar sea una zona libre de móviles.
3. Practica el traerte de vuelta —recuperación— a la consciencia del momento presente. Percibe cómo lo haces.
4. Practica la escucha profunda: en una situación en la que estés con tu hijo, escucha en silencio (sin hablar, sin aconsejar ni interrumpir) y pregúntate qué emociones percibes detrás de las palabras, qué necesidades insatisfechas, qué anhelos... Pregúntate qué te crees que está pasando realmente.
5. Prueba a escuchar (en el trabajo, a un amigo, a tu hijo) sin interrumpir, sin dar consejos, sin dar tu opinión... ¿Qué es diferente?

> *Miras pero no ves.*
> *Hablas pero no dices.*
> *Oyes pero no escuchas.*
> *Sientes pero no amas.*
> *Ansías pero no consigues.*
> *Trabajas pero no rindes.*
> *Andas pero no avanzas.*
> *Corres pero no llegas.*
> *Ríes pero no gozas.*
> *Lloras pero no sufres.*
> *Vives pero no estás.*
> *Estás pero no eres.*
>
> Eduardo Bueno,
> *Ser y estar*

2. Explorar

> Yo no puedo enseñaros nada; solo puedo ayudaros a buscar el conocimiento dentro de vosotros mismos, lo cual es mucho mejor que traspasaros mi sabiduría.
>
> SÓCRATES

La «o» que está en «explOrar»

¡Ponte la linterna frontal de explorador! Vas a adentrarte en el mundo interior de tu hijo. Vas a descubrir cosas como quién es, qué siente, qué es importante para él, qué necesita de ti, qué cosas le hacen feliz...

No obstante, antes de empezar este capítulo tienes que saber una cosa: la habilidad de explorar y observar de los niños es la que más me maravilla de todas y nunca deja de sorprenderme. Es la que más difícil me parece también, porque nuestra mente siempre quiere intervenir, interpretar y juzgar.

Explorar tiene mucho que ver con DESCUBRIR qué semilla es tu hijo y no dejar de asombrarte nunca. Y, para ello, son muy útiles la CURIOSIDAD y la ADMIRACIÓN.

¿Quién es?
¿Cómo es su mundo?
¿Qué es importante para él?
¿Qué necesita?
¿Qué le da miedo?
¿Qué le hace feliz?

¡Delante de ti tienes todo un mundo por descubrir! Y si te lanzas a explorarlo, ¡no tiene fin! ¿No te parece fascinante? A mí, sí.

Para poder explorar la semilla de mi hijo, lo primero y más importante es revisar qué «gafas» llevo puestas para mirarle. En otras palabras: ¿«desde dónde» le estoy viendo?, ¿con qué actitud me estoy relacionando con él? Como puedes ver, este capítulo arranca lleno de preguntas y no es casualidad: la pregunta es la estrella en lo que a explorar se refiere. Más adelante verás por qué. De momento, sigamos a lo que estábamos.

Ya lo sabes: todos los niños son únicos y especiales. Cada uno tiene su particular forma de ser, de ver el mundo, de sentir, de expresarse... Cada uno tiene también sus propios anhelos, deseos, sueños, valores, miedos, vulnerabilidades, talentos y limitaciones. Un niño no es un niño y ya está. Dentro de cada niño se esconde un adulto en potencia, una personita con unos recursos que ya están allí, ASOMANDO y esperando a ser descubiertos. Tu hijo te habla constantemente con cada acto, cada palabra, cada emoción y cada comportamiento.

¿Hay alguien ahí para verlo?

¿Hay alguien ahí para reconocerlo?

¿Te lo vas a perder?

Estoy segura de que no quieres perdértelo. Lo que quieres de verdad es estar allí para asombrarte, para disfrutarlo, para reconocerlo, para vivirlo. Además, como padres, debemos tener clara otra cosa: cuando hablamos de explorar no se trata únicamente de descubrir «yo» y «para mí» la semilla de mi hijo, sino de conseguir que mi hijo se descubra a sí mismo a través de mí. Porque cuando lo [AD]MIRAS lo haces único y singular (una cosa es *ver* y otra muy distinta es *mirar*). Tu hijo no podrá aceptar y reconocer lo que ES si antes nadie le ha admirado y reconocido.

¡Ese es nuestro verdadero trabajo y nuestro verdadero reto!

No en vano el verdadero camino del crecimiento es el autoconocimiento.

Regalemos preguntas y no respuestas

> En verdad, no puedes crecer y desarrollarte si sabes las respuestas antes que las preguntas.
>
> Wayne W. Dyer

Somos animales de costumbres y cuando estas están arraigadas es difícil dejarlas a un lado aun reconociendo que no nos gusta el resultado que obtenemos. Quiero suscitar la reflexión sobre el tipo de preguntas que solemos hacer a nuestros hijos (yo la primera). Una pregunta poderosa es aquella que anima al otro a su autodescubrimiento, fomentando la reflexión, la responsabilidad y el compromiso (de las preguntas potentes hablaremos precisamente un poquito más adelante).

Sin embargo, muchas veces las preguntas que hacemos tan solo buscan información que solo a nosotros satisface. Es como si preguntáramos respuestas en lugar de preguntas. Exagerando un poco, diría que incluso en ocasiones hacemos preguntas desde nuestro exclusivo interés («me interesa a mí»), casi como un interrogatorio policial, de forma capciosa y estratégica para llevarlos a nuestro terreno. Si de paso los pillamos en una mentira (tal vez los hemos llevado a un callejón sin salida), mejor, así tenemos excusa para la bronca y liberamos un poco nuestras tensiones.

¡Qué diferente es hacer preguntas desde una curiosidad sincera para conocer a nuestros hijos! Poniendo el foco en lo que a ellos les interesa y les gusta, en su beneficio, para que explore lugares en los que de momento no ha estado, se plantee cosas que hasta entonces no había pensado, en definitiva, para que aprenda a conocerse mejor y, por tanto, a crecer como persona... En estos casos, la pregunta se convierte en un recurso muy poderoso como veremos a lo largo de este libro.

Recuerdo una anécdota que tuve con uno de mis hijos hace unos años. Creo que refleja bien lo que acabo de decir. Lucas estaba en primero de carrera y todavía andaba bastante disperso. En las últimas reuniones con el tutor de bachillerato siempre acabábamos hablando de lo mismo: «Sé que Lucas estudia y es cierto que, a veces, no se refleja en sus calificaciones. Le digo que ha de intentar centrarse en lo que más hemos insistido en clase, pero él se va al detalle perdiendo perspectiva e incluso confundiendo ideas básicas». Tanto su profesor como yo se lo decíamos una y otra vez. ¡Cuántas veces le habré dicho que estudie con papel y lápiz, señalando las ideas fundamentales, haciendo esquemas que estructuren los temas! Por un oído le entraba y por el otro le salía. La verdad es que nos miraba atónito pensando «Pero ¿qué dicen? ¡Me están rayando! ¡No se enteran! ¡Ojalá me dejaran en paz!».

Aquel día llegó apesadumbrado a casa por un examen que no le había ido nada bien. Era uno de sus primeros exámenes en la universidad. Arrastraba los pies y se desplomó en el sofá a mi lado.

—Mamá, estoy hecho polvo. Me ha ido fatal y había estudiado mucho. ¡Qué rabia me da! —me dijo.

—Te entiendo. Cuando uno se esfuerza y luego los resultados no son los esperados..., duele. —Le cogí por el hombro, me acerqué y le di un beso. Tras unos minutos le solté a bocajarro—: ¿Qué has aprendido de este examen?

La cara de mi hijo no daba crédito. Me miró flipando.

—Mamá, no tiene gracia... ¡No te enteras! ¡No me has escuchado! ¡Te he dicho que me ha ido fatal! —Hizo el ademán de levantarse e irse enfadado.

—Hijo, si te escucho —le dije, reteniéndolo—. ¿Qué has aprendido de este examen?

Mi hijo seguía mirándome sin creérselo. Se levantó y tras volverme a mirar malhumorado se fue a su habitación. Oí un portazo y después silencio.

Tras un buen rato volvió al salón y empezó a hablarme.

—Mamá, he estado pensando en el examen y creo que me he perdido en los detalles. Es que había estudiado mucho, mamá. Me he dado cuenta de que no he explicado cosas importantes y ¡lo peor es que me lo sabía! He contestado detalles que están bien para subir nota, pero siempre y cuando se hayan desarrollado los conceptos generales. Mamá, en los exámenes pierdo perspectiva y no voy de lo general a lo particular. ¡Qué rabia! ¡Es que quiero decir tantas cosas!

—¡Fantástico! ¡Enhorabuena! ¿Te das cuenta de que gracias a la experiencia de hoy has aprendido algo importante para mejorar tu forma de estudiar y desenvolverte en los exámenes?

—Gracias, mamá. En realidad no me había dado cuenta hasta ahora.

—Y ¿qué vas a hacer distinto en el próximo examen?

—Antes de responder voy a pensar muy bien cómo plasmar las ideas generales y, a partir de ahí, ¡todo lo demás! Si es necesario, me haré un guion, un borrador, para no perder el hilo de todo lo que quiero exponer. Cuando me entreguen el examen no empezaré a escribir nervioso como hago ahora. Dedicaré un par de minutos para tranquilizarme y pensar exactamente qué quiero decir y cómo lo voy a decir.

—Seguro que lo harás muy bien. ¡Dame un abrazo! ¡Estoy orgullosa!

Al abrazarle, sentí cómo su frustración se había reducido y resurgían en él nuevas fuerzas para seguir adelante. «¡Lo conseguirá!», pensé... Y así fue.

Cualquier situación es una oportunidad para conocer mejor a tu hijo

> Hay que atender no solo a lo que uno dice, sino a lo que siente y al motivo por el que lo siente.
>
> CICERÓN

¿Juicio o curiosidad?

Volvamos a las «gafas» y al «desde dónde» me relaciono con mi hijo, es decir, a cómo miro a mi hijo. A mi modo de ver, solo hay dos posibles formas de hacerlo: desde el *juicio* o desde la *curiosidad*.

Me explico...

Imagínate que a tu hijo le cuesta hacer los deberes cuando llega del colegio. No solo no suele apuntarse las tareas en la agenda, sino que muchas veces se olvida esta en clase. Cada tarde es una lucha para conseguir que haga algunos de sus ejercicios. Llevas así tanto tiempo que acabas pensando que es un vago, un desobediente, que las notas serán un desastre y que no va a cambiar. Sentencias: «Esto no puede ser», y te enfadas cada día más porque por mucho que lo intentas, no solo la situación no cambia, sino que va a peor.

A continuación, lo ilustraré con una bonita historia de una mamá que asistió a nuestro curso y aplicó nuestro método. En realidad, podría ser esta u otra historia, podría ser esta o tu propia historia. Un momento cualquiera, una situación cotidiana en la que todos los padres nos vemos reflejados.

Me había propuesto «estar» diferente, quería que mi hijo se encontrara con una mamá distinta. Una madre con otra mirada, con otra actitud, con otros pensamientos, que ha escuchado en su interior y, por tanto, quiere hacer las cosas desde otro lugar, desde otra emoción, con una energía distinta.

Al llegar a casa, Álex estaba muy nervioso... Bueno, en realidad, como siempre... ¡Cuántas veces le habremos dicho que «ES muy nervioso»! ¡Lo tiene tan interiorizado! Se puso a dar volteretas en la cama mientras yo le preguntaba qué tal había ido el día y él no paraba de moverse. Estaba muy tranquila (me había propuesto estarlo por él y por mí misma), centrada en el momento presente y le dije:

—¿Qué sientes cuando das tantas volteretas?

Y me contestó:

—Mamá, es que soy muy nervioso y no puedo parar.

—No, hijo, no es que seas nervioso, eres ¡activo! Además eso es muy normal en un niño de tu edad. Que tengas ganas de jugar, de correr, de saltar. ¿Qué te parece si hablamos un poquito aquí sentados?

—Muy bien, mamá. —Y se sentó a mi lado.

Es como si hubiera captado su atención. Creo que fue la conexión que establecimos al centrarme solo en él, en el preciso instante que estábamos viviendo los dos. Estaba sorprendido porque me miraba con ojos grandes, curiosos... Apenas movía las piernas con un balanceo juguetón, sentadito a mi lado. El haber transformado su etiqueta, «¡¡eres nervioso!!» por un «¡¡eres activo!!», me ayudaba también a sentirme mejor con él.

—¿Qué te pasa hoy, mamá? —me preguntó extrañado.

Estuve tentada de decirle: «Que mamá ya no es la misma». Sin embargo, respiré hondo y, pausadamente, empezamos a hablar como hacía tiempo que no hablábamos. Los dos tranquilos, conectados. Con curiosidad, sin juicio, con unas ganas inmensas de descubrir a mi hijo, de acompañarle, de confiar...

Álex, me gustaría que me explicaras cómo te sientes cuando haces los deberes y cuando estás en el cole.

Todavía se me pone la carne de gallina cuando lo recuerdo.

¿Sabéis que me dijo?

—*Mamá, en el cole estoy* SIEMPRE *nervioso, muy preocupado. Me pongo muy nervioso por si me equivoco y la profe me regaña. No puedo evitar estar nervioso, porque si me pone puntos negativos sé que luego tú te vas a enfadar conmigo. Yo no quiero que te enfades conmigo, pues me quedo muy triste.*

Empecé a indagar ese estado de nervios y descubrí que lo que tenía era MIEDO. *Una emoción que expresaba con ese movimiento ansioso, continuo. Miedo a hacer las cosas mal, a que le pusieran puntos negativos, a olvidarse la chaqueta, a perder las cosas. Decía de sí mismo que «era muy irresponsable y muy poco listo».*

¡¡Se me cayó el mundo encima!!

Había estado practicando las preguntas potentes en el curso y conectando con lo mejor de mí, y con todo el amor que pude expresarle le dije:

—*Eres un niño listo.* —*Le acaricié su mejilla y le di un beso muy sentido*—. *¿Qué necesitas para no tener miedo e ir contento y relajado al cole?*

—*Mamá... Si traigo un punto negativo no me* GRITES.

Todavía me duele esa palabra. Recordé las veces que le gritaba, que le reñía con malas formas. Tras un rato de conversación en el que mirándole a los ojos ESCUCHÉ, ESCUCHÉ *y* ESCUCHÉ *con todos mis sentidos, acordamos una alianza entre los dos: que no me enfadaría cuando trajera un punto negativo. En lugar de enfados y gritos, hablaríamos tranquilamente sobre lo que había pasado y buscaríamos una solución juntos para que no volviera a pasar.*

Que cuando llegara del cole, le dejaría quince minutos para hacer lo que quisiera antes de ponerse a hacer los deberes. Así podía descansar un poco después de todo el día en el cole.

Que pondríamos una cruz en la mano para que no se le olvidara nada en el cole.

¡Me sorprendí de todas esas necesidades insatisfechas que había sido incapaz de transmitirme! ¡Que no se había atrevido a pedirme, a decirme! ¡Qué ciega y sorda había estado hasta entonces!

Ahora, cuando le dejo en el cole cada mañana, le deseo que tenga «un buen día tranquilo» y se va riendo.

¿Qué quiero explicarte a partir de esta preciosa anécdota? Pues que las veces que podemos ver a nuestros hijos con ojos llenos de juicio o con ojos llenos de curiosidad son infinitas. Nosotros elegimos. Esta mamá lo hizo, eligió muy bien, y así nos lo contó en esa historia.

Veamos las diferencias que pueden asomar.

Estás mirando a tu hijo *desde el juicio* si...

- Tienes muy claro en tu cabeza lo que «debería ser» y lo que no (y así se lo haces saber).
- Crees que tú tienes todas las respuestas y tu hijo no tiene ninguna.
- Tomas tú toda la responsabilidad en las decisiones que le conciernen a él (o a ambos) y estás apegado a una conducta en concreto (la «buena», que coincide naturalmente con la tuya).
- Etiquetas a tu hijo o su comportamiento como «bueno» o «malo».

Como padres, solemos pensar: «Yo ya sé cómo es mi hijo, lo veo cada día...», pero, en realidad, tu hijo cambia constantemente y es muchas cosas más que «un vago» o lo que tú piensas de él en un determinado momento o respecto a una situación concreta. Como madre, te diría que casi es inevitable etiquetar, lo llevamos muy integrado en nuestra forma de ser y de relacionarnos. Los juicios son casi automáticos y nosotros además también hemos aprendido así. No pasa nada.

Lo importante es ser conscientes y no creernos todo lo que pensamos pues muchas veces llegamos a confundir los juicios y nuestras valoraciones con los hechos; a veces, hasta hacemos una identificación entre los hechos ocurridos y nuestro juicio al respecto. Es necesario tener claro que una cosa es lo que VEO, otra lo que PIENSO y otra distinta lo que SIENTO. Es probable que hasta tengamos razón en lo que estamos pensando, pero... ¿y qué? ¿Nos funciona verlo y juzgarlo de esta manera? ¿Es lo que necesitan nuestros hijos? ¿Nos ayuda?

La respuesta es NO.

Siempre tenemos un margen de actuación. Podemos decidir si queremos «pasar» de estos pensamientos automáticos que juzgan a nuestros hijos o si lo que deseamos es realmente ayudarlos (ya que desde el juicio no lo estamos haciendo, sencillamente porque no podemos).

¿Cómo hacerlo?

Mirándole con CURIOSIDAD.

Te relacionas con tu hijo *desde la curiosidad* si...

- En vez de juzgar, OBSERVAS a tu hijo con los cinco sentidos.
- Lo miras sin interpretar (ni valorar) nada de lo que está sucediendo delante de ti.
- Te preguntas para qué (luego desarrollaré la importancia de esta pregunta).
- Si haces el ejercicio de no apegarte a ninguna conducta en concreto y simplemente te preguntas «¿qué está pasando dentro de la semillita de mi hijo para que no haga los deberes?». Siente curiosidad por lo que está pasando dentro de su pequeño mundo.

Que no haga los deberes es el SÍNTOMA, sin embargo siempre hay una CAUSA que provoca que no haga los deberes. Si nos limitamos a juzgar el hecho de que no haga los deberes (el «síntoma») y le decimos lo que tiene que hacer, no le estamos ayudando. Lo que de verdad es efectivo es saber qué está pasando dentro del pequeño mundo de mi hijo para que actúe así (la «causa»). Y no solo tú, sino también él mismo, porque es probable que tampoco sepa para qué hace lo que hace.

Si le ayudas a entenderse, si le ayudas a explorar su mundo y dejas de darle tus respuestas para que él encuentre las suyas, te vas a sorprender, te asombrarás.

¡Hay todo un mundo delante de ti que te está pasando desapercibido!

> Dejar de enseñar puede ser más difícil que aprender a entrenar.
>
> JOHN WHITMORE

Pregúntate «¿para qué?»

Tal y como te adelanté antes, esta pregunta es «la estrella» de la CURIOSIDAD.

Te voy a poner un ejemplo de cómo utilizarla con la historia de Carlota. Hace unos años impartía clases de educación emocional y técnicas de estudios a preadolescentes de doce y trece años. Estos chavales no siempre venían de familias estructuradas y vidas fáciles. Algunos ya eran etiquetados como «rebeldes» o «casos perdidos»; de hecho, la mayoría. Prácticamente, cada tarde alguno de ellos se peleaba con su compañero, se negaba a seguir la dinámica de la clase o hacía «bromitas» para hacerse notar. No eran clases sencillas de gestionar.

Lo fácil o, mejor dicho, lo más automático ante este tipo de situaciones, es pensar: «Esto no puede ser», «Este niño no puede pegar al compañero» o «Debería estar haciendo lo que le he mandado». Muchas veces nuestro primer impulso es castigar al niño por este tipo de comportamientos «inaceptables» (y yo no digo que no se tenga que hacer, lo que digo es que, antes de tomar una decisión, primero explores qué está pasando *desde la curiosidad*).

Lo que yo aprendí de todas estas situaciones es a preguntarme ¿PARA QUÉ?

- ¿Para qué este niño hoy no se está quieto?[1]
- ¿Para qué está burlándose ahora del compañero?
- ¿Para qué no quiere hacer los deberes?
- ¿Para qué me está desobedeciendo?
- ¿Para qué no está haciéndome caso hoy?
- ¿Para qué se está comportando así?

Y, ¿sabes qué?

Que siempre había un *para qué*.

Siempre había un motivo que activaba ese comportamiento. Y si yo no averiguaba esa motivación última, en realidad, no le estaba ayudando.

---

1. Probablemente choque la formulación de la pregunta. En realidad podríamos decir mejor ¿Con qué objetivo? o ¿Por qué? Sin embargo, preferimos poner énfasis en ¿Para qué?

Esto es precisamente lo que me pasó con Carlota. Ella era una de las chicas más «populares» del colegio. Había suspendido TODAS las asignaturas y cambiaba de novio cada semana. Rara era la vez que hacía en clase lo que le tocaba hacer. Un día, ya cansada —seguramente con la idea de que la dejara tranquila—, me dijo:

—Mira, yo este curso lo voy a repetir —estábamos aún en el primer trimestre—, así que ¡déjame en paz!, porque no voy a esforzarme por hacer mis tareas. Como tengo que venir igualmente, que sepas que me voy a pasar la hora hablando con mis amigas.

Os podéis imaginar lo que en un primer momento se me pudo pasar por la cabeza, ¿verdad? Pues no os equivocáis. Sin embargo, eché mano de mi autogestión y decidí sentir curiosidad y preguntar por tan rotunda (y autodestructiva) afirmación. Entonces le dije:

—Vale, si no quieres hacer los deberes, no los hagas. De todas maneras me gustaría hablar un momento contigo.

Ella puso cara de «otra vez el sermón de turno», pero accedió.

En esta conversación yo solo me limité a hacer preguntas sin pretender que la conversación acabara con ninguna conclusión en particular. Mi objetivo simplemente era explorar, con curiosidad, qué llevaba a Carlota a tirar la toalla ya al inicio del curso:

—Carlota, cuéntame..., ¿para qué quieres repetir?

—Porque paso de estudiar.

—De acuerdo. En realidad te he preguntado *para qué,* no *por qué.* ¿Para qué has decidido repetir curso ya en el primer trimestre?

Se quedó reflexiva un momento. La pregunta la había dejado bastante desconcertada y así me lo hacían saber sus ojos abiertos como platos. Al ratito, después de un silencio algo incómodo, respondió:

—Pues para que mi madre me deje en paz, porque está muy pesada.

—¿Qué pasa con tu madre?

—Pues que siempre está encima de mí, recordándome lo desastre que soy. Me dice que como siga así no voy a hacer nada bueno en la vida y siempre me está atosigando. No puedo hablar con ella sin acabar peleándonos. Así que yo paso. Si está convencida de que soy un desastre, pues lo voy a ser, ¡y punto!

—Eso suena a que has decidido tirar el curso por la borda para «castigar» a tu madre, ¿es algo así?

Se hizo el silencio.

—Bueno, pensándolo bien..., un poco sí.

—Ya. Bueno, y si repites curso, en realidad, ¿quién va a pagar las consecuencias? ¿Tú o tu madre?

Silencio.

—Yo... —lo dijo tímidamente, muy bajito, como para sí misma, como empezando a tomar conciencia de esta realidad.

—Pues no sé si es muy buena estrategia, si de lo que se trata es de fastidiar a tu madre. Más bien creo que la que se va a fastidiar eres tú, que tendrás que pasar un año más en el colegio.

—Visto así, es verdad...

—Entonces, ¿qué quieres hacer?

De nuevo hubo un tiempo de silencio, antes de que me contestara:

—Me voy a poner a estudiar.

Tardó en contestar pero lo hizo enérgicamente.

—¡Genial! Y ¿qué quieres que haga yo para recordártelo el próximo día si vienes y me dices que no quieres hacer los deberes?

—Quiero que me recuerdes esta conversación y me «obligues» a hacerlo. Sobre todo con inglés.

—Perfecto, Carlota, ¡así lo haré!

El *para qué* forma parte de lo que nosotros llamamos «preguntas potentes o poderosas» y es la gran llave que te abre a la curiosidad. Te lleva al origen del comportamiento, a la MOTIVACIÓN o CAUSA original. A la inquietud que perseguimos con cada comportamiento porque siempre estamos comprometidos con algo. Cuando hacemos o no hacemos algo es porque en realidad obtenemos algún rédito o beneficio con ello, aunque sea la comodidad, el no enfrentarnos con nuestros miedos o inseguridades, lo que sea, pero siempre hay algo encerrado tras ese comportamiento. Lo que pasa es que a veces no somos muy conscientes de ello o nos cuesta reconocerlo. Traerlo a la conciencia nos hace más libres para decidir realmente lo que queremos o no queremos.

Siempre, siempre, SIEMPRE HAY UN *PARA QUÉ*. A veces está muy escondido; otras, está más en la superficie y se hace más evidente. Siempre hay una causa que activa la conducta. Para saber qué es, tengo que aprender a ESCUCHAR y activar mi INTUICIÓN y mi mirada de explorador. Solo así podré conectar con lo que realmente está pasando en ese pequeño mundo. La mayoría de las veces no tendré una respuesta con certeza, pero sí una idea para empezar a tirar del hilo del ovillo y ayudar a mi hijo a que se ayude a sí mismo.

La curiosidad permite ocuparte de dicha causa o motivación primera. Y, en el largo plazo, es mucho más efectiva. Cuanto más exploro, más cosas descubro en mi hijo.

> La curiosidad expande. Expande a mi hijo, expande la relación, expande recursos y expande soluciones.

Las preguntas poderosas

> Si yo tuviera una hora para resolver un problema y mi vida dependiera de la solución, yo gastaría los primeros cincuenta y cinco minutos para determinar la pregunta apropiada, porque una vez supiera la pregunta correcta podría resolver el problema en menos de cinco minutos.
>
> ALBERT EINSTEIN

Cuando le preguntaron a Sócrates cuál había sido su logro más importante, él respondió: «Enseño a preguntar».

Ahora que ya sabemos qué actitud debemos adoptar para conocer y acompañar mejor a nuestros hijos en su desarrollo, es decir, una actitud curiosa, vamos a ver qué podemos HACER para conseguirlo (pongo el verbo *hacer* en mayúsculas para destacar que en nuestro método siempre distinguimos entre los recursos que vienen del SER —como la curiosidad— y los que vienen del HACER).

Señoras y caballeros, les presento la herramienta clave del *coaching*: LAS PREGUNTAS POTENTES.

El *para qué* es una pregunta potentísima. Y ya has visto cuál es su impacto con la historia de Carlota.

¿Te ha pasado alguna vez que, cuando preguntas a tu hijo, él te contesta con monosílabos? ¿Tienes la sensación de quedarte en la superficie de lo que está ocurriendo en su pequeño mundo? ¿Te gustaría mantener conversaciones más interesantes y profundas con él? ¿Te gustaría llegar más lejos?

Pues para conseguirlo hay que SABER PREGUNTAR.

No preguntar de cualquier manera, no... Se trata de aprender a hacer «las preguntas adecuadas».

¡Preguntar de una forma distinta!

Te propongo un pequeño ejercicio.

Lee y déjate sentir durante cinco o diez segundos cada una de estas preguntas.

Te invito a que no hagas trampas ni te «saltes» este momento de reflexión, leyéndolas todas del tirón (es importante que sigas las instrucciones para que realmente integres este recurso).

- ¿Qué diría el niño que eras del adulto que eres?
- ¿Qué te ha enseñado tu hijo?
- ¿Cómo crees que te definiría tu hijo?
- ¿Qué harías con una varita mágica?
- ¿Cómo te sientes en la relación con tu hijo?
- ¿Cuál es la pregunta que no quieres hacer?

¿Cómo te han llegado estas preguntas?
¿Qué has sentido?
¿Con qué te han conectado?
¿Qué ha resonado en tu interior?

Estas son las características de las preguntas potentes a las que nos referimos:

- Nacen de la auténtica curiosidad (si no, no sirven, no tienen el impacto que buscamos).
- La respuesta la tiene «el niño» (no nosotros).
- Conectan con uno mismo y con la esencia de cada cual.
- Invitan a la reflexión y el autoconocimiento, son preguntas que no tienen una respuesta inmediata y hacen que nos sumerjamos en nuestro mundo interior. Quizá invitan a abrir puertas que hemos cerrado, a entrar en lugares en los que nos cuesta especialmente.

En definitiva, son preguntas que hacen que nos conozcamos mejor y miremos en sitios donde normalmente no solemos mirar: GENERAN CONSCIENCIA. Nos ayudan a conocernos.

Sin duda, hacerse las preguntas adecuadas es una de las claves del éxito personal.

> La mejor manera de generar consciencia y responsabilidad es formular preguntas. Preguntar es mucho más efectivo que ordenar a la hora de fomentar la consciencia y la responsabilidad.
>
> JOHN WHITMORE

Habitualmente invertimos mucha energía y esfuerzo en encontrar «la respuesta correcta» o la «solución adecuada» a los asuntos que nos preocupan, pero no en descubrir cuál es la «pregunta correcta».

Como consecuencia, a veces podemos sentirnos bloqueados o tener la sensación de que no avanzamos y damos siempre vueltas a lo mismo, permaneciendo en el mismo lugar. Con las preguntas adecuadas podremos ver con claridad algo que quizá no conseguimos ver mediante la preocupación, el análisis o la reflexión. Probablemente, la pregunta adecuada nos haga cambiar el marco de pensamiento en el que solemos estar y nos lleve a nuevos planteamientos, a nuevas soluciones.

Como padre o madre, te propongo lo siguiente: en vez de darle tú la solución, la respuesta o decirle a tu hijo lo que tiene que hacer (que es como solemos actuar por defecto), ponte las gafas de la CURIOSIDAD y, desde esa actitud, lanza preguntas potentes (impactantes, abiertas y que inviten a la reflexión) a tu hijo con el objetivo de que sea él mismo quien encuentre su propia respuesta, la solución.

¿Para qué es importante que él mismo encuentre su respuesta «si yo ya sé lo que tiene que hacer», y es más fácil y rápido si se lo digo yo?

> Es importante que tu hijo encuentre por sí mismo su respuesta para que se conozca, para que él mismo identifique y se adueñe de sus propios recursos. ¡Todos los niños los tienen! Pero ¿cómo lo van a saber, si no pueden ver por sí mismos que están ahí? ¿Cómo se van a responsabilizar de lo que les pasa si les damos siempre la solución? ¿Cómo van a comprometerse y más adelante hacerse cargo de su vida? ¿Cómo aprenderán más adelante a hacerse sus propias preguntas?

Como padres, nuestra misión es prepararlos para la vida, hacer de ellos personas independientes, creativas y con autoestima. Para conseguirlo, es importantísimo que nuestros hijos se conozcan, sepan con qué recursos cuentan y aprendan a solucionar los pequeños problemas que se les presentan por sí mismos.

Es importante también enseñarles a pensar, hacer que se cuestionen y reflexionen sobre lo que les sucede. Encontrar la respuesta dentro de ti mismo siempre es mucho más revelador que si te la dicen «desde fuera». ¿No te ha pasado nunca que te han dicho quinientas veces algo muy evidente sobre ti (desde fuera) y hasta que no te das cuenta por ti mismo no cambia nada? Pues eso es precisamente lo que les pasa también a los niños.

Deja que experimenten por sí mismos sus recursos, sus soluciones, sus respuestas... Muchas veces te sorprenderás de lo ingeniosos que llegan a ser y lo felices y comprometidos que son con sus respuestas: CONFÍA.

También se dice que vivimos en un momento de «hiperprotección» a los niños. No les dejamos experimentar, equivocarse, les decimos continuamente lo que tienen que hacer... Eso no solo genera jóvenes poco comprometidos y motivados, sino que cuando crecen tampoco saben tomar decisiones, porque están esperando que alguien les diga lo que tienen que hacer. Esto es injusto para ellos y, en cierta manera, también es una forma de violencia que, sin querer y con toda nuestra buena intención, están padeciendo nuestros hijos. Al fin y al cabo, el mensaje que les estamos transmitiendo con nuestras acciones es «no creo en ti» o «no eres capaz de hacerlo por ti mismo». Y esa es la creencia que le va a acompañar el resto de su vida, porque..., «si mi padre o mi madre piensan esto —que son las personas que más me quieren y más me conocen—, ¿quién soy yo para dudarlo?».

Por último, tenemos que tener en cuenta que muchas veces vivimos en la prisa y necesitamos que nuestros hijos hagan las cosas «ya». Es más fácil y rápido decirles lo que tienen que hacer que esperar a que exploren dentro de sí mismos para encontrar su solución. Hay veces en que no será el momento de hacer una pregunta potente y otras veces en las que será precisamente lo que ayude a hacer el clic. No funciona siempre, pero funciona (y muy bien, además).

El método AEIOU siempre pone el foco en el largo plazo. ¡Es mucho más efectivo! Eso no quiere decir que no se vean resultados en el corto plazo, pero lo importante es el proceso, es decir, aquella relación que estamos creando con nuestros hijos y las personas en las que se están convirtiendo. Es importante entonces confiar en que la repetición de estos «pequeños gestos» son los que van a llevarnos a un destino totalmente diferente con nuestros hijos. Es como la metáfora de un barco: si vas navegando y viras el timón diez grados a estribor, en un primer momento apenas te darás cuenta de que has avanzado y cambiado el rumbo, pero en veinte millas habrás llegado a un puerto totalmente diferente.

Te puede parecer complicado hacer estas preguntas al principio, pues nos falta músculo en este sentido. Tenemos hábitos forjados en hacer preguntas cerradas, para recabar información, para fomentar el análisis, los razonamientos, las justificaciones, la defensa... Pero ¡no hay que desanimarse! Si no funciona una, siempre podemos probar con otra. No pasa nada. Lo importante es el camino, es el proceso. También así estás construyendo relación.

¡Ah! ¡Casi se me olvida! Las preguntas potentes tienen vida propia, una vez que las lanzamos pueden llegar a lugares insospechados y cumplen su misión también a largo plazo. Así que si nuestros hijos no contestan, no os desaniméis. Normalmente, cuando no conocen la respuesta es un síntoma de que es una pregunta que ha funcionado y volverá a aparecer en su interior, una y otra vez, hasta que surja la respuesta en el momento en que estén preparados. Al fin y al cabo, es un regalo para ellos, la respuesta es para ellos. Si quieren compartirla con nosotros ¡fantástico! Si no lo hacen, no pasa nada. Todos sabemos que las respuestas fáciles, las que salen deprisa, recogen lo que ya nos sabemos y requetesabemos (a veces, sin profundizar demasiado). Una pregunta potente te invita a indagar, a profundizar, a crecer, a mirar y abrir puertas que mantienes cerradas por miedo o inseguridad, a reconocer cosas que te cuesta aceptar. Es una aventura. La aventura del autoconocimiento y la autoconsciencia.

Os cuento lo que pasó ayer en casa... Todo empezó por accidente y después de lo que ahora os contaré, empecé con preguntas potentes y las respuestas fueron contundentes y aplastantes.

Mi hija, Eunis, de cinco años, estaba hablando por teléfono con su abuela, pero como la niña ha salido aún más presumida que su madre, tiene por costumbre hablar por teléfono mirándose al espejo..., sí, ¡¡es para verla!! Pues bueno, supongo que se vio algo despeinada, así que decidió arreglarse la coleta y como no podía al mismo tiempo sujetar el teléfono inalámbrico, conectó el altavoz y lo dejó en el filo de la bañera para poder hacer las dos cosas, hablar por teléfono y peinarse mirándose al espejo (tenemos un espejo justo delante de la bañera). Tuvo la mala suerte de que no lo apoyó bien y el teléfono se cayó dentro de la bañera que yo ya estaba llenando para bañarlos...

Cuando lo vi, empecé a cambiar de color... Habíamos arreglado ese teléfono hacía escasamente un mes porque por otro golpe se había estropeado. Pero respiré, conté hasta diez y empecé a hacerle algunas preguntas, sin tonito de cabreo.

Le pregunté: «¿Qué ha pasado?». Ante esta simple pregunta, y al ver que yo no estaba azul, me contestó con total sinceridad que había sido un accidente y que estaba despeinada y no le gustaba estar así...

Le volví a preguntar: «¿Qué podrías haber hecho para que no se cayera el teléfono a la bañera?». Entonces empezó con tal discurso y tantas opciones diferentes que me tiró para atrás: que podría haberle dicho a la yaya que la llamaba más tarde porque ahora quería peinarse, que podría haber dejado el teléfono en otro sitio, que podría haberse no peinado, porque total ya se iba a bañar, que podría haberme dicho que le aguantara yo el teléfono... Bueno, no sé cuán-

tas cosas más (esta niña, cuando suelta la lengua, no hay quien la haga callar...).

Por último, le pregunté: «¿Qué podemos hacer ahora, que no tenemos teléfono?». Y, con toda la lógica del mundo, me dijo que llamar a la yaya para que no se preocupara porque se había cortado la conversación, y después esperar a que fuera de día e ir a comprar otro teléfono, y directamente se fue a su hucha y me la trajo...

Bueno, en fin... La verdad es que lo que podría haber acabado en un cabreo monumental acabó en un abrazo y, leyendo en ese nivel de escucha tal sentimiento de culpa, ¡qué más le podía decir, si ella ya me lo estaba diciendo todo! Seguro que la próxima vez actúa de una manera distinta.

¿Qué, cuándo, cómo, quién, para qué...?

¿Quieres aprender a hacer preguntas potentes?

Es sencillo, aquí tienes las características que hacen que una pregunta sea potente:

- Son cortas y breves.
- Van a la esencia, a lo que es importante.
- Abren puertas: generan consciencia e invitan a mirar en lugares nuevos.
- Empiezan siempre con *qué, cuándo, cómo, quién, para qué...* El *por qué* no implica una pregunta demasiado potente, porque lleva más al análisis o a la justificación que a la esencia, aunque a veces también puede ser muy potente. No olvidemos que lo realmente importante es de dónde nace la pregunta, si lo hace de la curiosidad o del juicio, y el momento en el que la lanzamos. En este sentido, escuchemos nuestra intuición y esperemos al momento oportuno. Un momento de receptividad, un momento que permita que la pregunta aterrice.

Aquí te dejo un montón de preguntas potentes para que puedas practicar en casa con tus hijos (y, ¿por qué no?, ¡también con tu pareja!). No olvides que esta herramienta solo funcionará si nace de una auténtica curiosidad. No olvidemos el SER que hace esta pregunta.

- ¿Cómo te sientes cuando...?
- ¿Qué no te gusta de...?
- ¿Cómo quieres que sea el próximo examen de mates?
- ¿Para qué pegas a tu hermano?
- ¿Qué necesitas de mamá?
- ¿Cómo podemos solucionar esto?
- ¿Qué has aprendido de...?
- ¿Qué vas a hacer diferente la próxima vez?
- ¿Cuál sería tu día ideal?
- ¿Qué es lo que más te gusta de fulanito?
- ¿Qué es lo que te molesta de...?
- Si pudieras elegir, ¿con quién te gustaría sentarte en clase? ¿Con quién no te gustaría?
- ¿Qué información necesitas para hacer este trabajo?
- ¿Qué soluciones se te ocurren? ¿Cómo podrían mamá o papá ayudarte con esto?
- ¿Qué podría hacer «esto» divertido?
- Si tuvieras una varita mágica, ¿qué tres deseos pedirías?
- ¿Cómo contribuyes tú a lo que está pasando?
- ¿Qué impide que «esto» funcione?
- ¿En qué medida eres responsable de esta situación?
- ¿De qué tienes miedo?
- ¿Qué pasaría si...?

Te propongo que empieces a hacer preguntas de este tipo a tus hijos desde ahora mismo y nos escribas para contarnos qué tal te ha funcionado. Al final del capítulo, tienes un ejercicio para ir practicando.

Ahí van algunas historias inspiradoras (una mía y otras dos de mamás que hicieron el curso AEIOU).

El poder de preguntar distinto en tres historias

¡Basta ya! ¡Castigado!

Imagínate una mañana de sábado cualquiera.

Mi marido, enfermo. Me preparo para salir de casa con un niño de tres años y una bebé de seis meses. Tardo una hora en vestirlos a los dos. Cuando lo consigo, Valeria se pone a gritar: tiene sueño. Dejo a

Mateo unos minutos viendo la tele. Por fin consigo dormir a la niña. Aprovecho que está dormida para arreglarme yo y jugar un rato con Mateo. Ahora me pide coger la trompeta (una trompeta que adora, pero que tengo escondida por su desquiciante sonido). Se la doy —hace semanas que no la usa— con la condición de esperar a salir a la calle para hacerla sonar.

La niña se despierta. ¡Por fin podemos salir de casa! Bajamos al *parking*. Valeria, en el carrito, no para de llorar. Mateo encima del carrito también, porque ha decidido que no quiere caminar. Tengo el coche a cinco metros, pero no consigo avanzar. Mi hijo (de forma repentina y sin explicación aparente) se ha puesto a gritar y a patalear en el suelo. Ahora tengo a dos niños gritando y llorando en la puerta del ascensor del *parking* sin poder llegar al coche. Entre grito y grito, el niño se pone a tocar la trompeta.

—¿Qué te pasa? —le pregunto.

Él solo grita:

—¡No quiero caminar!

Yo intento «razonar» con él (ya sabéis, algo que hacemos los adultos y que no suele funcionar):

—¡Pero si el coche está aquí mismo! Venga, que te llevo en brazos.

—Nooooo, yo quiero ir en coche y no quiero caminar.

Toca la trompeta, parece que porque sabe que eso me «cabrea» todavía más o eso pienso yo...

—Pero, ¡si vamos al coche! Y ya te he dicho que te llevo en brazos. ¡Venga, va! —Yo estoy deseando meterle en el coche de una vez y poder salir de casa por fin.

—¡¡Que nooooo!!

Gritos, gritos y más gritos (la bebé sigue llorando también). Imagínate mi cara de desesperación, sin entender nada y a punto del colapso.

¿Qué hice entonces? Porque, la verdad, solo veía dos posibilidades. La primera era acabar: «Niño, haz el favor de entrar en el coche de una vez (cogerlo y hacerlo) que me tenéis harta y no hay manera de salir de casa. Dame la trompeta (que no te la tendría que haber dado nunca por su ruido infernal): queda confiscada hasta nuevo aviso. Te he dicho que solo se toca en la calle y no has cumplido las normas. ¡Castigado! Y no te quiero oír más, que me tenéis frita con tanto llanto. Ya que papá está enfermo, me podríais ayudar un poco ¿no? Me tenéis agotada». No te mentiré, en algún momento también se me pasó por la cabeza.

Me costaba reprimir las ganas de dar un grito y zanjar esa situación a la fuerza. Pero ese día no lo hice. Ese día estaba en modo «constructivo». ¿Qué quiere decir esto? Pues que no estaba preocupada, no tenía prisa, estaba presente con mis hijos, quería disfrutar de ellos y estaba tranquila. Así que tomé la otra vía.

Cuando estás presente sin pensar «esto no debería estar ocurriendo» y aceptas lo que pasa, enseguida te das cuenta de que hay algo que está sucediendo en tu hijo (algo que te está queriendo decir) que te está pasando inadvertido. El foco está en él (en lo que le pasa) y no en ti (en tus ganas de coger el coche y fugarte). En vez de juzgarle, decidí sentir curiosidad. Respiré hondo, me puse a su altura y le pregunté con todo el amor y el interés verdadero que pude reunir en ese momento:

—Cariño, ¿qué está pasando? ¿De qué va esto en realidad? —Naturalmente, no hubo respuesta.

Decidí aguzar el oído y escuchar empáticamente qué podía pasarle a mi hijo de tres años para que decidiera comportarse así. De modo que después de una mañana eterna sin poder salir de casa, esperando a su hermana y sin poder tocar la trompeta le pregunté:

—¿Qué te pasa cariño, estás aburrido?

Entonces la cara de mi hijo hizo un clic, y me miró con expresión de «¿cómo lo sabes?»:

—Sí, mamá, estoy aburrido —me contestó.

Nota importante: no pudo decírmelo hasta que yo no puse palabras a su emoción, a lo que le estaba pasando. Ellos no tienen esta habilidad. Ya hablaremos de esto más adelante.

En ese momento él se relajó. Así que yo aproveché para cogerle en brazos y decirle:

—Lo entiendo, Mateo. Ha sido una mañana muy, muy larga. ¿Sabes qué vamos a hacer ahora? Vamos a ir al coche y vamos a ir muy rápido al parque para poder jugar mucho rato y tocar la trompeta muy fuerte, ¿OK? Solo en el parque, ¿vale? En el coche no, que con lo que llora tu hermana solo me falta la trompeta, ¿vale, cariño?

—Vale, mamá —aceptó.

Resultado: Mateo en el coche, tranquilo, trompeta en mano y sin tocarla ni una sola vez. Y lo que es mejor, el niño estaba conectado con su madre, quien en vez de cargarse la relación, puso palabras a lo que le pasaba y conectó con su necesidad. En ese momento, el niño decidió colaborar.

Moraleja de toda esta historia: cuando un niño se está «portando mal» lo que más necesita, lo que en realidad está reclamando, es amor. *Amor* significa que no le juzgues, que aceptes lo que está pasando y te preguntes por qué tu hijo actúa de esa manera. Siempre es por algo. A veces tú no lo sabrás, otras veces él tampoco lo sabrá, pero siempre es por algún motivo. Si nosotros estamos «mal» ese día, reaccionaremos mal y nuestros hijos actuarán «mal». Si en ese momento nosotros decidimos priorizar la relación y actuar con amor y conexión, el niño se sentirá bien, y actuará en consecuencia. En nuestras manos está.

Es tal la fuerza de las preguntas potentes, que son muchos los niños que perciben que, una vez conocen las respuestas, sus relaciones y comportamientos no pueden seguir siendo los mismos. Eso es lo que le pasó a esta madre con su hijo.

No me has echado una bronca... ¡Eso es peor!

Desde que hice el curso AEIOU he intentado hacer preguntas potentes y lo cierto es que ¡me están funcionando! La reacción más llamativa fue la de mi hijo de nueve años. Se estaba peleando con su hermano pequeño, como suele ser habitual en mi casa, y le dio una patada bastante fuerte. Entonces le cogí, me puse delante de él y le pregunté sin exaltarme, con toda la tranquilidad que pude agenciarme:

—¿Cómo te sientes cuando pegas a tu hermano? ¿Cómo quieres que sea vuestra relación?

Se quedó muy serio y, tras unos segundos, me dijo con la boca pequeña:

—Pues mal.

De camino al colegio estuvo muy serio, sin hablar, y cuando ya nos despedíamos en la puerta del cole le digo:

—Cariño, te veo muy serio... ¿Qué te pasa? ¿No le vas a decir adiós a mamá?

Y me responde:

—Hombre, con la bronca que me has echado...

—¡No te he echado ninguna bronca! ¡Solo te he hecho una pregunta!

Y él sentenció:

—Ya, pero ¡eso es peor todavía!

Entendí que le había «llegado» más que cualquiera de las broncas habituales, y que le había hecho reflexionar de verdad y de una manera muy productiva para él y para todos en casa. Me di cuenta de la potencia que existe cuando los niños experimentan por sí mismos las consecuencias de sus actos.

Es como si entendiera que la relación con su hermano la tenían que crear entre los dos, él decidía cómo quería que fuera. Les pasamos el poder y así los empoderamos, les hacemos responsables y los ayudamos a que aprendan a comprometerse.

Ahora, te contamos la historia de una mamá que es todo entusiasmo, energía y vitalidad. Nos contaba impaciente que quería poner en práctica al llegar a casa todo lo vivido en el curso. Nos explicaba que estaba pendiente de todas las situaciones para poder lanzar alguna pregunta poderosa o aplicar otra herramienta aprendida. Vanessa es pura autenticidad y pasión.

¿Cómo te sientes cuando pegas a tu hermano?

Finalmente, llegó la situación que os expliqué que tanto me preocupaba: cuando mi hijo Lucas (de tres años y medio) empieza a hacer daño a mi hijo Pol (de un año y medio) hasta hacerlo llorar. Es algo que me preocupa y quiero reconducir.

Esta vez, en lugar de ponerme colorada, sulfurarme y empezar a chillarle, pensé: «¡Qué bien! ¡Aquí está la situación que estaba esperando! ¡Mi oportunidad! ¡Ahí voy con mi pregunta poderosa!».

—*Lucas, ¿qué sientes cuando haces daño a Pol?*

Lucas paró ipso facto, me miró con expresión de no entender lo que le estaba diciendo y se quedó así un buen rato, con cara de extrañeza.

En un primer momento, me quedé un poco contrariada, pues pensé que quizá no había entendido mi pregunta y el recurso no había funcionado. ¡Qué desilusión! ¡Todo mi gozo en un pozo! Sin embargo, como conseguí pararle y que dejara de pegar a Pol, estaba contenta. ¡Nunca antes lo había conseguido sin acabar todos con una monumental bronca!

Esta situación lamentablemente se repitió, como de costumbre, al día siguiente dos veces más. En ambas ocasiones le pregunté:

—¿Qué sientes cuando ves llorar a Pol? —Se hizo el silencio—. ¿Cómo crees que se siente cuando le haces daño?

Lucas permaneció callado.

Pensé que quizá entendería mejor estas preguntas y que probablemente me contestaría, pero no fue así. Nada. No me contestó en ninguna ocasión. Me miraba con una cara de «¿eh?». Pero como conseguía pararle y que cambiara de «juego», yo ya me sentía satisfecha. Al menos había conseguido una reacción.

Esa misma semana estábamos cenando los cuatro, le estaba explicando a mi marido que había tenido un mal día porque mi padre me había llamado por teléfono y me había gritado. Ni por un momento me di cuenta de que Lucas nos estaba escuchando (siempre está pendiente de su hermano), pero entonces, va y me suelta:

—Mama, ¿qué sientes tú cuando el abuelo te grita?

¡Nos quedamos petrificados!

Mi marido casi se atraganta y a mí se me cayó el tenedor al suelo. La verdad es que me caían las lágrimas. No sé si de emoción o de qué. Esa fue mi reacción. ¡Sí que entendía mis preguntas!

Lucas me vio y me dijo: «¿Por qué lloras, mamá?», y le respondí: «Porque ¡te quiero tanto!». Y él concluyó: «Yo también te quiero infinito, aunque tu padre te grite».

Me dejó con la boca abierta y más feliz que una perdiz.

LA CURIOSIDAD EXPANDE. La pregunta MUEVE el aprendizaje.

Ejercicios para explorar

En la próxima semana...
1. Elige un momento de tranquilidad y quédate un rato mirando a tu hijo. Observa qué hace, cómo lo hace, lo que dice, cómo se mueve, cómo se ríe, cómo reacciona, cómo se expresa... Observa su físico, su cara, sus gestos, sus expresiones, sus emociones... Obsérvalo todo, que no se te escape detalle. Incluso te proponemos que sientas su olor y su tacto suave. Simplemente, pasa un rato solo observando, sin interpretar lo que ves y sin juzgar. ¿Cómo es? ¿Qué ves? ¿Qué descubres en tu hijo?
2. Cada vez que te sorprendas emitiendo un juicio de tu hijo o pensando «esto no debería estar ocurriendo», para un momento y observa. Pregúntate con verdadera curiosidad qué le está pasando a tu hijo para que actúe así. ¿Qué hay detrás de este comportamiento? ¿Qué te está queriendo decir?
3. Ten una «conversación» con uno de tus hijos (o con tu pareja, un amigo, un familiar) en la cual le hagas preguntas potentes. Utiliza algunas de las que te propusimos como ejemplo en la página 86. Si estás presente, escuchando activamente y sientes verdadera curiosidad y admiración por quien tienes enfrente, surgirán esas y otras, no te preocupes. El *desde dónde* haces las preguntas (es decir, desde la curiosidad) es clave para que estas tengan la potencia que buscamos.

Recuerda: es fundamental crear el contexto adecuado para que fluyan con naturalidad y no se conviertan en un interrogatorio. Deja espacio para que aterricen las preguntas (esto es muy importante), escucha con curiosidad, sin juicio, sin aconsejar, sin dar tu opinión, sin atosigar, con todo tu cariño...

▶ ¿Qué es diferente?
▶ ¿De qué te das cuenta?
▶ ¿En qué medida cambia las cosas?
▶ ¿Qué te ha funcionado? ¿Qué no?

3. Inspirar

Nuestro más profundo temor no es ser inadecuados. Nuestro más profundo temor es ser poderosos más allá de toda medida. Es nuestra luz, no nuestra oscuridad, lo que más nos asusta. Nos preguntamos a nosotros mismos: «¿Quién soy yo para ser brillante, lleno de dicha, con talento, fabuloso?». En realidad: «¿Quién eres para no serlo?».

Eres un HIJO DE DIOS. Que juegues a ser pequeño no sirve de nada al mundo. No hay ninguna luz en el hecho de que te empequeñezcas para que los demás no se sientan inseguros a tu alrededor. Nacimos para manifestar la gloria que hay en nuestro interior. Y a medida que dejamos nuestra luz brillar, damos permiso inconscientemente a otras personas para hacer lo mismo. A medida que nos liberamos de nuestro propio miedo, nuestra presencia automáticamente libera a otros.

MARIANNE WILLIAMSON

La «i» de «Inspirar»

> ¿Puedes recordar un momento en tu vida en el que alguien te hizo sentir capaz?
> ¿Alguien que te dio alas para volar allá adonde querías ir?
> ¿Alguien que tan solo por cómo te miraba te hacía creer que «sí puedes»?

Piénsalo un segundo y pon atención en cómo te sentías en aquel momento... ¿Lo tienes?

¡Este es precisamente el impacto de alguien que es inspiración para ti!

Inspirar a tus hijos significa que ellos sientan por sí mismos la voluntad de crecer gracias a tu influencia. Significa que gracias a ti, se vean más grandes, más fuertes y más capaces. Inspirar a tus hijos significa CREER en ellos, creer de verdad y con autenticidad.

Creer que son capaces de hacer lo que se propongan, porque en realidad, ¿cómo sabes que no lo son? Anima a tu hijo, apóyale y dale el espacio que necesita para crecer. Pongo expresamente el acento en esto último, porque muchas veces es lo que más nos cuesta como padres. Es fácil caer en la sobreprotección, el control... Recuerda que es fundamental confiar.

Igual que las semillas necesitan espacio para brotar, nuestros hijos necesitan tener su propio espacio para poder desarrollarse. Eso significa darles permiso para experimentar, para caerse, para levantarse y para aprender por sí mismos. Deja que sean ellos quienes descubran el mundo, todos lo necesitamos. No los juzgues ni los culpes si meten la pata. Necesitan hacerlo (todos necesitamos hacerlo) para aprender. Tú simplemente estate ahí, PRESENTE, con ellos, CONFIANDO y APOYÁNDOLOS.

¿Hay algo más inspirador que eso?

¡Eso es acompañar! ¿Recuerdas? Al lado, no encima, porque los podemos ahogar.

Inspirar es una actitud, una forma de ver a tu hijo. A pesar de las circunstancias y de lo que él decida hacer en cada momento. Es más, como hijos, cuanto más perdidos estamos, más necesitamos que confíen en nosotros. Así que sé ese apoyo tan necesario para tu hijo y mírale como el árbol majestuoso que, en potencia, está llamado a ser (no queremos convertirlos en un bonito bonsái, ¿verdad?).

Tu hijo está construyéndose a sí mismo. Está llevando a cabo su obra maestra. ¡Contémplala! ¡Admírala! ¡Disfrútala!

En definitiva, se trata de ELEGIR ver su parte brillante, bonita y única. Todos la tenemos, así que pongamos nuestro foco y energía ahí. Si lo hacemos, será precisamente lo que haremos brotar en nuestros hijos.

> —*Mamá, ¿y si me caigo?*
> —*¡Ay, cariño...! ¿Y si vuelas?*
>
> ANÓNIMO

Lo positivo y lo negativo

Te voy a contar algo que seguramente ya sepas, pero aun así te lo voy a contar, porque a veces viene muy bien recordarlo. En la vida, absolutamente TODO tiene un lado positivo y otro negativo. Son las dos caras de la misma moneda. Tú también. Tus hijos también...

De hecho, te voy a invitar a que hagas ahora un pequeño experimento mientras lees estas páginas: elige un objeto que lleves encima en este momento. El primero que encuentres, no te lo pienses mucho. ¿Lo tienes? Ahora busca una cosa «buena» que tenga ese objeto y una cosa «mala». Hazlo a conciencia y esfuérzate en encontrar una respuesta para cada aspecto.

Bien, ahora reflexiona un instante sobre qué ha sido más fácil para ti, encontrar «lo bueno» o «lo malo» de ese objeto. Sea cual sea, está bien (no lo juzgues ni lo justifiques), simplemente sé consciente, es información útil para ti, porque lo puedes extrapolar a distintos ámbitos de tu vida.

El objetivo de este sencillo ejercicio es simple: que te des cuenta de que SI BUSCAS, ENCUENTRAS. Es decir, si yo pongo mi atención en lo que me gusta de algo, lo encuentro. Y si pongo el foco en lo que no me gusta, también lo encuentro (y, además, son objetos que por una u otra razón y a pesar de «lo malo» que tienen, yo misma he escogido hoy para llevar encima). Quiero decir que si me pongo «las gafas» de buscar aquello que no me gusta de mi hijo, aquello que hay que corregir, aquello que no funciona, lo que está mal, lo que crees que debería ser diferente, ¡lo voy a encontrar! Y esto no tiene fin, puedo estar viendo cosas que no me gustan en mi hijo (o en cualquier cosa o persona) continuamente...

¿Puedes imaginarte lo frustrante que tiene que resultar esto?

¿Cómo es la relación con tu hijo si pones el foco en lo que NO tiene, en sus carencias, en lo que NO hace bien?

¿Qué emoción te provoca cuando lo piensas?

O incluso...

¿Cómo será la relación de tu hijo consigo mismo si sus padres lo ven desde ese lugar? ¿Cómo crees que debe sentirse? ¿Le ayuda o le pone las cosas más difíciles?

Te voy a contar un dato científico: está comprobado que la energía va allí donde yo pongo la atención. Lo que quiere decir esta afirmación es que como padre o madre, estás reforzando todo aquello en lo que te enfocas. Si tú piensas que tu hijo es «desobediente» o «rebelde» y te centras en verle así, eso es lo que vas a reforzar en él. En cambio si te enfocas en que «sabe lo que quiere», «es asertivo», «tiene criterio propio y lo defiende» (lo positivo), eso es precisamente lo que vas a alimentar.

Así que pon mucha atención en dónde pones el foco con tu hijo. Es algo elemental y de vital importancia y trascendencia.

¿Qué estás alimentando? ¿Qué estás haciendo más grande?

Todo tiene su lado positivo. Si me enfoco en lo que mi hijo sí tiene, es eso lo que voy a desarrollar en él. Es así como le voy a inspirar para crecer siendo la mejor versión de sí mismo. Además, ¿sabes qué? Nuestro cerebro no está preparado para fijar la atención en los dos sitios a la vez. Simplemente no puede. O pongo el foco en lo negativo o lo pongo en lo positivo. Cuando veo uno no estoy mirando lo otro. Es como si enfocas con una linterna la pared. Allí donde va el haz de luz, aparece lo que tengo delante de mí, permaneciendo lo demás en la oscuridad. Si muevo la linterna puedo ver unas cosas, al tiempo que dejo de ver otras.

Ahora te voy a lanzar una pregunta que quizá te pueda resultar algo dura.

¿Puedes pensar, por un momento, lo injusto que es que las personas que más te quieren (y más quieres) te miren y te juzguen en función de lo que NO tienes?

Naturalmente, no ayuda en nada a crearte una buena imagen de ti mismo (autoconcepto) ni a forjarte una fuerte autoestima, que es una de nuestras principales tareas como padres. Todo lo contrario, te sentirás inseguro e incapaz. ¿Cómo podrá entonces tu hijo poner en valor todo lo que es? ¿Difícil, no?

¿Cómo vas a contribuir entonces a que crezca la autoestima de tu hijo?

Es como cuando nos rompemos una pierna. En cuál te apoyas para caminar, ¿en la coja o en la sana? ¿A que no se te ocurriría apoyarte en la que está rota? Pues caminar por la vida es lo mismo, ¿en qué pierna quieres que se apoye tu hijo? ¿En la que cojea (en sus defectos, vulnerabilidades, deficiencias) o en la buena (en sus cualidades, talentos, virtudes)?

Déjame que te cuente una anécdota que a mí me parece muy gráfica: hace ya un tiempo escuché una entrevista por la radio que le hicieron a Rafa Nadal. Sin duda, todo un campeón y un ejemplo de superación. Según decían, el punto fuerte de Rafa es el *drive*. El locutor entonces le preguntó a Rafa cuál era el golpe que pasaba más tiempo entrenando y ¿sabes qué contestó?

¡¡El *drive*!!

Porque si de forma natural Rafa ya es bueno con el *drive*, ¿quién puede llegar a ser si lo trabaja todavía más? ¡Un genio del *drive*, seguramente! En cambio, si se enfoca en lo que de forma natural no se le da tan bien, aunque lo mejorará, nunca llegará a la maestría.

Lo que quiero decir es: «¿Cómo le estoy regalando más oportunidades a mi hijo? ¿Cómo le voy a inspirar más? ¿Si me enfoco y potencio lo que tiene o si me enfoco en lo que no tiene?». Esto no significa que apoye y refuerce también a mi hijo allí donde lo necesita ¡¡Por supuesto, solo faltaría!! Pero...

¿Hace falta que lo convirtamos en una obsesión que nos separa y que, además, enturbia nuestra comunicación?

No es justo, y lo hacemos continuamente

Socialmente, solemos tener la creencia de que solo podemos mejorar si ponemos nuestra energía en el problema. Si queremos crecer, hay que corregir aquello que no va bien.

Por ejemplo, si nuestro hijo suspende mates, ¿qué solemos hacer «con la mejor de nuestras intenciones»? Poner toda nuestra energía en reforzar las mates. Hay que enfocarse en el problema. E incluso llegamos a pensar que si para ello debe dejar el fútbol, el baloncesto o cualquier otra actividad extraescolar, no importa. Lo primero es lo primero.

NO TIENE POR QUÉ SER SIEMPRE ASÍ.

No niego que corregir te ayude a darte cuenta de qué cosas tienes que mejorar y cómo. Pero si quieres que tu hijo brille y tenga más oportunidades, enfocarte en el problema solo lo enquista. Lo que de verdad le va a servir es que te centres precisamente en sus cualidades, fortalezas y talentos. Es decir, puedes elegir verle como «un desastre en mates» o como «un crac en los deportes o en idiomas». ¡Y todo es verdad! Pero ¿cómo le vas a inspirar más?, ¿De qué forma va a poder desarrollar mejor su autoestima (autoconcepto) y todo su potencial?

¡Ojo! No estoy diciendo que obviemos lo que va mal. ¡Por supuesto que no! No estoy diciendo que no enseñemos el valor del esfuerzo y la superación a nuestros hijos. Rafa Nadal también practica el saque, el revés y procura mejorar sus golpes más «flojos» (si es que tiene alguno, pareciera ser que no). Por supuesto que se ocupa de estos aspectos, pero no invierte ahí la mayor parte de su energía.

Pues pasa lo mismo si mi hijo suspende mates: quizá tendré que ponerle un profesor de refuerzo, es algo muy bueno que hay que valorar, pero que no sea eso lo que vea yo en él. No olvides que según en qué te enfoques, eso es precisamente lo que vas a hacer crecer en él. Quizá nunca llegue a ser bueno en mates, pero si refuerzas lo que tu hijo sí es, ¿quién te dice que no será un magnífico deportista, artista, abogado, periodista o escritor?

No es justo que en lugar de un pequeño bailarín en potencia, solo veamos a un niño hiperactivo al que le cuesta concentrarse en clase.

No es justo que en lugar de un pequeño artista en potencia, solo veamos a un niño sensible e introvertido.

No es justo que en lugar de un pequeño científico en potencia, solo veamos a un niño al que se le da mal la lengua...

¡No es justo! Y lo hacemos continuamente...

Alaba sus fortalezas para hacerlas crecer y anímale en sus debilidades para que siempre se supere. No somos brillantes en todo, ¡tengámoslo claro! ¡Nosotros tampoco! Hay cosas que se nos dan bien y otras no tan bien.

Un ejemplo es la experiencia que nos cuenta Cristina, la mamá de Hugo:

Hugo es un niño listo, sensible y cariñoso de cinco años. Cristina vino al curso con uno de los retos más cotidianos a los que nos en-

frentamos los padres: la comida. Hugo se aburría comiendo, sencillamente no le gustaba comer. La hora de la cena se convertía en una lucha constante y toda la familia acababa agotada y de mal humor.

¿Qué hizo Cristina? Pues bien, a mitad del curso y ya con un buen manejo de recursos bajo el brazo, decidió poner en práctica la «estrategia de cambiar el foco». Es decir, en lugar de poner el foco en el problema —la comida—, que es lo que solía hacer, decidió poner su atención en Hugo y en aquello que sí le gustaba hacer a su hijo.

Cristina, esa noche, se convenció a sí misma de que la comida ya no era importante para ella. Procuró interiorizarlo al máximo, porque, como ya sabéis, suele haber siempre una vocecilla interior que como madre o padre te repite: Tiene que comer, tiene que comer... Pero ella echó mano de la autogestión, la hizo callar y se puso manos a la obra.

Llegó el momento de la cena. Cristina puso el plato delante de Hugo y le dijo:

—Si no tienes hambre, no comas, ¿vale? Es importante comer, pero hay que tener hambre.

Hugo le miró con cara rara, como diciendo: ¡¡A mamá, ¿qué le pasa hoy?!! Pero ella siguió como si nada, se sentó con él y escogió un cuento para leer.

Pues bien, mientras iba leyendo, Hugo —que estaba encantado con la lectura, escuchando a su madre— iba pinchando su hamburguesa con el tenedor y comiéndosela él solo, ¡hasta acabársela entera! Cristina, asombrada (y superesperanzada), no quiso tampoco darle mucha importancia, prefirió normalizar la situación sin premios ni recompensas (recordemos que el foco ya no estaba en la comida). Así que, simplemente cuando terminó de cenar, siguieron jugando como si tal cosa. Lo que más sorprendió a Cristina no fue que su hijo se comiera toda la cena, sino que además veía a Hugo feliz y tranquilo.

Cristina nos contó que a pesar de este logro, eso no fue lo más emocionante. El momento más emocionante tuvo lugar a continuación, al acostar a Hugo y oír sus palabras:

—Qué bien nos lo hemos pasado hoy comiendo, ¿verdad, mami? —y añadió—: A mí en realidad sí que me gusta comer, bueno..., no me gusta, pero me gusta a veces.

En realidad, lo que Hugo quería decir con sus palabras es que así sí le gusta comer (con presencia de verdad, sin riñas, sin amenazas, sin castigos, simplemente comiendo normal y, sobre todo, con toda la familia).

Su mamá solo le dijo: te entiendo, y le dio un beso. Como ella nos dijo, ya había pillado lo que me quería decir. Después de algunos meses, volvimos a hablar con Cristina y esto es lo que nos dijo:

—No os vais a creer el cambio que ha habido en Hugo: come perfectamente, a veces hay que recordarle que pinche... Pero porque se queda embobado en su mundo de fantasía. ¡Él es así! ¡Ahora come bien! Hace los deberes encantado, y se concentra mucho más. Esto es lo que he aprendido al poner el foco en él, en lo que realmente le hace feliz y en lo que es bueno para él. El otro día me dijo: «Mami, soy tan feliz, en el cole también, porque todos me quieren mucho y yo me lo paso bomba». Yo estoy convencida de que todo este cambio es gracias a nosotros, a nuestro cambio de actitud, a que estamos viviéndole mucho más, nos estamos poniendo en su piel, sin broncas, sin recriminar, simplemente porque le queremos tal y como es, y nos encanta que sea así. ¡Gracias, AEIOU, por toda vuestra ayuda!

¡El *sí* construye!

El mensaje más importante de este epígrafe es su título: ¡EL *SÍ* CONSTRUYE!

Enfocarte en lo POSITIVO crea y abre oportunidades.

Poner el foco en lo que sí hay construye autoestima, construye posibilidades, construye personas, construye relaciones, construye capacidades, construye éxitos... ¡El *sí* construye!

¿Cómo aplicar esta máxima a la educación de nuestros hijos?

La primera es cambiar el sí por el no. Y con esto no me refiero a que nunca le digas que no a tu hijo (hay veces que hay que decir que no: «No metas los dedos en el enchufe», «No cruces la calle»), sino que cambies tu forma de decirle que no. Es más, te invito a que pruebes decirle que NO con un mensaje positivo. Te pongo algunos ejemplos:

- En vez de «no grites», puedes decirle «habla bajito».
- En vez de «no pegues», puedes decirle «tu hermanita es guapa».
- En vez de «no pintes en la pared», puedes decirle «se pinta en el papel».
- En vez de «ahora no puedes comer galletas», puedes decirle «las comeremos de postre».
- En vez de «no saltes en el sofá», puedes decirle «salta aquí, a mi lado».
- En vez de «no hables con la boca llena», puedes decirle «habla cuando hayas tragado».

Le estás diciendo lo mismo, pero de forma diferente y, por eso, le llega de un modo distinto. Si es positivo, ¿ves cómo cambia? Se trata de decirle lo que quiero enseñarle en vez de decirle lo que no quiero que haga.

No es QUÉ dices, sino CÓMO lo dices lo que va a marcar la diferencia en la comunicación (y, en consecuencia, en la relación) con tu hijo.

Además, nuestro cerebro no registra el *no*. Si dices: «No toques el escaparate», su cerebro automáticamente registra: «Tocar el escaparate». Si le dices: «No te levantes», el cerebro lo que registra es: «Levantarse». Lo que quiero decir es que enfocándote en lo que no quieres que haga, lejos de evitarlo, le estás dando una idea. Es más fácil y sencillo seguir una instrucción positiva.

Casi todos los mensajes se pueden «positivizar», y lo bueno de esto es que cuando le dices a tu hijo «habla bajito» en vez de «no grites» le estás dando un recurso, le estás pidiendo de forma concreta qué quieres que haga. Así es mucho más fácil que te entienda (y que te haga caso). De otro modo, si le dices «no grites», sabrá lo que no quieres que haga, pero ¿y el recurso? ¿Qué le estás pidiendo entonces? ¿Cómo ha de hacerlo?

Solemos dar por sentado que los demás saben lo que queremos que hagan, pero precisamente dar las cosas por sentado es el origen de muchos conflictos y malos entendidos en la comunicación. La comunicación falla. Y, además, el *no,* cuando es necesario, pierde fuerza si lo utilizamos continuamente.

Reservemos el *no* para cuando es necesario un *no*.

Si lo oyen continuamente, les puede llevar al inmovilismo, al no hacer (la sumisión) o a la rebeldía.

Sé concreto y dile a tu hijo lo que sí quieres que haga, en vez de lo que NO puede hacer.

El *sí* abre oportunidades,
el *no* cierra puertas.
El *sí* construye,
el *no* destruye.

El principio 90/10

> Haz lo que puedas, con lo que tienes, donde estás.
>
> THEODORE ROOSEVELT

¿Conoces a Stephen Covey? Es un experto en inteligencia emocional, autor del libro *Los siete hábitos de la gente altamente efectiva*[1] (el cual desde aquí te recomendamos). En este libro, habla del «principio 90/10», que se podría resumir como sigue: el 10 % de la vida está relacionado con lo que te pasa, y el 90 % restante se relaciona con la forma en cómo respondes a lo que te pasa.

Esto es aplicable a TODO. También a tus hijos. Veamos un ejemplo: el 10 % tiene que ver con la taza de café que tu hijo te tira en la camisa un martes por la mañana, justo antes de irte a trabajar; el otro 90 % tiene que ver con tu manera de reaccionar ante ese hecho. Cómo pases el resto de la mañana y la relación que tengas con tu hijo va a depender de ese 90 % que tiene que ver con tu actitud.

¿Qué quiere decir esto?

Tú, obviamente, no tienes control sobre el 10 % de lo que te sucede. No puedes evitar que tu hijo monte una pataleta, pegue a su hermano o te tire el café encima de la camisa antes de salir de casa. Tampoco puedes evitar que haya un atasco de tráfico y, debido al embotellamiento, llegues tarde a una reunión...; o que la persona que te atiende en la panadería lo haga de mal humor. No tienes control de ese 10 % de tu vida.

Pero el otro 90 % es diferente, porque tú sí tienes el control sobre la

---

[1]. Barcelona, Paidós, 2016.

forma en que respondes al 10 %. ¿Vas a dejar que el tráfico te perturbe y llegues de mal humor a la reunión? ¿Vas a permitir que la conducta del dependiente de la panadería determine cómo has de comportarte tú? Muchas veces, no puedes controlar la forma en la que se porta tu hijo, pero sí puedes controlar tu reacción a la situación que se ha generado.

Cuando reaccionamos, nos convertimos en víctimas de nuestras circunstancias, dejamos de ser los responsables y protagonistas principales de nuestras vidas, ¿no crees? Es cierto que hay muchas cosas que se nos escapan, están fuera de nuestro control y de nuestra área de influencia... ¿Qué te parece si nos hacemos responsables de «lo que hay» y nos centramos en lo que sí podemos hacer, en lo que sí está en nuestra mano hacer?

Un ejemplo práctico del principio 90/10 (Stephen Covey)

Imagina que...

Estás desayunando con tu familia.

Tu hijo tira una taza de café y mancha tu camisa.

No tienes control sobre lo que acaba de pasar. Pero lo siguiente que va a ocurrir estará determinado por tu respuesta.

Maldices...

Te enfadas seriamente con tu hijo porque «te manchó» la camisa con el café.

Él rompe a llorar.

Después de reñirle, culpas a tu pareja y la criticas por no estar más atenta del niño y la taza.

Vociferas mientras vas a cambiarte la camisa.

Cuando regresas, encuentras a tu hijo llorando, terminándose el desayuno para ir a la escuela.

Pero ya perdió el autocar.

Te toca llevar a tu hijo al colegio, porque tu pareja debe irse inmediatamente al trabajo.

Debido a que ya llegas tarde, conduces a mucha velocidad.

Después de quince minutos de retraso, llegas a la escuela y tu hijo sale del coche sin decirte adiós.

Después, llegas a tu trabajo treinta minutos tarde, y te das cuenta de que se te olvidó la cartera...

Tu día empezó de una manera terrible. Y parece que se pondrá cada vez peor. Ansías llegar a tu casa.

Cuando llegas a tu casa, sientes distanciamiento en la relación con tu esposa y con tu hijo.

¿Por qué?

¿Por qué tuviste un mal día?

¿El episodio del café?

¿Tu actitud?

La respuesta es...

TU ACTITUD

Todo comenzó con tu reacción por la mañana.

No tenías control sobre lo que pasó con el café.

La forma en cómo reaccionaste, esos cinco segundos, fue lo que causó tu mal día.

Mira lo que pudo suceder...

La taza de café se cae en tu camisa.

Tu hijo está a punto de llorar.

Tú, amablemente, le dices: «Está bien, cariño, solo necesitas tener más cuidado. La próxima vez, pon atención, ¿lo has entendido?».

Después de ponerte una camisa nueva y coger tu maletín, regresas y ves a través de la ventana a tu hijo tomando el autobús.

Él se da la vuelta y te dice adiós con la mano.

¿Notas la diferencia?...

Dos escenarios diferentes.

Ambos empezaron igual.

Ambos terminaron diferente.

¿Por qué?...

Realmente no tienes control sobre el 10 % de lo que sucede.

El otro 90 % lo determinó tu reacción.

Algunas ideas de cómo aplicar el principio 90/10

Si algo en casa no sale como tú quieres, responde apropiadamente y no arruines tu día. Regala momentos de paz y no de infierno. El primero que lo va a agradecer eres tú y después tu familia.

Una respuesta (o reacción) equivocada puede perjudicar la relación, no solo con tu hijo, sino también con tu familia y contigo mismo. Como puedes ver en el primer escenario el foco estaba en ti, en tus prisas, en tu historia... por el contrario en el segundo el foco está en tu hijo, en LA RELACIÓN. Y, ya lo sabes, LA RELACIÓN ES LO PRIMERO.

«Lo que me gusta de ti es...»

Pues bien, en ese preciso instante de la cena en el que todo se iba a echar a perder e íbamos a terminar los cuatro como el rosario de la aurora, se me encendió la bombillita y se me ocurrió poner en práctica un divertido ejercicio. Cierto es que este «juego» estaba diseñado para momentos especiales en que todos estamos en sintonía y armonía. Pero yo, como me gusta improvisar y experimentar, y soy un poco transgresora, decidí ponerlo en práctica en ese preciso momento. ¡Zas! Como si fuese un electrochoque. De lleno. ¿Qué podía perder?

¡Chicos! ¡Silencio! Os propongo un juego.

Para los niños, la palabra *juego* es como para nosotros un «te voy a duplicar el sueldo». [...] «Primer paso conseguido», pensé rápidamente.

—Vamos a jugar a un juego que se llama «la rueda de reconocimientos».

A pesar de contar en ese momento con toda su atención, era consciente de que o me explicaba con contundencia, claridad y en pocos segundos, o se perderían de nuevo en su particular batalla campal.

—Vamos a centrarnos todos en Covi. Vamos a respirar profundo y vamos a pensar en las cosas bonitas que tiene y nos gustan. Empezaremos nosotros, los mayores, Javi y yo —tomé aire y empecé—: Covi, lo que me gusta de ti es que eres... muy cariñosa —le dije mientras le acariciaba dulcemente su pelo.

Inmediatamente, el gesto de mi hija cambió. Soltó el trozo de pan que tenía en la mano a modo de proyectil y todos los músculos de su cuerpo se relajaron, empezando por su expresión facial.

—Covi, lo que me gusta de ti es que siempre sonríes —le dijo Javi.

Su cara se iluminó aún más. En su cabecita debía de estar pensando: «Pero ¿qué les pasa hoy a los mayores que en lugar de reñirme, me dicen estas cosas?».

—Venga, Carlos, ahora te toca a ti jugar. Dile algo bonito a tu hermana.

Misteriosamente, y para nuestro asombro, Carlitos se enganchó enseguida y dijo:

—Covi, lo que me gusta de ti es que sales a jugar conmigo.

Me emocioné al escuchar las palabras de reconocimiento a su hermana pequeña, agradeciendo su compañía para ayudar a superar su timidez.

En ese momento, la sonrisa de mi hijo no podía iluminar más su cara. No podía parar, así que continué yo:

—Hija, lo que me gusta de ti es tu valentía y tu fuerza.

Ella, bromeando, levantó sus brazos, intentando lucir bíceps, y apretando los puños como si fuera una famosa culturista.

Los cuatro rompimos en una sonora carcajada que aún ahora mismo, mientras escribo estas líneas, escucho. Y así, reconociéndonos unos a otros, terminamos de cenar.

El postre fue un verdadero regalo, cuando me tocó a mí recibir los reconocimientos y escuchar atentamente todo lo que tenían que decir mis hijos de mí. De todo lo que escuché me quedo con la primera frase:

—Mamá, lo que más me gusta de ti es que siempre estás.

Siempre estoy... Breve, corta, contundente, pero directa al alma.

LUCÍA GALÁN, *Lo mejor de nuestras vidas*[1]

En este fragmento del libro *Lo mejor de nuestras vidas*, de Lucía Galán (conocida como *Lucía, mi Pediatra*), donde habla de su experiencia con esta herramienta aprendida en AEIOU, se ve claramente el impacto de RECONOCER a tu hijo quién es él y cómo aplicarlo en casa. Os recomendamos este ejercicio, pues tiene un impacto precioso en la familia. Probadlo, no deja a nadie indiferente.

Los niños, cuando son pequeños, no tienen un concepto definido de sí mismos. Como se ha dicho varias veces ya, construyen su autoimagen en función de cómo los veamos nosotros y lo que les decimos. Para inspirarlos, es importantísimo comunicarles lo que vemos en ellos, lo que sí hay en su semilla, aquello que nos encanta de cómo SON, de su esencia.

Y fíjate que he utilizado el verbo *ser* (no *hacer*). Porque lo que yo soy va conmigo, está en mi esencia. Va a mi persona y no puedo dejar de serlo. Eso es una flecha al alma y va directo a tu autoestima/autoconcepto.

A esto lo llamamos RECONOCIMIENTO.

Cuando yo le digo a mi hijo lo que me gusta de él, lo que estoy

---

1. Barcelona, Planeta, 2016, págs. 173-175.

haciendo es facilitar que él lo [RE]CONOZCA en sí mismo y se adueñe de esta cualidad. Es una forma de devolverle el regalo que nos hace.

Creemos que la crítica ayuda a mejorar, y sí, a veces es así. Pero lo que hace el reconocimiento es mucho más que eso: no solo te ayuda a mejorar, sino que te empodera. «Te da alas», dijo un papá en uno de nuestros talleres al terminar la rueda de los reconocimientos. Te hace sentir capaz, merecedor, confiado y fuerte. Necesitamos que nuestros hijos se CONOZCAN y se ADUEÑEN de todos los regalos que tiene su semilla, de todo aquello que son y pueden entregar a los demás. Si lo muestran y no lo vemos, no lo reconocemos, no se adueñan de ello y lo guardarán, lo esconderán. Porque, seamos sinceros, ¿qué hacemos con algo que nos dan que no nos gusta? Pues fácilmente puede acabar en el fondo de un cajón. Así que digamos a nuestros hijos aquello que vemos en ellos que es bonito, que aporta a los demás, que da valor y color en casa, para que así puedan apropiárselo y aprendan a apreciarlo.

Estamos tan acostumbrados a la crítica que a veces nos resulta menos incómoda que un halago auténtico y sincero. Estoy segura de que en el mundo hay hambre de reconocimiento. Te animamos a que lo pruebes. Utiliza esta fórmula con tus hijos: bien en un momento de armonía y paz familiar, bien en un momento de conflicto que necesite ser suavizado, bien en un momento de bajón de tu hijo...

Mírale y dile de forma bien directa: «Hijo, lo que me gusta de ti es que ERES...».

Breve, auténtico y directo al corazón.

Nada es más poderoso, reconfortante e inspirador que un reconocimiento cuando más lo necesitas.

Mi hijo, ¿es rebelde o sabe lo que quiere?

Como padres (y como personas) muchas veces vemos las cosas blancas o negras. Solemos dividir a los niños en lentos o movidos, tímidos o extrovertidos, miedosos o valientes... Este es el origen de las tan famosas etiquetas. ¡Nos encanta clasificar y clasificar!

¿De verdad, de verdad, es así siempre?

¿Solo existen dos opciones?

Y... ¿realmente son opuestas o excluyentes?

¿Qué hacemos cuando vemos aspectos de nuestros hijos que no nos gustan? Muchas veces juzgarle e intentar cambiarle. Si creo, por ejemplo, que mi hijo es rebelde, pienso: «Esto no puede ser; tiene que hacerme caso». Y vale, sí, es innegable que la rebeldía como tal muchas veces no ayudará a mi hijo a desenvolverse en algunas situaciones de la vida y hay que reconducirla. Pero, paremos un momento y veamos un poco más allá: ¿qué hay detrás de la rebeldía? ¿Qué valor importante hay para mi hijo? ¿Qué cualidad asoma en esa conducta? Quizá sea un niño seguro de sí mismo que tiene criterio propio y defiende lo que piensa...

Veamos otro ejemplo: «Mi hijo pega». Estamos de acuerdo en que pegar no es una buena estrategia para ir por la vida, pero ¿qué valor podemos ver en nuestros hijos? Quizá sea un niño que pone sus propios límites y no cede con facilidad a lo que otros quieren... Enseñémosle entonces a que sepa poner esos límites respecto a sí mismo y hacia los demás.

Lo que quiero decir con esto es que la rebeldía y el defender tu propio criterio (asertividad) son colores de una misma paleta. Es decir, es lo mismo, pero con intensidades diferentes. En realidad y, desde esta perspectiva de la que hablo, virtudes y defectos son lo mismo, solo difieren del grado en el que se manifiestan. Con los niños pasa lo mismo. Si como padres penalizamos la rebeldía en su totalidad, también estaremos «matando» y «ahogando» la capacidad de nuestro hijo de defender su criterio y de luchar por lo que cree, ya que puede necesitarla más adelante para superar obstáculos en la vida. Por lo tanto, como padres debemos estar muy atentos para no CORTAR LAS ALAS a nuestros hijos, sino enseñarlos a CALIBRAR su personalidad (o lo que es lo mismo, modular su intensidad).

¿Cómo podemos hacer eso? Podemos empezar yendo más allá y observar el valor (el *para qué*) que hay detrás de cada conducta sin juzgarla. Y siempre hay un valor; si lo buscamos, lo encontraremos. Luego, podemos reconocer y decir a nuestro hijo que nos encanta que defienda su criterio y además añadir cómo nos gustaría que actuara la próxima vez (y que, cuando le decimos algo, confíe en que es por un motivo de peso).

Así reforzamos el valor que ya poseen y calibramos su fuerza para que no se vuelva un «punto débil» y/o, además, en contra suya o de los demás. Como te decía, lo que distingue una virtud de un defecto, a veces ¡es una línea finísima! Por ejemplo, tener la voluntad de hacer las cosas bien es fantástico, pero ¿qué pasa si nos exigimos un perfeccionismo inalcanzable? Puede convertirse en una tortura.

Una vez más, donde pones tu atención pones tu energía. En otras palabras: es lo que vas a reforzar y a alimentar. Si tú ves a tu hijo como alguien que sabe lo que quiere y lucha por ello, es precisamente esto (y no su rebeldía) lo que vas a fomentar en él. En cambio, si ves a tu hijo como un niño pegón, ¿adivinas lo que vas a reforzar? Así es como funciona nuestro cerebro y así es como podemos influir de forma positiva en nuestros hijos.

Por último, te lanzo algunas «preguntas de reflexión»; te invito a que te las hagas y contestes con honestidad cada vez que te pilles poniendo una etiqueta a tu hijo (puedes utilizarla como estrategia para cambiar el foco).

- ¿De verdad mi hijo es lento, o es que yo siempre tengo prisa?
- ¿Él está pesado, o yo tengo poca paciencia porque estoy cansado?
- ¿Es rebelde, o soy yo muy rígido?
- ¿Es tan desorganizado, o a mí me pierde el perfeccionismo?

También te ayudará plantearte estos interrogantes:

- ¿Siempre, siempre, siempre (en todo momento y circunstancia) mi hijo es... *[desobediente, pesado, malhumorado, lento, faltón...]*?
- ¿Puedes recordar algún momento en el que... *[obedeció, no fue pesado, estaba contento y de buen humor, fue rápido y educado]*? Seguro que sí.

¿Dónde miras tú?

> Dentro de nosotros existe algo que no tiene nombre y eso es lo que realmente somos.
>
> José Saramago

Seguimos profundizando un poquito más sobre estas ideas expuestas en el epígrafe anterior. Los padres acompañamos y ayudamos a crecer a nuestros hijos; al fin y al cabo, es nuestra misión. Me refiero a crecer como la persona en la que se están convirtiendo o se van a convertir. Para ello se necesita una mirada perspicaz que ve más allá de lo aparente, de lo superficial. Una mirada llena de amor, con el corazón, una mirada que va directa a la esencia de tu hijo. Ya decía *El Principito*, lo esencial, lo verdaderamente importante, es solo visible a los ojos del corazón. Hablo de una mirada pedagógica llena de amor y al tiempo incisiva, penetrante, que te lleva a lo más profundo. Cuando sabemos polarizar y ver que «lo que en un principio llamaríamos defecto» es una virtud en potencia que se está expresando en su polo opuesto, porque tu hijo la vive desde un estado de necesidad emocional o mental, lo que para algunos sería un defecto puede ser visto como la semilla de un don.

Así, cuando tu hijo, partiendo de la necesidad de autoafirmarse, se comporta tozudamente, podemos ver, por ejemplo, la perseverancia en potencia. A veces no es fácil porque nos quedamos en lo superficial —«es un cabezota como su padre y no hay nada que hacer»—. Puedes quedarte ahí o puedes escuchar y llegar más lejos. «Mi hijo necesita reafirmarse, saber quién es.» Así, con esta perspicacia y agudeza, tomarás consciencia de su carencia para satisfacerla y, empoderándole, puedes ayudarle a que convierta esa tozudez en perseverancia. Tan solo dándole la vuelta, cambiando la etiqueta negativa en positiva, estamos obrando un proceso de alquimia y opera la transformación. Ya que, cuando cambiamos la mirada, cambiamos la actitud y, entonces, cambiamos también nuestro comportamiento. ¡Qué distinto puede ser!, ¿verdad?

Hace un tiempo, mi hijo mayor empezó a discutir con su padre. Aquel, estudiante de Medicina; este, con muchos años de profesión de médico. Los puntos de vista eran dispares y aquel encontronazo acabó de la peor de las maneras, es decir, faltándole el respeto a mi marido. Estaba muy disgustada con mi hijo: «¿Por qué es tan osado? ¿Qué se ha creído? ¿Por qué es tan tozudo? Siempre queriendo tener razón, siempre queriendo demostrar que es él el que sabe más». En esos momentos ninguno podíamos pensar con claridad, así que nos fuimos todos disgustados a la cama. Mi marido estaba muy enfadado y la verdad es que no le faltaba razón. Carlos había estado muy desafortunado y desagradable, por decirlo de una manera fina.

Al día siguiente, con todo más reposado y el enfado disipado, pude pensar con más claridad. Aparte de la necesidad de autoafirmarse como «aprendiz de médico» ante sus padres y las malas formas a la hora de exponer su criterio, esa conducta, en realidad, dejaba traslucir muchas cualidades de mi hijo, es decir, muchas semillas brotando con fuerza: sus ganas de cuestionar las opiniones de los demás, su espíritu crítico, tener criterio propio y defenderlo a ultranza... Reconocerlas, o sea, ver más allá, no me iba a impedir corregirle, pero sí me ayudó a enseñarle que tenía que canalizar todas esas cosas buenas, mostrarlas de otro modo para no desvirtuarlas totalmente.

En cuanto tuve ocasión, le dije que necesitábamos hablar con él y le dijimos: «Nos sentimos orgullosos por todo lo que has estudiado y aprendido, vemos que tu esfuerzo está ahí. Nos gusta que tengas criterio propio, que cuestiones todo, que tengas la valentía de dar tu opinión. Y, además de todo esto, queremos que lo hagas sin faltar el respeto a los demás, aceptando también las opiniones contrarias».

Mi hijo, que esperaba una bronca, nos sonrió. Vimos cómo le agradó que le valoráramos incluso cuando no había estado a la altura, él sabía que no lo había hecho bien: «Mamá, os debo una disculpa. Lo siento mucho papá. Soy consciente de que pierdo la razón actuando así y voy a esforzarme en dar mi opinión de otra forma, respetando a los demás. Os lo prometo».

Liderar a nuestros hijos desde el ejemplo

> Dar ejemplo no es la principal forma de influir en los demás, es la única manera.
>
> Albert Einstein

No cabe duda de que como padres queremos que nuestros hijos aprendan a disfrutar de la vida y sepan encontrar el lado bueno de las cosas para que sean capaces de vivirla con alegría. Honestamente, es lo que buscamos todos. Y si en algo hemos de ser ejemplo para nuestros hijos es para que aprendan a amar la vida, a pesar de que muchas veces sea muy compleja, injusta, tacaña o antipática. A pesar de todo, vale la pena aceptarla y continuar amándola. Sin embargo, en muchas ocasiones, no hacemos el esfuerzo de poner el foco de nuestra atención en lo positivo de las situaciones a las que nos enfrentamos y caemos en una improductiva, pero fácil, actitud quejica, porque dar rienda suelta a nuestro victimismo se nos puede dar fenomenal.

«Es tan deprimente..., no saldremos adelante.»

«Es como si a nosotros las cosas nunca nos pudieran salir bien.»

«¿Cómo voy a disfrutar de la vida con todos los problemas que tengo?»

«La vida es difícil y una caja de sorpresas desagradables.»

«¿Cómo voy a estar tranquilo con todos los problemas que me dais?»

Imagínate que asistes a una conferencia sobre los efectos perjudiciales del tabaquismo y el ponente que ha estado hablando —mejor, «sermoneando»— dos horas sobre los daños que produce el tabaco y la necesidad de seguir unos hábitos saludables, cuando termina la charla, encadena un cigarrillo tras otro. «Absurdo, incoherente y cínico», pensarás. Pues la misma lógica se aplica en la enseñanza de actitudes sobre la vida. ¡Debes ser un referente viviente para tus hijos! Así que, ¡ojo con enrocarte en el victimismo! Un ratito, lo justo y ¡ya está! Atentos siempre con el mensaje que les enviamos. Nuestra conducta y actitud habla más que lo que les podamos decir. Es también importante no perder de vista que siempre comunicamos. No podemos no comunicar y que en la comunicación el mensaje no verbal/corporal (el tono, la expresión, los gestos, la carga emocional...) llega más profundo que el mensaje verbal (las palabras).

Ya llevas un buen rato leyendo sobre lo positivo y lo negativo, lo bueno y lo malo que hay en todas las cosas, personas y situaciones ¿En qué lado quieres permanecer? ¿Desde dónde quieres influir a tus hijos para que aprendan a ser personas capaces de disfrutar de la vida? Esta tarea empieza con un trabajo personal que cambie tu lenguaje. Como padres hemos de ser especialmente cuidadosos en no hacer comentarios como los citados anteriormente delante de nuestros niños. No lo olvides, son niños, pero no están ni sordos ni ciegos, ni son tontos (solo son pequeños).

El lenguaje no es inocente y es reflejo de nuestros pensamientos. Es cierto que nacemos con un determinado perfil emocional, es decir, con una tendencia a pensar y actuar como personas optimistas o pesimistas. Sin embargo, podemos modificar nuestras formas habituales de *ser* y utilizar un lenguaje más coherente con los valores que queremos transmitir a nuestros hijos porque hemos de enseñarles a superar los inconvenientes y los obstáculos a los que seguro se enfrentarán.

«Ha sido una contrariedad y la vamos a superar juntos.»

«¿Podemos encontrar algo positivo en todo esto?»

«¿Qué podemos aprender de lo que está sucediendo entre nosotros?»

«La vida es hermosa y está llena de oportunidades.»

«Hoy esto no es posible, lo siento mucho, aunque más adelante encontrarás la manera de ir por otro camino que también aprenderás a querer y disfrutar.»

Es indudable el impacto nocivo que tiene en nuestros niños mostrar incoherencia entre lo que «predicamos» y lo que «practicamos» y, además, no hay mejor antídoto y respuesta para la actitud negativa de un niño que un ejemplo positivo. No hay mejor *feedback* para un niño desanimado que un padre motivado; para un niño enfadado o nervioso, que unos padres calmados o tranquilos; y para un adolescente con prejuicios, que unos padres tolerantes y abiertos de mente. Así que ¡manos a la obra!

Recuerda que tu hijo te mira todo el tiempo. Está pendiente de lo que dices, cómo lo dices, qué haces, qué no haces, cómo hablas a tu pareja, cómo te diriges a tu compañero de trabajo cuando le hablas por teléfono, cómo reaccionas a una contrariedad, qué haces cuando te dan una mala noticia, qué tono empleas cuando hablas con el vecino que no te cae bien, si criticas o hablas bien de los que no están, etc. ¿Qué le estás enseñando? Y no olvides que cuando las palabras callan es la conducta la que sigue hablando.

«Soy una niña de tres años tímida, sensible y algo introvertida»

Soy una niña de tres años, tímida, sensible y algo introvertida. Necesito mi tiempo para acercarme a la gente y contarle mis cosas. Soy alegre, tengo las ideas claras y me gusta jugar con mis amigas. Cuando me preguntan en clase o los mayores quieren que hable, me siento abrumada. No me gusta ser el centro de atención (soy sensible, ¿recuerdas?). Cuando esto pasa, a veces se enfadan conmigo como si estuviera haciendo algo mal. Mi profesora del parvulario (P3) dice esto de mí:

```
Andrea ha demostrado ser una niña bastante segura de
sí misma; no se ha mostrado extremadamente tozuda y
caprichosa, y pocas veces ha reaccionado ante las
situaciones que le provocan tensión con rabietas.
   Aunque es responsable con sus cosas y sus obliga-
ciones, en ocasiones intenta llamar la atención mos-
trándose más infantil [...]. Por lo general, Andrea
es alegre, pero cada mañana le cuesta entrar en los
juegos de sus compañeros. Muestra cierta timidez.
   Aunque sus progresos durante este trimestre han
sido evidentes, podría haber obtenido mejores resul-
tados, ya que su participación en las actividades
orales ha sido escasa. Sus respuestas suelen ser co-
rrectas, pero prefiere no responder por comodidad.
   Andrea podrá obtener muy buenos resultados siem-
```

pre que haya un esfuerzo por su parte. Su actitud de este trimestre podría haber sido mejor. Con sus amigas se ha mostrado poco tolerante y sincera. Debe cuidar este aspecto. Esperamos un esfuerzo de Andrea para el curso próximo. Es imprescindible un cambio de actitud demostrando más sentido de la responsabilidad.

Quizá lo has adivinado. ¡Tachán! Este informe habla de mí.

¿Qué te llama la atención de este escrito? A mí, la primera vez que lo leí tras encontrarlo entre los papeles de un cajón en casa de mi madre, lo que más me impactó es dónde está puesto el foco de atención... ¿En los problemas o en las posibilidades? ¿En lo que Andrea tiene o en lo que le falta? En definitiva, ¿en mis potencialidades o en mis debilidades? Lo cierto es que este informe dice muy poco de mis talentos, de quién soy y de quién puedo llegar a ser. Más bien es una descripción bastante exhaustiva de quién no soy, de lo que me falta, de mis debilidades. Motivador..., ¿verdad? Pues esto es lo que hacemos muchas veces con los niños, con la intención de ayudarlos a mejorar. Sin embargo, lo que estamos haciendo es etiquetarlos (en negativo, claro), disminuir su autoestima y devolverles una imagen negativa de sí mismos. En definitiva, estás logrando el efecto contrario al que deseas.

También me llama poderosamente la atención otra cosa del informe. ¿Os habéis fijado en la cantidad de *peros* y *aunques*? (He destacado los elementos negativos y *obstaculizantes* del relato.)

El *pero* ¡es el borrador universal! ¡Todo lo que vaya delante de un *pero* queda invalidado! Nuestro cerebro no lo registra. Así que te lo estás cargando. Si dices: «Sus respuestas suelen ser correctas, *pero* prefiere no responder por comodidad», en realidad el cerebro se queda con «Andrea prefiere no responder por comodidad», lo que es igual que «Andrea es comodona». ¿Ves cómo funciona poner etiquetas? Fíjate cómo cambia si decimos lo mismo, pero con un barniz positivo (reescribiendo parte del informe de forma constructiva):

Los progresos de Andrea durante este trimestre han sido evidentes. Sigue participando poco en clase,

> pero cada vez se muestra más abierta a hacerlo y con una actitud más proactiva. Andrea progresa a muy buen ritmo y confiamos en que podrá obtener muy buenos resultados a final de curso.

Dice lo mismo y llega de una forma muy diferente, ¿verdad? Es difícil no poner etiquetas, lo hacemos continuamente. Nuestro cerebro necesita hacerlo para sobrevivir. No obstante, sí podemos elegir qué clase de etiquetas queremos poner, positivas o negativas. Por ejemplo, en mi caso: Andrea, ¿tiene una gran sensibilidad o es tímida? ¿Es segura de sí misma o es tozuda? Todo es verdad. En potencia, todo es verdad. Lo que a veces nos pasa desapercibido es el hecho de que allí donde pongo mi atención pongo también mi energía. Es decir, si veo a mi hijo como alguien tozudo, ese es precisamente el rasgo que voy a potenciar. Y si le veo como alguien alegre, lo mismo. ¿Ves la importancia de ser positivos? Es la *profecía autocumplida*.

Lo curioso de todo esto es que (y lo puedo decir con la perspectiva de los años) muchas de las cosas que se dicen son verdad. Me puedo sentir identificada con lo que ya dicen de mí a los tres años. Y cuando digo que es verdad, significa que aquellos son mis puntos débiles, mis vulnerabilidades. Todos tenemos nuestras carencias (los niños también), y poner ahí nuestra atención, además de cruel, es injusto. Haciendo esto, no estás valorando todo lo que sí es tu hijo o hija (todos somos muchas cosas). Desde esta perspectiva, no hay nada que construir: no seas tú (como padre/madre) quien le ponga ante un callejón sin salida.

«Papá, si me sale mal, ¿qué pasa?»

> Si cerráis la puerta a todos los errores, también la verdad se quedará fuera.
>
> RABINDRANATH TAGORE

Al ser más bien una niña introvertida, sensible (en esto coincido con Andrea) y perfeccionista, la frase «las cosas se hacen bien o no se hacen» caló profundamente en mí como una creencia limitante que cortó mis alas muchas veces. ¿Te pasó algo parecido? (Una misma creencia puede ser limitante para algunos y posibilitadora para otros, es decir, a algunos puede animarlos precisamente a hacer bien las cosas.) Digo «me limitó» porque muchas veces tuve miedo a experimentar cosas nuevas porque no me permitía fallar y, ante la duda («no lo haré bien»), optaba por no hacer (sin embargo, a otros niños, lejos de limitarlos, puede haberlos inspirado o alentado).

Estaría bien que todos, en algún momento y de la forma en que nos guíe nuestra intuición de padres, tuviéramos una conversación semejante con nuestros hijos. Es una manera de enviarles dos mensajes claros, transparentes y muy potentes: el error es imprescindible para el aprendizaje, y una cosa es lo que eres y otra distinta es lo que haces. Es una manera eficaz de promover su autoconcepto y la resiliencia de tu hijo.

—*Papá, si me sale mal, ¿qué pasa?*
  —*No pasa nada. Equivocarse está bien.*
  —*¡¿Está bien?!* —*dice quizá con incredulidad e ingenuidad.*
  —*Sí, Nacho, no solo está bien, sino que es imprescindible.*
  —*¿Qué significa imprescindible?*
  —*Imprescindible quiere decir que es necesario. Las cosas no salen a la primera, salvo que tengas un golpe de suerte. Aprendemos probando, repitiendo con esfuerzo ¿sabes? Y, para probar, no hay que tener miedo a equivocarse.*
  —*Cuando tengo miedo, me pongo nervioso y me sale peor.*
  —*¡Exacto! Y, a veces, hace que no te atrevas a hacerlas, ¿verdad?*
  —*Es verdad, pero ¡yo quiero que me salgan bien! ¡Quiero hacerlo todo bien!*
  —*Eso está muy bien. Querer hacerlo bien, está bien. Por eso siempre que puedo darte alguna indicación o corregirte, lo hago. También quiero que aprendas a hacerlo bien.*
  —*¿Entonces?*
  —*A veces, aun queriendo hacer las cosas bien, puedes equivocarte y cometer errores, pero eso te permitirá más adelante hacerlas mejor. Se trata de probar, una y otra vez, hasta que salgan bien. Si no*

salen bien a la primera ¡no pasa nada! Lo conseguirás más adelante. Todos nos equivocamos y cometemos errores. Los papás también. Cuando te equivocas, tienes que pensar. ¿Qué ha pasado? ¿Qué he hecho o qué no he hecho para no conseguir lo que quería? ¿Cómo podría hacerlo de otra forma? ¿Qué me ha funcionado? Cuando ves con tranquilidad lo que ha pasado sabrás qué hacer o no hacer la próxima vez. ¡Yo te acompañaré y te ayudaré siempre! Si te sale un poquito mejor la segunda vez, ¡celébralo! ¡Enhorabuena! Significa que vas por el buen camino. ¡El camino de la excelencia!

—*¿Exce... qué?*

—*Sí, cuando ponemos ilusión y pasión al hacer las cosas, celebramos los pasos que vamos dando para alcanzarlas, disfrutando de lo que hacemos sin pensar solo y exclusivamente en los resultados. ¡Disfrutando del camino! De la misma forma que disfrutamos paseando cuando vamos a casa de los abuelos. Lo hacemos porque queremos ir a visitarlos, pero te encanta entretenerte en los escaparates de tu tienda preferida y, cuando pasamos por el parque, tu hermana disfruta cogiendo piedrecitas. ¿Verdad que también es importante el rato que pasamos juntos hablando de nuestras cosas hasta que llegamos a casa de la abuela? Lo natural es que si actuamos así, logremos lo que nos proponemos, pero si no obtenemos lo que buscábamos nos sobreponemos, es decir, nos levantamos, como cuando nos caemos al suelo y seguimos adelante poniendo lo mejor de nosotros mismos.*

—*¿Es lo mismo que exigirnos?*

—*No, hijo, es lo opuesto. La exigencia es vivir obsesionados con el resultado final. Si te sale mal, sufres; si te sale bien, también, pues no es perfecto, nunca lo es porque es imposible que lo sea, nadie ni nada es perfecto. Te sientes mal, pequeño, como si fueras menos por no haberlo hecho como esperabas o esperaban de ti.*

Él mira atentamente, intentando comprenderlo todo...

—*Cariño, ¡haces muchas cosas preciosas! Algunas las haces superbién y yo me alegro mucho por ello. Otras, con el tiempo, las harás mejor que como las haces ahora y me siento orgulloso de tu esfuerzo. Me hace feliz ver tu carita de alegría cuando consigues hacer la torre más alta con el LEGO, sacas un diez en el dictado de clase, aunque yo te quiero por ser quien eres. ¡Todos somos valiosos! ¿Sabes? Eres mi hijo y te quiero con toda mi alma; eres suficiente y además quiero que te sientas orgulloso de lo que haces. Es fantástico cuando lo consigues, ¿verdad?*

—*¡¡Sííí!!*

—*Aunque recuerda que tú eres mucho más de lo que haces. Entonces, si algo no te sale bien, solo significa, ¡no lo olvides!, que con esfuerzo y dedicación siempre podrás hacerlo mejor que como lo hacías... ¡Dame un beso!*

Es imposible aprender sin comprender que la equivocación es una oportunidad. Forma parte del proceso de aprendizaje. Para aprender a hacer algo se ha de perder el miedo al error ya que es imprescindible probar, repetir, experimentar, crear, inventar, cambiar, intentar, atreverte... Reconozcamos el esfuerzo de nuestros hijos más que el resultado final. ¡Desdramaticemos el error! Cambiemos el foco de atención. Así fomentamos su autoestima y su resiliencia. Debemos, por ejemplo, felicitarle por el esfuerzo en sus estudios, aunque no haya aprobado un examen, ¿cómo si no va a seguir teniendo fuerzas para continuar estudiando? ¡Por supuesto que ha de seguir esforzándose y sacarse los estudios! ¡Claro que hay que poner codos! Pero también podemos reconocerle el camino, el proceso; en suma, el esfuerzo realizado.

Nuestros hijos no son lo que hacen ni lo que tienen. Si les enviamos el mensaje de que son lo que hacen y solo atendemos a los resultados, buscarán siempre la aprobación de los demás (en este caso, la de sus padres) para sentir que son. Es importante que aprendan que no son perfectos, que nadie lo es y que todos aprendemos de nuestros errores. Han de saber que cuando emprendan una tarea pueden equivocarse y que lo importante es volver a intentarlo. En lugar de pensar «no sé hacerlo», podemos pensar que no lo hemos hecho todavía y que podemos aprender. Los niños nos suelen idolatrar de pequeños y cuando llegan a la adolescencia empiezan a ver nuestros errores, nuestros defectos y llegan a decepcionarse. Es muy bueno que sepan ya desde pequeños que sus padres tampoco son perfectos, que también se equivocan, que no siempre lo saben todo, que tienen defectillos y que también tratan de crecer y superarse cada día. En definitiva, que siguen esforzándose.

¡Qué bueno es enseñarles a disfrutar del proceso y no enfocarnos solo en el resultado! Por ejemplo, en lugar de alabarle siempre —«¡qué bien te ha salido este dibujo!»—, podemos decirles también: «¿Has disfrutado dibujando? ¿Qué técnica has empleado para hacer estos círculos? Explícamelo. ¿Qué te ha llevado a usar esos colores? ¿Qué querías mostrar? ¿Te lo has pasado bien?».

Así que «tú puedes hacerlo, papá y mamá estamos contentos con tu esfuerzo. No te preocupes si no lo has conseguido hoy, mañana lo intentaremos otra vez y las veces que sean necesarias, verás cómo sí puedes. Los errores también son para ti. Tú eres para nosotros lo más importante y siempre te querremos y apoyaremos en todo».

Porque es importante que les enseñemos también que en la vida muchas veces se pierde, no vamos a conseguir lo que nos proponemos, nos rechazará la persona amada, perderemos un trabajo, suspenderemos un examen importante, se irá al traste un proyecto que honestamente creíamos merecer, una enfermedad podrá aparecer y nos robará algunos sueños... Y ¿sabes qué? Que la vida sigue, que vale la pena insistir, perseverar, resistir, deberemos decir adiós a algo o a alguien y que la derrota es también fuente de crecimiento porque es mejor maestra que el éxito. Así que tengamos claro que a nuestros hijos hemos de enseñarles a seguir caminando siempre, porque ¿sabes una cosa...?

SIEMPRE ESTAMOS EMPEZANDO y hemos de continuar nuestro camino, ¡siempre hacia arriba y hacia delante!

Ejercicios para inspirar

En la próxima semana...
1. Busca un momento de paz y de tranquilidad. Conéctate con lo mejor de ti y escribe una carta a tu hijo, diciéndole lo que sí te gusta de él, lo que te encanta de su «semilla». Comprométete a regalársela en un día señalado (su cumpleaños, al iniciar o regresar de un viaje...). Si lo necesitas,

pon una música inspiradora que te invite a la introspección. Disfruta de su reacción. ¡Ya nos contarás!
Si es muy pequeño puedes leérsela.
2. Practica el reconocimiento en casa con tus hijos, como hábito. Apunta cada día y durante una semana cuántos reconocimientos le has hecho.
3. Pregúntate cómo puedes ser inspiración hoy para tu hijo. ¿Qué vas a hacer de forma diferente?
4. Para reforzar a tu hijo, procura cambiar tu lenguaje. Por ejemplo: en vez de decirle: «Estoy orgulloso de ti», pregunta: «¿De qué estás orgulloso tú?», «¿Qué es importante para ti en todo esto?», «¿Cómo te sientes respecto a lo que has conseguido?», «¿De qué crees que eres capaz ahora?». Cuando lo hayas experimentado observa... ¿Qué ha cambiado?
5. Cada vez que pienses que no puedes poner en práctica alguna de las habilidades que te proponemos en este libro porque las circunstancias no te ayudan, cambia el foco y piensa: «¿Cuándo sí puedo hacerlo?».
6. En un diario escribe todos los días cinco pensamientos que transformas de negativo a positivo.
Puedes ayudar a tu hijo a hacer lo mismo. Cambiar el foco.

Negativo	Positivo

Aquí tienes el testimonio de una mamá, Alicia; esperamos que te sirva de inspiración y ejemplo.

Al llegar a casa, Sara tenía los trabajos del último trimestre, y como tiene cuatro años, hacen dibujos y trabajos de relacionar números con imágenes, trazos, etc. En cada hoja hay cuatro ejercicios y les ponen una cara contenta cuando tienen algún fallo y una cara contenta con corona cuando está perfecto.

Y ella decía:

—Mamá, casi todo esta «pachín pachán».

Y me enseñaba las hojas con las caras contentas. Entonces, le dije:

—Vamos a verlos uno a uno. Y empezamos a contar en cada hoja todos los ejercicios que estaban bien, en lugar de fijarnos en el resultado final de la hoja, o sea, en la carita con o sin corona.

Al final, contamos muchos más ejercicios bien hechos que errores. Y se puso supercontenta. Se abrazó al cuaderno y me dijo: «¡Mamá, te quiero mucho!».

¡Creo que hice que se sintiera orgullosa de su trabajo! Y de paso, me sentí genial yo también.

4. Empatía y emociones

> Cada persona, para saber quién es, ha de ser consciente de lo que siente.
>
> ALEXANDER LOWEN

> Cualquiera puede enfadarse, eso es algo muy sencillo. Pero enfadarse con la persona adecuada, en el grado exacto, en el momento oportuno, con el propósito justo y del modo correcto, eso, ciertamente, no resulta tan sencillo.
>
> ARISTÓTELES

La «e» de «Empatía» y de «Emociones». ¿Inteligencia emocional?

> Educar la mente sin educar el corazón no es educar en absoluto.
>
> ARISTÓTELES

Recuerdo perfectamente cuando llegaba a casa del colegio con dolor de cabeza, los ojos brillantes, mejillas coloradas y dolor de garganta. La tarde se me había hecho muy larga. Antes de decirle qué me dolía, mi madre me daba un beso en la frente con el ceño fruncido y rápidamente pronunciaba la palabra *fiebre*. Lo sabía con solo haberme visto un brevísimo momento.

Gracias a un montón de magníficos profesionales de la salud, sus consejos, instrucciones y tratamientos, las mamás y los papás sabemos este tipo de cosas y muchas otras. Sabemos qué alimentos son saludables o, por ejemplo, cuáles evitar justo antes de ir a dormir si queremos descansar toda la familia. Además, con paciencia, vamos aprendiendo cada día a cuidar mejor de la salud de nuestros hijos.

Sin embargo, a veces, no sabemos cómo tratar una rabieta, cómo y cuándo pactar con ellos, en qué podemos ceder y en qué no o cómo hacer que nos cuenten lo que les ocurre. No sabemos siempre si se sienten capaces, inteligentes, «guapos» o, por el contrario, están teniendo dificultades para relacionarse con otros niños en el colegio.

Si nuestro hijo está *físicamente* sano y fuerte, ¡maravilloso!, pero también tiene que estar *emocionalmente* sano y fuerte. He repetido mucho que la relación es lo primero y, por supuesto, esta ha de gozar de muy buena salud.

Por salud entendemos aquel estado idóneo que permite al ser humano desplegar todas sus capacidades y talentos, desarrollarse en plenitud, hacer frente a todas sus oportunidades y posibilidades..., por lo que no puede olvidarse que la salud emocional va de la mano de la salud física o bien son dos caras de la misma moneda. No podemos entenderlas como dos compartimentos estancos. ¡La persona es un todo! Un niño, por ejemplo, deprimido o que tiene una baja autoestima, se siente incapaz, poco valorado o reconocido, no sabe gestionar su agresividad o tiene pocas habilidades comunicativas y sociales..., sin duda verá mermadas sus posibilidades en su día a día y, difícilmente, podrá desplegar todas sus capacidades y talentos.

Por tanto, hablando de los niños, tan importante es cuidar su salud física, su alimentación y calendario de vacunación, por ejemplo, como cuidar que sus necesidades emocionales de cariño, aceptación, reconocimiento, amor, confianza, respaldo, empatía..., queden cubiertas para que en ese contexto desarrolle todo su potencial. ¡Menuda responsabilidad! Sí, por eso es importante que seamos conscientes de esta realidad que exige de nuestra implicación. ¡De toda nuestra implicación y compromiso! En definitiva, para ser padres es fundamental desarrollar nuestra mejor versión (haciendo un poco de broma, para educar a nuestros hijos primero hemos de empezar por educarnos a nosotros mismos).

Hace unos meses, leí un artículo de un profesor de Yale, William Deresiewicz, que me dejó un sabor muy amargo. Este profesor de universidad ha comprobado con sus propios ojos y en su propia piel la frustrada experiencia del estudiante de centros de élite, de los mejores del mundo. Producen «superpersonas», explicaba, las mejor preparadas, con varias carreras, practican deporte como si fueran casi profesionales, hablan varios idiomas, manejan a la perfección un instrumento musical y han ofrecido su ayuda a organizaciones no gubernamentales en los rincones más recónditos y desfavorecidos del planeta (como si solo les importara el valor que representa en su currículo y no vivir esa experiencia y aprendizaje de vida). Son niños y luego chicos programados por sus padres para ser los mejores. ¡El futuro está en sus manos! ¡Desde luego, tiene que estarlo con tamaño currículo!

Sin embargo —sigue diciendo—, están llenos de miedo, inseguridad, angustia y timidez. Desconocen qué quieren hacer con sus vidas más allá de ganar dinero y vivir una existencia que otros han construido para ellos, preocupados por conseguir la aprobación de los demás.

Como madre, me preocupa —por supuesto— que mis hijos se formen como buenos profesionales, pero para mí no es suficiente. ¿Es suficiente para ti? Quiero además que sean buenas personas. Howard Gardner señalaba que la diferencia entre un buen profesional y un profesional excelente está en ser además una buena persona.

Quiero que mis hijos aprendan a disfrutar de la vida, que sean emocionalmente equilibrados y vivan todas las emociones cuando la situación así lo requiera. Que reconozcan el sufrimiento del otro y sepan ayudar. Que asuman sus decisiones con responsabilidad, tengan iniciativa y ganas de amar la vida. También quiero que se sientan capaces y sean lo suficientemente creativos para enfrentarse a las incertidumbres y adversidades con las que se van a encontrar en esta vida. Que sepan compartir y colaborar en proyectos que los apasionen y que, en última instancia, quieran crear y dejar un mundo mejor.

Esto no puede conseguirse si no trabajamos desde niños un montón de competencias y habilidades emocionales. En los primeros años de la vida de un niño se conforma su estructura emocional, que es la base sobre la que se construye todo lo demás. ¿De qué sirve que un niño sepa ubicar en un mapa todas las capitales de Europa si no sabe dónde colocar su rabia ni qué hacer con ella? ¿Para qué tanto empeño en que obtenga las mejores calificaciones si no sabe disfrutar del camino, del proceso y se frustra si no consigue siempre lo que quiere?

Por tanto, es indispensable un acompañamiento desde bien pequeños que contribuya al crecimiento integral del niño, para que así aprenda a valorarse y a valorar al otro, adquiera conciencia de sus propias emociones y las reconozca en los demás, se descubra a sí mismo con sus potencias, limitaciones y valores. Solo así estará preparado para adquirir poco a poco aquellos recursos y habilidades que le permitan afrontar los retos que la vida le presente, es decir, solo así se sentirá capaz y feliz de hacerse responsable de su propia vida.

¡Sígueme! A continuación trataré —a través de historias reales, tanto personales como de familias que han pasado por nuestros cursos— de animarte a adentrarte en el mundo emocional de los niños. Espero que disfrutes y sigamos aprendiendo juntos muchas cosas más.

> Para que tus hijos se sientan bien, cuida de sus emociones.
>
> AEIOU

Los abrazos son poderosos

> Un día, alguien te va a abrazar tan fuerte que todas tus partes rotas se juntarán de nuevo.
>
> ALEJANDRO JODOROWSKY

En los cursos de AEIOU decimos que la empatía es un abrazo emocional. ¿Qué te sugiere a ti? ¿Cómo fue aquel momento en el que alguien fue empático contigo? Seguramente, sentiste que te comprendía, que se ponía en tu lugar, lo cual te hacía sentir muy bien y reconfortado. Probablemente, además, sentiste alivio, como si al compartir tu pena esta se mitigara. También que tu alegría crecía al repartirla con quien sintió tu felicidad de corazón. En definitiva, seguramente te sentiste visto y acompañado.

Empatía significa tomar conciencia, mostrar inquietud por los sentimientos, necesidades y preocupaciones ajenas. Significa «sentir con», tomar perspectiva y ponerse «en los zapatos» del otro. Implica alcanzar una mayor comprensión de los demás, captar sentimientos, emociones y otros puntos de vista.

La empatía es lo contrario a sentirse solo.

¿Somos empáticos con nuestros hijos?

Para ser empático, es imprescindible que uno mismo sepa reconocer las propias emociones y sepa gestionarlas. Al reconocer e identificar mis emociones, soy capaz de reconocer e identificar las emociones de mi hijo, es decir, las puedo ver en el otro.

¿Qué nos impide ser empáticos con nuestros hijos?

No sé lo que piensas tú, yo creo que uno de los principales obstáculos para sentir empatía con mi hijo es el miedo a que crea que puedo compartir su punto de vista. Tu hijo llega a casa del colegio y no quiere estudiar, así que se pone a jugar con la videoconsola. Tú piensas que tiene que estudiar sí o sí, por lo que la empatía aquí no entra ni sale para nada —no sea que piense que puede escaquearse—. En realidad, si te detienes un poco y dejas tu papel de «supervisor» a un lado, puedes empatizar con él perfectamente. Seguro que entiendes que no le apetezca estudiar, que puede estar cansado después de todo el día en el colegio, que además acaba de llegar del entrenamiento y se ha desplomado en el sofá como si fuera un peso muerto. Lo entiendes aunque no compartas su punto de vista, que consiste en no querer estudiar. «Hijo, entiendo que estés cansado y que no te apetezca nada estudiar. Yo tengo que prepararme una reunión para mañana y en estos momentos preferiría hacer cualquier otra cosa. Así que te entiendo perfectamente, y además tienes que estudiar, porque mañana tienes un examen. Descansa quince minutos y nos ponemos juntos a trabajar, ¿nos ponemos los dos en la mesa del comedor? ¿Vale?»

Con independencia de que finalmente haga o no los deberes, estudie o no estudie (creo que es más fácil hacer algo después de que uno se haya sentido comprendido, aunque no siempre funciona), tu hijo sabrá que tienes en cuenta sus sentimientos, que sabes cómo se siente y estarás construyendo relación. También puede ser que entréis en una guerra de poder, no haga los deberes, no estudie nada en toda la tarde y acabéis los dos con un enfado monumental. Por lo tanto, vale la pena probarlo, ¿no crees?

Otro obstáculo en el que caemos fácilmente es el apego a nuestra propia historia. Cuando hemos pasado por experiencias similares, a veces puede ser un obstáculo para empatizar, porque damos por sentadas muchas cosas. Nos perdemos en nuestra propia experiencia. Pensamos que la otra persona ha vivido lo mismo que nosotros y dejamos de escuchar (en realidad, nunca salimos de nuestros zapatos). «Que se deje de pamplinas, yo también he pasado por eso y las cosas no son así y punto.» ¿Quién no ha escuchado alguna vez la famosa frase de las abuelas: «Yo también he sido madre y no era para tanto»? El grado de empatía es «cero patatero». Escuchar con prejuicios y dejar que nuestras ideas y creencias influyan a la hora de interpretar lo que les ocurre nos separa y aleja de nuestros hijos.

Cuando son muy niños, también podemos ser muy poco empáticos cuando quitamos importancia a sus sentimientos o los ridiculizamos. «Va, no seas llorica, que no es para tanto.» ¡Ojo!, porque muchas veces no lo hacemos con mala intención, pues creemos que es una forma útil para consolarlos. «No pasa nada, por lo menos no has perdido todos los cromos y te quedan unos cuantos.» «¡Sí que pasa!», te dirá tu hijo. «¡Sí que pasa!» ¡Qué daño puede hacer ese «por lo menos»! Nosotros lo hacemos para relativizar las cosas, pero a tu hijo le va a saber a incomprensión. Tampoco podemos caer en el «animar sin más, dar la razón o seguir la corriente», tu hijo es un niño, pero sabe cuándo intentas manipularle para que haga lo que tú quieres y eso no es empatía. Todo esto lo único que hace es bloquear la comunicación e impedir que se produzca una buena relación empática.

Tampoco empatizamos cuando caemos en la *sobreempatía*. La empatía en exceso hace que nos olvidemos de nuestros propios sentimientos y, por lo tanto, de lo que necesitamos nosotros como personas. Empatizar es irse a los zapatos del otro, pero para volver a los nuestros y recuperar nuestro rol de padres y nuestros recursos. Es como si mi hijo estuviera en un hoyo y yo pudiera verlo desde arriba, tendiéndole una cuerda para que pueda subir. Se trata de verle, acompañarle, acompasar su emoción y ayudarle a salir, no de caerse en el hoyo con él, porque si no, el niño pierde el recurso (que somos nosotros y la cuerda que le lanzamos se le escapa de las manos); entonces, no le podemos ayudar.

Está bien darnos cuenta de las necesidades del otro y también saber qué necesitamos nosotros; se trata de lograr un equilibrio. Nosotros somos los adultos y ellos necesitan que aprendamos a gestionar estas situaciones para que ellos aprendan a su vez. Nos aprenden. Somos modelo. Somos referente.

Otras veces confundimos la empatía simplemente con las ganas de ayudar. Con toda la buena intención, como no queremos que sufran, buscamos enseguida una solución. Estamos tan volcados en la acción que solo pensamos en lo que podemos hacer para solucionarles la vida cuando, en realidad, tan solo buscan sentirse comprendidos. Muchas veces, no hay nada que hacer, nada que solucionar y es compartir lo que sienten, *sentirse sentidos*, lo único que les hace bien a nuestros hijos adolescentes, lo único que los alivia y reconforta. «Chico, lo siento mucho. Sé la ilusión que te hacía y lo mucho que has luchado por conseguirlo. Te comprendo. No tengo palabras. Te agradezco de corazón que hayas querido compartirlo conmigo.»

Cuando son muy pequeñitos, padecemos cuando lloran y queremos cortar a toda costa ese momento para que se acabe pronto. Pretendemos consolarlos con distracciones: «Mira, mira, mira, cariño, este animalito», «Toma el iPad, mira los dibujos, cuántos colores», para que pongan rápidamente el foco en otra cosa, cualquier cosa, que no los conecte con el momento que están viviendo, porque nos resulta incómodo. Hemos de detener este impulso. Esto no es empatía. Esto no es consuelo. En realidad, quien no está cómodo con su emoción eres tú. A quien molesta su lloro o su tristeza es a ti. Tu hijo simplemente está disgustado y la forma funcional que tiene para demostrar y expresar esa emoción es llorar.

Acompañar y consolar a tu peque no es ni dramatizar con él ni conseguir evitar ni reprimir esa emoción. La emoción es necesaria. Si reprimimos la forma que tiene de expresarla le llevamos a un callejón sin salida, pues la somatizará o buscará otras vías disfuncionales para expresarla (por ejemplo, la agresividad). Así pues, acompaña a tu hijo, permite que transite esa emoción consolándole con unas palabras cariñosas, un abrazo, unas caricias y pasado este primer momento ya estará preparado para que tú reconduzcas la situación a otro lugar. Mostrarnos serenos, seguros y tranquilos los ayudará, porque se contagiarán de nuestra emoción. Los adultos como referentes creamos el contexto emocional y, por lo tanto, hemos de tener especial cuidado en que sea el adecuado y con la intensidad oportuna a la situación vivida. Por ejemplo, ¿cómo enseñarles a calmarse cuando lo necesiten? La respuesta es: estando nosotros en calma, ¡no hay otra!

Los abrazos físicos también son fundamentales. Cuando abrazamos a alguien conversamos con su piel, con su cuerpo, con sus sentimientos. Abrazar es una necesidad básica del ser humano porque no podemos vivir sin contacto físico, es cuestión de supervivencia, de salud. No solo es salud emocional, sino salud física. Es una necesidad primaria. Numerosos científicos han demostrado que los abrazos reducen la presión arterial, mejoran el sistema inmune, favoreciendo la creación de glóbulos blancos, afectan positivamente a nuestro sistema cardiovascular, reducen el riesgo de padecer demencia, porque activan nuestras neuronas, rejuvenecen el cuerpo, relajan nuestros músculos, aumentan la cantidad de dopamina y serotonina provocando sensación de bienestar...

Somos abrazados por primera vez por nuestra madre al nacer y a partir de ese momento empezamos a nutrirnos emocionalmente a través de los abrazos de todos aquellos que nos importan. Abrazar a tu hijo es necesario para su equilibrio emocional. Los abrazos, te decía, disminuyen el estrés y la ansiedad, proporcionan seguridad y protección a niños y a adultos. Transmiten buena energía, tan necesaria para afrontar la vida. Pueden elevar el estado de ánimo. ¡Todos nos sentimos mejor después de un abrazo!, ¿o no? Sentimos apoyo porque el otro «nos sostiene». Nos estimulan, nos dan tranquilidad, nos relajan, generan confianza, elevan la autoestima, por eso es tan importante recibirlos de niños, pues incrementan la capacidad de querernos y respetarnos para el resto de la vida. Nos sentimos amados, especiales e importantes para el otro.

¿No creéis que nos abrazamos poco?

Animemos a nuestros hijos a hablar de emociones

A veces no es fácil hablar de emociones. Somos hijos de nuestra historia y de la educación recibida. No siempre se nos ayudó de pequeños a expresar libre y correctamente las emociones. Unas, sí. Otras, no. Algunas estaban permitidas. Otras, reprimidas. Unas eran feas y otras, bonitas. Recuerdo a una chica que lloraba con una amplia sonrisa. Todavía la veo, si cierro los ojos, con una marcada sonrisa y las lágrimas recorriendo sus mejillas. No se permitía la tristeza porque resultaba incómoda en su casa y había aprendido a llorar sonriendo. No pasa nada por reconocerlo. No se nos enseñó y, en algunos casos, lamentablemente nos convirtieron en verdaderos analfabetos emocionales. Sin embargo, no tenemos por qué repetir patrones heredados cuando hay razones valiosas para desecharlos. Siempre podemos tomar conciencia de esta realidad y cambiar las cosas.*

Basta con que alguien nos pregunte cómo estamos o cómo nos sentimos para darnos cuenta de lo difícil que se nos hace expresarlo con palabras.

¿Es rabia todo lo que está debajo de esta tristeza que siento?

¿Estoy enfadada, o lo que siento es impotencia, hartazgo o desesperación?

¿Es vergüenza o lo que siento en estos momentos es un orgullo reprimido, tal vez rabia por lo que los demás están pensando de mí?

¿Es culpa sincera, arrepentimiento verdadero, miedo o tal vez sigo con rabia?

¡Qué difícil es matizar e identificar lo que sentimos!

Tenemos la oportunidad de acompañar a nuestros hijos de forma distinta. Enseñándoles que las emociones forman parte de nosotros, son importantes, nos ayudan a conocernos, a saber nuestras necesidades, a identificar nuestros valores. Nos dan mucha información de quiénes somos, sobre lo que necesitamos en un momento determinado, nos ayudan a tomar decisiones. ¡Qué importante es elegir la emoción e intensidad adecuadas a la situación que estoy viviendo! Cada

---

* En este libro no vamos a hablar de *emoción* en su acepción científica, así que nos referiremos en general a emoción, sentimientos o incluso a estados de ánimo.

emoción me condiciona o me lleva a una acción u otra (rabia/ataque, miedo/huida, asco/rechazo, tristeza/ganas de desaparecer, sorpresa/desconectar...), por eso es tan importante a la hora de tomar decisiones correctas y además crea un contexto concreto, un «clima» determinado y no otro. ¿Te das cuenta de lo fundamental que es todo esto?

No somos responsables de sentirlas; de la misma forma que vienen, luego se van, pues son pasajeras, nómadas. Pero, ¡ojo!, sí somos responsables de permitir que nos gobiernen y dominen la vida. ¿Es malo que tu hijo sienta rabia, envidia, celos...? No, rotundamente, no. Otra cosa es cómo canaliza esa emoción, las decisiones que tome y lo que hace con ella. Somos seres emocionales, pero no somos la emoción, ya que somos mucho más que las emociones que vivimos. Puedo, por ejemplo, sentirme tonto, pero eso no significa que lo sea.

Si fomentamos que expresen sus sentimientos, les enviamos un poderoso mensaje: «Te veo», «Te escucho» y «Me preocupo por ti». También que es conveniente hablar de emociones sin empañarlas con juicios y creencias preestablecidas. Las emociones, sí o sí, forman parte de nosotros, no podemos ignorarlas y, como decía, influyen en nosotros poderosamente. Si no les prestamos atención, no podemos estar seguros de cómo van a influir en aquello que pensemos, digamos o hagamos, lo cual puede complicarnos la vida.

Enseñemos a nuestros hijos desde pequeños a identificarlas, a ponerles nombre y, sobre todo, a legitimarlas (permitir que transiten, que vivan en nosotros y aprender a gestionar qué hacemos con lo que sentimos). Nos regalan una información valiosa sobre quiénes somos y qué necesidades tenemos que no nos podemos permitir despreciar o pasar por alto. «¿Esta agresividad es por cansancio?» «¿Este enfado es porque ya no puedo ni debo tolerar esta actitud en el trabajo más tiempo?»

¿Por qué es tan importante poner nombre a la emoción? Pues porque el primer paso es identificarla. Para mi cerebro, si algo no tiene nombre, no existe. Por lo tanto, si no la identifico no sabré reconocerla en mí ni tampoco la sabré reconocer en el otro, en mi hijo. Nombrar es lo que nos permite distinguir. Sin distinciones es muy difícil entender nuestro mundo. Si voy caminando por la selva, seguro que para mí todo es follaje a mi alrededor. Si me acompaña un nativo de la zona me irá descubriendo un sinfín de plantas, hojas y árboles. Reconocerá aquellas que son medicinales, las hojas que son útiles para improvisar un refugio, las que son venenosas, las que puedo utilizar para protegerme del frío y cuáles puedo untarme para evitar las picaduras de los insectos. ¡Menuda diferencia! Sin duda, eso me da muchos más recursos para poder decidir qué camino tomar en la vida.

«¿Cómo te sientes? Pareces *[abatido, enfadado, desilusionado, decepcionado, etc.]*», según resulte apropiado. Estas palabras ayudan a nuestros hijos a poner nombre a la emoción y a establecer grados de intensidad. No es lo mismo estar un poco enfadado, disgustado o contrariado, que estar muy enfadado o rabioso. En el universo emocional del miedo, por ejemplo, se incluyen desde la timidez hasta el pavor, incluyendo un montón de rangos distintos. Es importante que les enseñemos vocabulario para expresarse, el más amplio posible. Tan importante es establecer grados como matices. A veces, lo que sentimos es una mezcolanza de distintas emociones y es fundamental destacarlo.

Me viene a la cabeza una anécdota de un niño de once años que le contaba a su madre que se sentía triste. Sus padres estaban separados y le decía a su madre que algo le había hecho recordar a su padre. Esta mamá exploró en los sentimientos de su hijo sin juzgar ni reprimir para que él se aventurara en su mundo interior, para comprender y comprenderse mejor.

—*Cariño, ¿qué significa esta carita?*

—*Mami, ¡estoy triste!*

—*Ven cariño...* —le dije, sosteniendo su mejilla y acercándola a la mía—. *¿Qué te pasa?* —Le di un beso.

—*Que estoy triste...*

—*¿Qué sientes?*

—*Mamá, es que me he puesto a recordar cosas que hago con papá y como no voy a verlo hasta dentro de tres semanas, pues me he puesto triste. ¡Es mucho tiempo! ¿Por qué tiene que viajar tanto? ¡Uff!*

—*¿Qué has recordado?*

—*¡Pues lo bien que me lo paso cuando voy al campo con él! Sí,* *las mañanas del sábado, cuando tú te quedas con el peque.* —Su cara pareció iluminarse por unos momentos—. *Cogemos saltamontes, buscamos hormigueros. ¡Me lo paso tan bien, mamá!*

—*Ya veo. ¿Y qué más?*

—*El otro día me llevó a ver aquella película que me hacía tanta ilusión y luego fuimos a merendar. Al pensar todo esto me he puesto muy, pero que muy triste.*

—*Cariño, todo esto que me cuentas es maravilloso. Estás recordando momentos muy especiales que pasas con tu padre, ¡momentos inolvidables que siempre guardarás en tu corazón! Esto que sientes no es tristeza, se llama nostalgia o añoranza, porque está teñida a la vez de recuerdos positivos y de alegría. Parece contradictorio... ¡pero no lo es! ¿Te das cuenta?*

—*¡Es verdad! Estoy triste, pero al mismo tiempo siento ganas de sonreír un poquito cuando lo pienso.*

—*¡Pues eso!*

Ayudarlos a que exploren su mundo interior es una aventura apasionante. No podemos imaginar el bien que les podemos hacer ayudándolos a nombrar, distinguir e identificar lo que sienten. A veces es fácil; otras se complica. Seamos curiosos, abandonemos los juicios, el «yo ya sé cómo se siente», exploremos con verdadera pasión, con ganas de saber, de conocer quiénes son, con verdadera curiosidad. Cuanto más precisos seamos, mejor. Cuanto más rico sea su vocabulario, menos perdidos y confundidos estarán, y mayor será su mundo. Sí, porque su mundo crecerá, aparecerán dimensiones desconocidas hasta el momento, comprenderán mejor y se comprenderán mejor, entenderán muchas cosas que hasta ese momento no eran capaces de integrar, de hacer suyas, de guardarlas en su interior... Aprenderán a experimentar, a disfrutar, a apreciar, a gozar de un mundo que aparecerá ante ellos como un universo infinito e inagotable.

Sin este primer paso imprescindible (identificar, nombrar), no es posible conocerse. Si no aprendemos a saber qué sentimos, nunca sabremos cómo manejar, gestionar o transitar nuestros sentimientos y emociones. Nombrar es reconocer y legitimar lo que estoy sintiendo. Es permitirlo. Cuando nombro, distingo, delimito, matizo, conozco... Se abre ante mí una ventana a algo que era desconocido hasta entonces y que ya no podré ignorar más. Me abro a mi consciencia, a mi mundo interior. Cuando nombro algo, existe para mí.

Imagino que me dirás que esto no se puede hacer con niños muy pequeños. Créeme si te digo que también podemos hacerlo y, es más, debemos hacerlo para que vayan normalizando estas expresiones e incorporando vocabulario sobre emociones.

Mateo tiene dos años y ya ha empezado la guardería. La verdad es que es una etapa difícil que sobrelleva lo mejor que puede. Unas veces mejor y otras no tan bien. Su madre, Andrea, fue a recogerle el otro día y le encontró hecho un mar de lágrimas. La señorita le dijo que llevaba toda la mañana muy enfadado. Ella le cogió y le preguntó:

—*¿Estás enfadado, Mateo?*
—*¡¡Sí, sí, síí!!*

Andrea, con curiosidad, sin juicio y escuchando más allá, indagó un poquito más.

—*Mateo, ¿estás enfadado o estás asustado? ¿Tenías miedo porque mamá no estaba contigo?*

En ese instante, Mateo abrió los ojos con sorpresa, como diciendo: «¡Eureka!, mamá ha dado en el clavo».

—*Sí, Mateo asustado, asustado.*

En otras ocasiones podemos probar de otra manera, lo importante es llegar a su corazón y entablar una conversación tranquila en la que tu hijo se sienta seguro para hablar de sus sentimientos: «Cuando me siento triste, a mí a veces tampoco me apetece comer». Cuando le digo esto, empatizo y ayudo a que mi hijo identifique su emoción. Al no haber juicio, le permito que explique si le ocurre otra cosa distinta: «Por lo visto, hay algo que te preocupa. No actúas como sueles hacerlo. Me gustaría hablar contigo de esto».

Es muy útil estar atentos a las «huellas» (cara colorada, ceño fruncido, temblor, patrón de respiración, sudoración...), y enseñarles a que las reconozcan. Esto nos llevará a conocerlos mejor y que ellos se conozcan también con mayor profundidad. Son como «huellas dactilares», porque son únicas y es preciso reconocerlas mientras nuestro cuerpo nos las muestra, ayudando a nuestros hijos a que tomen consciencia cuando esto ocurra. Os podéis imaginar, por ejemplo, lo importante que es reconocer estas huellas antes de que perdamos el control (cuando siento mi cabeza caliente, como si me fuera a estallar y aprieto los dientes con fuerza, es mejor salir de la habitación e ir a un lugar en el que estar a solas para calmarme). ¡Qué bueno es reconocer cuándo «estoy que muerdo» a tiempo! Pues con los niños igual.

«Cuando te veo hacer [...], sé que te pasa algo. A veces esa actitud quiere decir [...], pero no estoy seguro. ¿Tengo razón, o se trata de otra cosa?» Cuesta resistirse a la tentación de creer que sabemos exactamente lo que le pasa y cómo se siente («es mi hijo, ¿cómo no lo voy a saber?, además ¡yo también he sido niño!»). No olvidemos que lo que siente «le pertenece a él» y es fácil caer en el «ya sé lo que te pasa» o «no deberías sentirte así porque yo...». Lo que más va a agradecer tu hijo es que preguntes sin apego a tu historia y sin juzgarle. Solo sin juicio escucharemos su necesidad insatisfecha o lo que está pidiendo realmente cuando, por ejemplo, mantiene un comportamiento inadecuado o pronuncia unas palabras inapropiadas. Como todos los padres sabemos, en ocasiones somos los primeros que decimos y hacemos cosas muy distintas a lo que sentimos, ¿o no? Estos sondeos pueden hacer que tu hijo se abra y exprese sus sentimientos. Si eso no ocurre, no desesperes. El niño puede resistirse y no conviene presionar. Tan solo asegurarse de que sabe que estás disponible si desea más adelante hablar de lo sucedido. No existe mejor modo de decirle sin palabras: «Te quiero y me preocupo por ti».

Decía antes que para ayudar a tu hijo o hija a expresar su emoción, has de ayudarle a identificarla y legitimarla, es decir, darle permiso para que transite por ella. La ciencia sabe que bloquear emociones o impedir que se manifiesten es fuente de enfermedad. Las emociones reprimidas, no expresadas o mal canalizadas se somatizan, dañan nuestro cuerpo. Es importante que tu hijo aprenda que él no es la emoción. Es más que la emoción. Una herramienta para hacer eso posible cuando son pequeños es el dibujo. Los niños pueden dibujar su enfado, su rabia, su alegría, su miedo, su sorpresa... Es una forma de objetivizar la emoción para luego poder hablar juntos de ella.

También podemos preguntar con curiosidad cómo es aquello que sienten. El lenguaje simbólico y las metáforas son muy útiles. De qué color es, qué forma tiene, si fuera un paisaje cuál sería, si fuera un animal qué sería, a qué huele, cómo es de grande o pequeño, qué tacto tiene... Los niños son muy creativos y aunque nos parezca extraño hacer estas preguntas, te sorprenderán sus respuestas y sobre todo lo que les ayuda a identificar, permitir y vivir la emoción.

Recuerdo una anécdota de un niño de unos cinco años. Estaba muy enfadado y no quería hablar con nadie. Su madre, utilizando esta herramienta, indagó con mucha curiosidad y sin juicio. Le preguntó...

—¿*Estás enfadado, David?*
—*¡¡Síííí!!*
—¿*Dónde sientes tu enfado?*
—*¡Aquííí!* —*Señalaba su mandíbula, al tiempo que hacía una mueca.*
—*Y ¿cómo es de grande tu enfado?*
—*¡¡Así!!* —*Extendió las manos de par en par*—. *¡Muy grande!*
—¿*Es de algún color?*
—*Es naranja. Muy naranja.*
—¿*Me dices qué forma tiene?*
—*Es cuadrado. Naranja y cuadrado.*
—*Vaya, ya veo. Un cuadrado naranja muy grande.*
—*¡¡Síííí!!*
Al ratito, vuelvo a preguntar...
—*Y ahora, ¿cómo es de grande tu enfado en estos momentos?*
—*Ahora es un poquito más pequeño.*
—*¡Anda! ¿Se hace más pequeño?*
—*Sí, ahora es pequeñito. Se va haciendo pequeñito.*
—*David, ¿qué quieres hacer ahora con el cuadrado naranja pequeñito que es tu enfado?*
—*¡Lo voy a meter en el cajón!*
—*Pues a ver cómo lo metes y cierras el cajón. ¡Lo quiero ver!*
—*¡Zas! ¡Ya está!*

«¡Ahora voy a ser tú!»

Carla y Blanca son mis hijas, de trece y doce años respectivamente. Siempre pensé que llevándose tan poco tiempo harían buenas migas. La verdad es que así es. También hay cierta rivalidad y, a veces, discuten. ¡Son tan distintas! Carla es muy ordenada y delicada. Le gusta tenerlo todo en orden. Cada cosa en su lugar. A Blanca no le preocupa todo esto, es expansiva y no le importa que todas sus cosas bailen con ella a su alrededor. No os lo he dicho..., ¡comparten habitación! Este hecho tiene sus cosas buenas y no tan buenas, como os podéis imaginar.

La semana pasada discutieron fuerte. Estaban muy disgustadas. Estuvieron toda la tarde sin hablarse. Blanca cogió el jersey preferido de Carla y le cedió las mangas. Carla se lo hizo sacar de mala manera y Blanca le contestó que podía comérselo con patatas, que era una mala persona y peor hermana.

Hoy Carla tiene baile y Blanca está de buen humor, así que he aprovechado la ocasión, pues parece receptiva.

—*Blanca, cariño, ven, que quiero hablar un rato contigo.*

—*¿Qué quieres, mamá? Ahora no pueeeedo...*

Insistí y al ratito estaba conmigo.

—*Blanca, ¿qué pasó el otro día con tu hermana?*

—*Nada, que es tonta, egoísta y no me deja sus cosas.*

La cogí de la mano y nos sentamos a los pies de su cama. Bueno, antes tuve que retirar un montón de cosas que estaban allí encima.

—*Vamos a hacer una cosa, ¿vale?* —*Blanca levantó los ojos y resopló. Mantuve la calma e hice como si nada*—. *Explícame un poco, ¿cómo te sientes con tu hermana?*

—*Mamá, es que se piensa que todavía soy pequeña y solo tiene un año más que yo. ¡Estoy harta!*

—*¿Qué necesitas de Carla?*

—*¡Pues que me trate normal! Dice que no me queda bien su ropa, que soy pequeña. No es verdad, somos iguales. Bueno, casi iguales.*

—*Y..., ¿qué te gustaría pedirle?*

—*Que compartamos la ropa. A mí no me importa dejarle la mía* —*dijo con tono quejicoso.*

—Vamos a hacer un juego —la miré con complicidad y le dije—: Ahora vamos a imaginar que eres Carla. —Me miró como diciendo: «Ya estás con tus chorradas», pero como os decía estaba colaboradora y de buen humor—. Blanca, ¡vamos a jugar! Quiero que te tomes un momento para meterte en los zapatos de Carla. Quiero que te muevas como ella, que hables como ella, haz lo que estaría haciendo Carla si estuviera aquí.

Como Blanca es bastante payasa se levantó y empezó a andar por la habitación como si fuera una modelo de pasarela. Mirándose en el espejo y haciendo postureo. Cogió una falda de Carla y se la puso encima de los pantalones de chándal y daba saltitos haciendo gestos con tono burlón como si estuviera en una sesión de fotos.

—Carla, ¿qué pasó el otro día con tu hermana?

—Ya te lo he dicho mamá. No seas pesada.

—Se lo pregunto a Carla.

Blanca estuvo un buen rato en silencio. Paseando por la habitación. Se sentó en el escritorio de Carla. Se volvió a levantar. No decía nada, hasta que de repente empezó a hablar.

—Blanca toca mis cosas, las coge, las desordena.

—¿Cómo te sientes cuando hace esto?

—¡No lo soporto! Me esfuerzo en tenerlo todo ordenado y viene ella en un momento y lo pone patas arriba. Se ríe porque me enfado. Lo hace aposta para molestarme. A ella no le importa tenerlo todo por el medio, pero a mí sí. Me cogió el jersey que compré con el dinero que gané dando clases particulares de mates. Tardé mucho tiempo en reunir el dinero y ella no cuida las cosas. Le da igual. Es idiota.

—¿Qué necesitas de Blanca?

—¡Pues que, como mínimo, me pida permiso cuando quiere mis cosas!

—¿Es eso lo que te gustaría pedirle?

—Sí.

Al ratito. Se había quedado pensativa...

—Blanca, guapa, vuelve conmigo. Siéntate aquí. ¿Cómo ha sido ser tu hermana por un ratito?

—Bueno...

—¿*De qué te has dado cuenta?*

—*De nada...*

—*No me hagas creer eso, ¡con lo lista que tú eres! ¿Qué sabes ahora que antes no sabías?*

—*Ufff... ¡¿qué dices mamá?! ¡Yo que sé!*

—*¡Va cariño! Dime. Después de unos minutos en silencio...*

—*Que lo que a Carla le molesta es que no le pida permiso cuando cojo sus cosas y que no le gusta que me ría cuando se prueba sus conjuntos* —esto último lo dijo con un tono bastante de recochineo.

—*¿Qué más?*

—*Que necesita tener sus cosas ordenadas.*

—*Vaya, vaya, vaya... ¡Cuántas cosas has visto! ¿Qué crees que podrías hacer para llevarte mejor con tu hermana?*

—*Mmm... No cogerle las cosas sin pedírselas, y cuando me las deje, cuidarlas para que no se estropeen. La verdad es que lo del jersey lo hice sin querer, lo siento.*

—*¿Lo harás? ¿Crees que funcionará?* —le dije, dándole un fuerte abrazo.

—*Sí, pero que ella no me trate como si fuera una niña pequeña. Mamá, cuando venga le haces esto tan raro que me has hecho a mí, ¿vale?*

Las dos nos pusimos a reír.

—*Sí..., pero antes me gustaría que hicieras de mamá un rato, ¡a ver si te das cuenta de lo que es estar cansadííísima de que no me hagáis un poco más de caso todos en casa!*

¡Qué bueno es ponernos en la piel del otro de vez en cuando! ¡Cuánto bien nos hace! La herramienta que hemos visto en esta historia es muy útil para explorar distintas perspectivas y tomar conciencia de cosas que no advertimos cuando estamos encerrados en nuestra posición, en la única forma en que vemos las cosas desde nuestro lugar y perspectiva. Es muy potente para empatizar. Para sentir desde el lugar que ocupa el otro. Siempre hay algún tema con el que cuesta conectar especialmente y eso hace que acabe en disputas y desencuentros en casa. Hacer que tu hijo se ponga en la piel del otro, como en el caso de Blanca, que se puso en los zapatos de Carla, le ayuda a ver cosas que no sería capaz de apreciar de otra manera. Créeme (mejor no me creas, ¡pruébalo!) si te digo que acompañar a nuestros hijos en esta aventura es muy fructífero. De esta forma, puedes ayudarle a que entre en la piel de su hermano/a o amigo/a (¿qué ha podido sentir al ver que no ha sido invitado a tu fiesta, al ver que se ha roto su juguete...?), y a que sienta, vea y perciba cosas que le ayudarán a comprender la singularidad del otro y su punto de vista.

Es una dinámica a modo de juego que podemos hacer toda la familia. Si creamos el contexto adecuado y logramos un espacio de confianza, de seguridad y curiosidad, se podrá hablar de sentimientos y emociones sin reservas. Los niños aprenden que es bueno expresar sentimientos y necesidades, y que pueden también hacer peticiones.

Puedes hacerlo para resolver un conflicto determinado, como en la historia anterior, pero también puede hacerse para crear conexión y vínculo entre todos los de casa. Puede ser muy divertido y los niños colaboran mucho porque les encanta hacer cosas y jugar con sus padres.

> ¿Cómo sería ponerse en la piel de otro mientras cenamos tranquilamente una noche en casa? ¿Cómo es ser papá, hablar como papá, moverse como papá? ¿Y qué diría mamá en esta situación concreta? ¿Cómo reaccionaría tu hermano mayor en esta otra? ¿Lo quieres probar?

Solo hay que tener muy en cuenta que vamos a explorar con curiosidad y sin juicio. Si juzgamos no funciona, ¡no funciona! Tu hijo no se abrirá.

Indagaremos cómo se siente, qué necesidad no está cubierta, qué petición querría hacer (y quizá no se atreve a plantear) y a qué se compromete. Exploraremos esa situación conflictiva desde sus propios zapatos y luego haremos lo mismo estando en los zapatos del otro. Una vez hayamos visitado las dos posiciones, y al volver a la suya propia, preguntaremos qué es distinto y le animaremos a comprometerse a realizar alguna acción dirigida a resolver el conflicto.

«Mamá también pierde los estribos»

> Somos peligrosos cuando no somos conscientes de nuestra responsabilidad sobre cómo nos comportamos, pensamos y sentimos.
>
> Marshall Rosenberg

Ha pasado mucho tiempo, pero lo recuerdo perfectamente. Mi hijo mayor, ahora un adulto, debía de tener unos tres años. Agarró una rabieta de las gordas y no la soltaba. En mi descargo, puedo decir que era una mamá joven e inexperta y, desde luego, no tenía los recursos de los que ahora dispongo. Y que conste que todavía hoy en día «meto la pata» en muchas ocasiones, porque siempre estamos aprendiendo. Os explico a continuación qué es lo que ocurrió y luego qué podía haber hecho diferente.

Así que allí me tenéis, en la calle, con Carlitos gritando, dando patadas en todas las direcciones y yo sin saber qué hacer. Tenía prisa y estábamos totalmente bloqueados, tanto él como yo. Mi paciencia estaba a punto de acabarse... Se acabó y le di un bofetón. Evidentemente, estábamos llamando la atención de la gente que paseaba alrededor. Nos miraban y eso me alteraba todavía más. Mi hijo me miró sorprendido, ofendido y lo que logré fue que se desesperara con más rabia que antes. Mi rabia más la suya, rabia al cuadrado.

Llamé a un taxi y tuve que entrar bloqueándolo literalmente con todo mi cuerpo. ¡Madre mía, cómo podía tener tanta fuerza un niñito de tres años! Le sujetaba brazos y piernas. Parecía un combate de lucha «cuerpo a cuerpo». El taxista estaba atónito. Estábamos tumbados en el asiento de atrás. No se atrevía a decir nada. Ni una sola palabra. Al rato, de repente, me dice: «Señora, este niño lo que necesita es un poco de cariño». Ahora me río, sin embargo, en aquel momento no falto a la verdad si os digo que, si no hubiera tenido miedo a soltar a mi hijo y que me alcanzara una de sus patadas, me hubiera lanzado contra el pobre taxista. ¿Qué se había creído ese tío? ¿Por qué me juzgaba sin conocerme? Estaba rabiosa, hice que parase y salí del taxi dando un portazo arrastrando a Carlos.

Os cuento esta historia por dos razones. La primera es que no pasa nada si reconocemos que somos vulnerables en determinadas situaciones y la segunda, que de todo lo que nos pasa podemos extraer un aprendizaje. Sin duda, nuestros hijos y las experiencias que nos brindan son oportunidades para que crezcamos y seamos mejores padres y personas. De nosotros depende aprovecharlas.

¿Qué puedes hacer cuando tomas consciencia de que has empezado a perder el control? Sí, porque los adultos a veces respondemos a una rabieta con otra rabieta, como en este caso. Enfado contra enfado, mal asunto. Podemos, primero, cerrar la boca, no sea que digamos cosas de las que luego vayamos a arrepentirnos (yo no actué así, incluso le di un bofetón); segundo, también alejarnos, mejor irse y no montar una escena e intentar recuperar el control, serenarnos, respirando despacio y profundamente (esto no podía hacerlo, no podía dejar a mi hijo de tres años solo en la calle, si hubiera estado en casa podía haberme refugiado en el cuarto de baño para recuperar la calma); tercero, cambiar el ritmo de la respiración es muy útil (cuando sentimos rabia, la respiración es rápida y alta; dejar de respirar o aguantar la respiración pasando luego a una más lenta con el diafragma hasta sentir que recuperamos la seguridad y la calma con una respiración más abdominal ayuda mucho); y, cuarto, sobre todo, reparar el daño emocional que hayamos podido causar. Decirle a tu hijo que le perdonas y disculparte tú por algo que hayas hecho o dicho. Cuanto antes demos estos pasos, antes recuperaremos la conexión con nuestro hijo y volverá el equilibrio emocional a nuestra relación y a la familia (esto sí lo hicimos mi hijo y yo cuando recuperamos la cordura en casa).

¿Qué hubiera hecho de forma diferente si esto me hubiera ocurrido hoy?

En primer lugar, es bueno hacer una distinción entre las rabietas que son claramente un desbordamiento emocional, es decir, cuando el niño se siente totalmente sobrepasado por la emoción, de aquellas otras que son más bien un «numerito» medido, controlado, porque nos quiere poner a prueba (sobre todo con los niños de más edad, no muy pequeños). No podemos actuar de la misma forma porque escuchamos reclamos distintos. En estas últimas, podemos ver la necesidad que tienen todos los niños de conocer los límites, o mejor dicho, saber aquellos comportamientos que son tolerables o, por el contrario, inaceptables, y lo mejor es mostrárselos de una manera firme y afectuosa al mismo tiempo, sin añadir más tensión a la situación. Así, lo mejor es dejar las cosas claras siempre de forma tranquila, mantener nuestro criterio y ¡paciencia! ¡Mucha paciencia!

¿Qué pasa cuando el niño está desbordado? En estos casos es útil tener claro que tu hijo no puede evitar sentirse así y hacer lo que hace, forma parte de su crecimiento y evolución.

Cuando el niño es pequeño, es normal que en ocasiones se comporte así, por lo que será mejor que no desesperemos, aprendamos a gestionar las rabietas (o, mejor dicho, a gestionarnos a nosotros mismos) y confiar en que desaparecerán porque, créeme, desaparecen. Algunos niños tienen más rabietas que otros, pero lo cierto es que este comportamiento responde a que las estructuras cerebrales encargadas de dominar sus emociones son inmaduras y se están desarrollando (¿a que se queda uno más tranquilo sabiendo esto?). No lo hacen para fastidiar. Ellos también lo pasan mal, tampoco hemos de tomárnoslo como algo personal ni creer que tenemos que controlar siempre su rabieta, sí o sí. A veces lo conseguiremos y otras no, con lo que tendremos que conformarnos con dejarle espacio para que libere toda su tensión. Por lo tanto, habrá que mantener la calma y esperar que pase la tempestad (sujetar y bloquear, como hice con Carlos, impide precisamente liberar tensiones y, en mi caso, solo consiguió que las cosas se complicaran más, así que procuremos que el niño no se haga daño ni cause daño y poco más).

Imagínate que la emoción se ha apoderado de él y le gobierna. Recuerda que su cerebro es inmaduro y como está en construcción será imposible razonar con él. Es inútil. Imposible. No solo no atenderá a razón alguna, sino que si no mantienes la calma y alzas la voz lo excitarás más y más. Cada grito (y no digamos un bofetón, como yo le di a Carlos) sirve para sobreexcitar al niño todavía más. Eso no significa que no puedas intentar explicar con palabras tu posición, a veces puede funcionar, pero normalmente la rabieta no es porque no te entienda, sino porque no puede evitarla, y su deseo o su razón choca frontalmente con tu deseo o tus razones, y el niño va a defender lo que quiere como si le fuera la vida en ello (y si lo piensas, con calma y serenidad, eso no es malo). Las más de las veces —sobre todo si es muy pequeño— ni él mismo sabe lo que le pasa. Quizá solo está muy cansado, tiene sueño y se siente muy incómodo, pero todavía no ha aprendido a decírtelo.

La mejor forma de que un niño recupere la calma es manteniéndola tú. Es un mecanismo de corregulación de la emoción, un aprendizaje juntos, un trabajo de dos (tuyo y suyo), hasta que llegue un día en el que por madurez sea capaz de autorregularse solo. Nosotros somos los adultos, y es lo que nos toca hacer, es decir, contagiarle otra emoción más adecuada al momento. ¡Las emociones son contagiosas!

Manteniendo la calma, intenta conectar emocionalmente con él antes de redirigir la conducta en cuestión. Ponerte a su altura, mirarle a los ojos, quizá tocarle con suavidad, con curiosidad. Tú conoces a tu hijo mejor que nadie. Algunos niños necesitarán contacto físico, ¿tal vez un abrazo? En otros casos habrá que esperar un poco, pues lo rechazarán. Procura entender qué le está pasando y cuál es el origen de la rabieta, escucha.

¿Te has fijado? Muchas veces, cuando vemos una rabieta en plena calle, observamos cómo el niño alza sus manos para que su padre o su madre le coja en brazos o le abrace. Normalmente, se interpreta como un capricho más y se le rechaza. Entonces, el niño se excita más y más. Lo que quiero decir es que pueden estar necesitando realmente un abrazo («estoy muy, muy, cansado, tengo sueño, y quiero los brazos y los mimos de mamá»), simplemente nos lo están pidiendo de la única manera que saben o pueden y no sabemos verlo, estamos demasiado enfadados.

Dile cómo le ves, explícale como crees que se siente. «Carlos, te veo muy enfadado, ahora veo que era importante para ti llevarte el juguete en la cartera y mamá no te ha dejado», todo esto ayuda. Utilizar frases empáticas hace que se sientan comprendidos, los ayuda a comprender también la situación que están viviendo y facilita que se calmen, pues a veces, como decía, ni ellos saben lo que están sintiendo. Poco a poco, cuando el niño recupera el control y se muestra más receptivo puedes hablarle de su conducta, de lo que esperas de él: «Carlos, entiendo tu disgusto, pero aunque estés enfadado no quiero que pegues y des patadas a mamá. No lo voy a permitir. ¿Te ha quedado claro?».

Una pareja maravillosa que vino a nuestro curso nos explicaba que estaba desesperada por las continuas rabietas de su hijo pequeño de cuatro años. Era algo que se repetía muy a menudo, los alteraba a todos y acababa por hacer difícil la convivencia de toda la familia por la tensión creada. Comprendieron que el primer paso, el primer cambio debía producirse en ellos, pues fueron conscientes de que entraban en un juego provocativo y de lucha de poder con su hijo que se retroalimentaba.

El papá me decía que era muy consciente de que tenía por delante un camino largo, una inversión importante que ya empezaba a dar sus frutos.

Mi manera de actuar y de entender la relación con mis hijos ha dado un giro. El concepto de semilla, el poner el foco en la relación y disponer de herramientas concretas ya tienen sus frutos. No es tan lento como parece, ya que el impacto en los hijos y en uno mismo se produce desde el primer día. Aunque es un proceso, solo con seguir este proceso (con fracasos incluidos, ¡claro!) creas relación.

Me siento más sabio, con más recursos y mejor padre. Mis hijos tienen más ganas de estar y hablar conmigo, y yo también. Los momentos «normales» han pasado a ser momentos «muy buenos», y los «malos» a «no tan malos» y quizá «más cortos». Ignacio ya no es «pesado» y «nervioso», ahora es ¡«persistente» y «dinámico»!

Mi mujer me llamó al trabajo para decirme que desde el curso lo estoy haciendo de fábula y que está muy orgullosa. Sé más de ellos, los entiendo más, y toman decisiones. Lo operativo-racional (donde yo ponía el cien por cien de mi atención) ya casi me da igual. Eso supone menos tensión para ellos..., y relax para mí. ¡Me enfoco en la relación! Quizá lo que más me cuesta es hacer preguntas potentes a un niño de cuatro años. Tengo dificultades para encontrar la pregunta adecuada (aunque lo intento), y a veces me responde lo que le da la gana. Quizá no elijo bien el momento. Seguiré probando. Y probar, tengo claro, que es construir relación. Tengo claro que «la relación es lo primero».

Fuimos toda la familia a comer a un Fráncfort, los cinco. Ignacio, el pequeño (de cuatro años), desenvolvió su perrito caliente y se encolerizó al ver que su pan estaba ligeramente roto (dentro de lo normal). Empezó a gritar que quería otro, que comprásemos otro, a pegarnos... Nosotros, manteniendo la calma, le decíamos que no podía ser, que se lo comiese, que no pasaba nada, que era una tontería... El tema empeoraba, Ignacio estaba fuera de sí, como tantas veces, hasta que recordé todo lo aprendido en el curso y pensé: «¿A lo mejor para él es muy importante lo del pan roto?». Así que le pregunté:

—¿Es importante para ti que el pan esté roto?

Respondió sin pensar: «Sí».

Se calmó al instante y totalmente, no podía ni creérmelo. Mi mujer y yo nos miramos atónitos.

—¿Qué solución hay? ¿Qué puedes hacer? —continué.

Él solito tomó la decisión de no comerse el pan y comerse la salchicha. Parecía estar orgulloso de su solución. Y sin más problemas, comimos en paz.

En ocasiones sabemos y podemos hacer lo que «sentimos» que es lo correcto. En otras ocasiones, no somos capaces. Si no hemos hecho lo que demandaba la situación, siempre será una maravillosa lección de humildad, amor y generosidad hacia nosotros mismos (¡sí, a veces no va nada mal sentir un poco de compasión por uno mismo!), y hacia nuestros hijos, enseñándoles a pedir perdón, a perdonar y a reparar el perjuicio o daño causado.

Lo importante es que les quede claro que lo que más nos importa son ellos y que, en consecuencia, queremos cuidar la relación por encima de todo.

«Mamá, cuando me porto mal también te necesito»

> No olvidemos que las pequeñas emociones son los grandes capitanes de nuestras vidas y las obedecemos sin darnos cuenta.
>
> Vincent Van Gogh

El otro día, vi en internet un vídeo muy simpático y tierno. Todavía esbozo una sonrisa cuando lo recuerdo. Se veía a una niña de unos dos años llorando desconsoladamente. La situación la desbordaba por completo. Estaba en la cocina y tenía la merienda encima de la mesa. Ella solo lloraba y lloraba. Su hermanito mayor (de unos cinco años) estaba sentado a su lado merendando y la miraba de reojo, como diciendo «te comprendo, ya..., entiendo...». De repente le dice: «No has podido disfrutar hoy de tu siesta, ¿verdad?», y ella le responde: «¡Noooooo!».

Como decíamos en el capítulo anterior, en ocasiones, nuestros hijos tienen una determinada conducta para probarnos, para ver hasta dónde pueden llegar y lo hacen con cierta frialdad, controlando, para llamar nuestra atención... Esta es otra historia. Sin embargo, ya lo vimos, las más de las veces, cuando no colaboran es porque la situación los desborda. La emoción los controla y les impide estar receptivos. Nuestros hijos actúan de manera reactiva a las circunstancias que los rodean en esos momentos. Nosotros nos desesperamos. Pensamos: «No lo entiendo, normalmente no actúa así, el otro día reaccionó muy bien cuando le dije que su amiguito no podía venir a casa a jugar y ahora se pone como el increíble Hulk porque su hermana le ha quitado la pelota, y hace tiempo que no juega con esa pelota». Y, tras esta reflexión, nos quedamos tan anchos, olvidando que nosotros tampoco actuamos siempre como deberíamos hacerlo y ¡somos adultos!

¿Cuántas veces olvidamos que tiene tres años? ¿No le estamos exigiendo demasiado? ¿Cuántas veces hemos reconocido, con alguien de confianza, que el otro día perdimos los papeles en casa? «Claro, tuve un día horroroso en el trabajo, había dormido mal, estaba cansada, me había enfadado con mi marido y ¿qué me encuentro al llegar a casa? Todos los juguetes sin recoger.» Somos adultos y, a veces, no podemos evitar ser víctimas de las circunstancias y reaccionamos frente a ellas en lugar de tomar decisiones correctas y hacernos responsables de lo que nos pasa. Insisto, nosotros también tenemos alguna rabieta, ¿cómo no van a tenerlas los niños?

Esta reflexión no es para culpabilizarnos, ni mucho menos. Es para que, ante una reacción desafortunada o rabieta de nuestros hijos, nos anticipemos y nos preguntemos: «¿Qué le pasa a mi hijo? ¿Qué hay detrás de su comportamiento? ¿Qué necesita? ¿Estará cansado (los días de piscina no se aguanta de pie) o hambriento (hoy no ha comido muy bien)?». Desde luego, en un momento así, es inútil cualquier sermón a gritos (la sobreestimulación sensorial les provocará más descontrol y reactividad). Por el contrario, insisto, cualquier cosa que hagamos en la línea de conectar emocionalmente e intentar tranquilizarle siempre será mejor. Un abrazo, validar sus emociones, unas palabras suaves y cariñosas... Una vez lograda la calma, cuando esté receptivo, quizá sea el momento de enseñarle algo. «Tienes que tener cuidado con...» «Sabes pedir las cosas de otra manera...» «No me gusta que...» Ya habrá tiempo para eso. Tan importante es el *qué* hacemos como el *cómo* lo hacemos. Podemos enseñarle lo que esperamos de él y no deterioramos la relación al mismo tiempo.

A veces pensamos que imponer disciplina es algo parecido a impartir, *a diestro y siniestro*, castigos y punto, y los castigos no funcionan. Quizá pensemos que cuando un niño está castigado está reflexionando sobre lo que ha hecho mal, pero no nos engañemos, las más de las veces lo que le pasa por su cabecita es que tiene «¡los papás más malos del mundo!», y un niño pequeño no reflexiona sencillamente porque no puede. No tiene la madurez cerebral necesaria para ello. Por eso, es importante que tengamos claro qué es lo que realmente queremos enseñar a nuestros hijos y aprovechemos las oportunidades que nos presentan para transmitirlo. Es cierto que los papás no estamos en condiciones siempre de ser creativos... Sin embargo, os animo a intentarlo. Tu intuición te ayudará. Nadie como tú conoce a tus hijos.

Así, es muy positivo que nos planteemos qué mensaje, aprendizaje o enseñanza queremos transmitir. A veces, tan solo queremos un resultado cortoplacista y que nos haga caso para salir del paso, y esta aspiración es muy legítima.

> Te invito a pensar más a lo grande, a largo plazo... Reflexionar sobre qué le quieres enseñar y cuál es la mejor manera de hacerlo. Quizá quieras enseñarle que sus acciones (como las de todos) tienen consecuencias, que tiene que tratar con respeto a los demás, que siempre es mejor cuidar las cosas, que no hay nada mejor que estar bien entre nosotros y que el vínculo de nuestra relación está por encima de todo y, como nos preocupa, la queremos cuidar sobre todas las cosas.
>
> Este propósito puede que nos haga hacer las cosas de forma diferente, ¿no crees?

> «Cuanto peor me porto, más te necesito y más pido que me des tu amor.»

Celos entre hermanos

Estaba embarazada de nueve meses. Era domingo y jugaba con mi hijo de tres años y su padre. Me encantaba pasar parte de la mañana del domingo en camisón, tranquilamente y sin prisas. De repente, una mirada de complicidad con mi marido hace que él coja una pelota y se la ponga debajo de la camisa del pijama. «Carlitos, ¿qué tiene papá?», le digo con picardía a mi hijo. «¡Un bebé!», me contesta con risitas. Entonces me incorporo mostrándole mi abultado vientre y le digo: «¿Y mamá?». Estoy a punto de llevarme un chasco. Mi hijo cambia la expresión de su preciosa carita y me suelta con una gran dosis de reproche: «¡Una pelota!».

La verdad es que podía imaginarme la respuesta. Se la brindé fácil con mi pregunta. Supe que no iba a ser sencillo. Una vez que el bebé estuviera en casa, todos íbamos a tener que esforzarnos para encontrar el espacio físico y afectivo adecuado a cada una de nuestras necesidades.

Llegó el gran día. Éramos felices, muy felices. Las primeras semanas son muy intensas. Llenas de emociones de todo el espectro del arcoíris y, normalmente, escasas de horas de descanso. Carlitos tampoco lo estaba poniendo fácil. Había empezado a darse cuenta de que aquel «intruso» no era el «hermanito al que iba a querer un montón y con el que iba a jugar cuando él quisiera». Pensé: «¿Por qué los adultos no piensan antes las cosas que les dicen a los niños?». La cara de mi hijo hablaba por sí sola cuando oía cosas tales como «anda, ¡qué suerte tienes!, un hermanito al que vas a querer un montón y podrás jugar con él». Supongo que su linda cabecita le decía: «¿Suerte? Yo con papá y mamá me basto y me sobro. No necesito a nadie más para competir en afectos y atenciones».

Era domingo por la mañana, estaba en camisón, pero no era un momento ni tranquilo ni agradable. Estaba desbordada, no había dormido, el bebé lloraba y Carlitos estaba celoso a rabiar, por lo que no colaboraba en absoluto. Había que hacer algo, y creo que actué por pura intuición y también por desesperación. Dejé al bebé con su padre, cogí de la manita a Carlos y me lo llevé al rellano de la escalera (hubiera sido un poco incómodo que un vecino nos hubiera visto a los dos en pijama sentados en el escalón aunque en esos momentos no me preocupaba en absoluto). Necesitaba estar a solas y en silencio con él.

Y entonces empecé a hablarle con el corazón. Le dije que la llegada del bebé era algo maravilloso para la familia, igual que lo fue cuando él nació. Le dije que requería tiempo para que todos nos adaptáramos como familia a un nuevo miembro. Conocía sus gustos, necesidades y hábitos, y los de papá. Sin embargo, todavía no conocíamos a Lucas. Le expliqué que no me había acostumbrado todavía a sus horarios y sus demandas, y estaba aprendiendo a hacerlo. Y, por lo que podía comprobar, no se me estaba dando muy bien. «Entiendo que sientas un poquito de rabia y de preocupación, por pensar que los papás ya no van a estar tanto "por ti". Eso que sientes se llama celos. Y está bien, no pasa nada. Yo me siento mal, esta noche no he podido dormir y estoy cansada de llevarlo en brazos toda la mañana». Le dije que quería al bebé con toda mi alma y a él también. Comprendía perfectamente que él no sintiera afecto de momento por él, que era consciente de que todo el mundo le había dicho que le tenía que querer y cuidar. Como si se pudiera querer a alguien por obligación. «No te sientas culpable si no es así, estás conociéndole y aprendiendo a quererle poquito a poquito. Esto lleva su tiempo. Te puedo asegurar que le querrás mucho, muchísimo... Aunque todavía es pronto. Son mamá y papá quienes lo tienen que cuidar. Tú no eres responsable de él. Mamá puede pedirte que la ayudes un poquito, pero nada más. ¿Confías en mí? Pues ya verás cómo acabará siendo un gran compañero de juegos... Pero de momento hay que esperar.» La expresión de mi hijo cambió, dejó de llorar. Sus ojitos me iban diciendo: «¡Vaya! Por fin, alguien que me entiende». Nos abrazamos un buen rato y cuando estuvimos más calmados volvimos a entrar en casa.

No digo que a partir de ese día todo fuera coser y cantar, pero sí puedo decir que al validar la emoción de mi hijo, sus celos, al legitimar su experiencia subjetiva conectando con él, al no juzgarla, pude reconducir con mayor facilidad su comportamiento y su actitud con respecto a su hermano. Una vez más, comprobé cómo abrir un espacio seguro para poder hablar de emociones sin sentirnos juzgados ayuda a que la familia progrese.

«Mis padres no me entienden»

> El juicio es la expresión desesperada de una necesidad insatisfecha.
>
> MARSHALL ROSENBERG

Han pasado más de diez años, aunque me acuerdo perfectamente. Estábamos los tres en el *hall* del colegio. Carlos estaba cursando tercero de la ESO; él estaba a mi izquierda; enfrente de él, su tutora. Una mujer excepcional, Isabel, a la que quiero aquí rendir homenaje. Me enzarcé en una discusión con mi hijo adolescente. No recuerdo muy bien el motivo, pero sí que mis palabras desprendían y proyectaban frustración y reproches. Mi hijo siempre ha sido un estudiante con buenos resultados. Aun así, eso no me impedía que criticara duramente su falta de orden y sistemática en el estudio o encontrara alguna razón para destacar alguna pega que estropeaba la foto perfecta.

Isabel, de repente, con la serenidad que le caracterizaba, nos interrumpió y lanzó una pregunta valiente, potente, que me dejó muda: «Carlos, ¿te sientes juzgado por tu madre?».

Carlos, bajando la mirada dijo: «Sí».

En ese momento comprendí que el foso que había entre nosotros dos se llamaba juicio. Entendí que lo que provocaba nuestros desencuentros eran mis valoraciones, mis opiniones, lo que yo suponía, creía, pensaba, la historia que yo me contaba.

Decía en otro lugar que el juicio es el principal obstáculo de la empatía. Hemos de ser conscientes de que bloquea la verdadera comunicación. En el mundo de los juicios, nuestra preocupación se centra en quién es qué (con qué facilidad juzgamos, calificamos y etiquetamos a los demás, y con un hijo adolescente lo hacemos constantemente), cuando en realidad el análisis de los otros es la expresión de nuestras necesidades insatisfechas. Es más fácil juzgar a tu hijo, por ejemplo, diciendo que es un *egoísta* que reconocer que tu necesidad de *respeto o reconocimiento* como padre o madre está insatisfecha.

El problema es que yendo por este camino tu hijo se siente juzgado, criticado y difícilmente logramos comunicarnos desde el respeto para que así se cuiden nuestros sentimientos y se atiendan también nuestras necesidades.

Para que el otro se sienta comprendido no basta que nosotros creamos, pensemos, supongamos o digamos que lo comprendemos. Para que el otro «se sienta sentido» —y eso es empatía— es imprescindible que seamos un espejo en el que vea un reflejo real de su dolor, de su alegría, de su angustia, de su tristeza, de su indignación, de su felicidad..., y esto no significa que estemos de acuerdo con él o que coincidamos en sus planteamientos. Significa que sentimos con él y junto a él. Compartimos y vivimos su sentir.

No podemos llegar a este grado de conexión con un hijo adolescente si no sabemos escucharle, si no sabemos estar presentes para él. Tenemos tanto miedo a que piense que estamos aprobando sus comportamientos inadecuados que, a la primera oportunidad, interrumpimos, le decimos lo que ha de sentir y lo que no ha de sentir, lo que ha de hacer y no hacer. Le reprobamos antes de que, aunque sea por un instante, nos pongamos en su piel. ¡Qué equivocados estamos! Cuánto más fácil es que primero se sienta comprendido, sienta que hemos empatizado y luego le digamos lo que queramos decirle aunque no vaya a gustarle. Sí, porque amarlo incondicionalmente es también decirle lo que no nos gusta, para que se reconozca en aquello que es y abandone aquello que no es. Sin embargo, tenemos miedo a perder el control. A que nuestro hijo adolescente se escape a un lugar desde el que no podamos controlar. Necesitamos tenerlo todo atado y bien atado. ¿Qué margen dejamos entonces a la confianza? ¿Qué espacio? ¿Qué mensaje le estamos transmitiendo? «¿No confío en ti?»

Los padres hacemos bien si procuramos ser buenos referentes para nuestros adolescentes. Necesitan de nosotros, y mucho. ¿De verdad creemos que vamos a influirles si primero no intentamos comprenderlos? ¿En serio? ¿Creemos que nos van a escuchar si antes no se han sentido escuchados? Ya sé que es fácil descuidarnos y dejar que los juicios filtren nuestras experiencias y situaciones vividas. Lo importante es no perder la conciencia de que cuando mezclamos lo que observamos de nuestros hijos con nuestras valoraciones y juicios, nos alejamos cada día un poquito más de ellos. No pasa nada, volvamos a poner el contador a cero. Recuperemos y restauremos la relación. Por eso, en AEIOU decimos (ya lo sabes) que la empatía es un abrazo emocional que alimenta el vínculo y provoca encuentros allí donde hay desencuentros.

Los sentimientos de los niños

Sigo insistiendo en lo importante que es atender con respeto a los sentimientos de tu hijo. Aunque sean niños pequeños, eso no significa que sus emociones y necesidades sean también pequeñas. No sé si a veces pensamos que *sienten diferente* a como lo hacemos nosotros. Es curioso. La verdad es que, en muchas ocasiones, nos comportamos como si así fuera. Yo la primera.

«¡Va! No es para tanto. No hay ninguna razón para que estés enfadado.»

¿Qué conseguimos? El niño, lejos de calmarse, se enrabia más porque no se siente comprendido y, además, con la constante negación de su emoción le confundimos, porque la realidad es que tu hijo o tu hija la está sintiendo, por tanto para él o para ella es real. No le ayudamos a que la identifique, le ponga nombre y así aprenda a reconocerla cuando aparezca de nuevo, y ya vimos lo importante que era todo esto en anteriores capítulos (si es una palabra que no conoce, ¡tranquilos!, no hay nada mejor que aprender su significado en el contexto adecuado, y los adultos estamos para enseñársela).

Insisto. No está de más incidir para que lo tengamos muy en cuenta. Los padres caemos muchas veces en estos errores.

Si queréis podemos hacer el siguiente ejercicio...

> Te sugiero que prestes atención a lo que le dices a tu hijo la próxima vez que acuda a ti con una emoción fuerte. Muchas veces automatizamos nuestras reacciones y no somos del todo conscientes de nuestras respuestas. Puede tratarse de cualquier emoción: rabia, miedo, alegría, etc.
>
> ➤ ¿De qué te has dado cuenta?
> ➤ ¿Has aceptado su emoción?
> ➤ ¿La has minimizado?
> ➤ ¿Te has enganchado o contagiado de su emoción?
> ➤ ¿Qué ha pasado?
> ➤ ¿Qué vas a intentar la próxima vez?
> ➤ ¿Qué has hecho para sostenerla?
> ➤ ¿La has juzgado o has juzgado a tu hijo?

Te propongo otra reflexión para seguir tomando consciencia de lo que hacemos por costumbre (de aquellos hábitos muy fuertes y anclados). ¡Hagamos una prueba! ¡Vamos a ponernos «al otro lado»!

Imagina por un momento que has tenido un día horroroso en el trabajo. Has sido víctima de una bronca injusta de tu jefe delante de todo el departamento de *marketing*. Te sientes terriblemente dolido, impotente y frustrado. Vas de regreso a casa, te encuentras con un amigo y empiezas a explicarle cómo te sientes.

Tu amigo te interrumpe (lo hacemos constantemente con nuestros hijos, ¿verdad?), o bien te aconseja, (¿te suena?: «Ya te lo dije... Ya te avisé», «Mañana lo primero que vas a hacer es...»), o minimiza tus sentimientos («¡mira que eres exagerado!, ¡no es para que te pongas así, no se acaba el mundo!»), defiende a la otra persona («yo en su lugar también me hubiera enfadado»), filosofa («la vida es así, ya deberías haberlo aprendido, ¿qué esperabas?»), pregunta inquisitivamente («pero ¿por qué lo hiciste? ¿No te diste cuenta de que...?»), te compadece... («¡oh, pobre, qué pena me das!»).

¡Basta! ¡Basta! ¡Nada de lo que te dice te consuela ¿verdad?! Al contrario, ¡te estás frustrando todavía más! ¡Esa charla solo consigue hacerte sentir peor que antes! ¡Ojalá no te hubieras tropezado con nadie!

¿Es así?

¿Te pasa todo esto por la cabeza?

¡Pues lo mismo les ocurre a los niños! ¿Por qué iba a ser diferente?

¿Qué esperamos todos (niños y adultos) cuando vivimos una situación semejante?

Lo que realmente nos consuela, nos calma primero y nos ayudará después a reflexionar para aprender cosas nuevas, para buscar soluciones, para rectificar si es necesario, ¡¡ES UNA RESPUESTA EMPÁTICA QUE SINTONICE CON LO QUE ESTAMOS SINTIENDO!! Luego viene todo lo demás.

«Vaya, debió de ser una experiencia muy difícil después de todo lo que habías trabajado en este proyecto. ¿Y ahora qué vas hacer? ¿Puedo ayudarte en algo?»

Para ello es imprescindible escuchar con toda atención, con presencia. Es desesperante tratar de llegar a alguien que solo finge escuchar. Ni siquiera hay que decir mucho. «No se limite a hacer algo, esté presente», reza un proverbio budista. Basta un silencio lleno de comprensión que acoja los sentimientos del otro, «oh!», «vaya», «mmm...», «ya veo»... Esta actitud invita a que los niños exploren sus pensamientos y sentimientos y, más adelante, reflexionen sobre su conducta. ¡Queremos que los niños nos cuenten, que nos hablen!

A un niño le puede resultar difícil pensar con claridad y calmarse cuando alguien le interrumpe, le interroga, le culpa o le aconseja. Si a nosotros también nos pasa, ¿cómo no le va a suceder a un niño de cinco años? Aunque nosotros lo hagamos con la intención de calmarlo, insistir en que aparte o deje de lado estos sentimientos que le embargan solo le altera mucho más. Primero conecta con tu hijo, luego ya habrá tiempo para lo demás y para buscar juntos alternativas. Los niños tienen mucha inventiva, pero cuando están bloqueados, igual que nos pasa a nosotros, les cuesta salir de su primer enfoque.

Sin embargo, muchas veces nos empeñamos en negar lo que sienten cuando la mejor forma en la que podemos ayudarlos a sentirse bien es empezando a aceptar y a legitimar su emoción. Si, además, comprendemos que existe una relación directa entre lo que sienten y la forma en que se comportan, nuestro principal objetivo debería ser intentar que se sientan bien para que también se comporten bien. Los niños no son felices cuando se portan mal. Al contrario, portarse mal es un indicativo de que algo no marcha bien.

No estoy diciendo que no deben corregirse los malos comportamientos. Todo lo contrario. Estamos educando. Estoy diciendo que las más de las veces esconden una emoción que primero hay que comprender, una necesidad que hay que colmar, una insatisfacción que hay que conocer... Y esto lo conseguimos cuando escuchamos. Como afirma un proverbio turco, «hablar es plata, pero escuchar es oro».

Así, quizá, la próxima vez entendamos y escuchemos que el llanto desesperado de nuestro hijo de tres años es la manera que tiene de decirnos que tiene sueño y necesita descansar, y que no vale la pena que nos enfademos con él. Que el portazo y los gritos de nuestro hijo adolescente es la manera incorrecta que tiene de expresar su rabia e impotencia. Junto a nosotros aprenderá que esa no es la forma correcta de canalizar estas emociones y que esperamos más de él, mostrémosle cómo lo hacemos nosotros. Que el proyectil que lanza nuestro hijo de ocho años contra la pared es la forma que tiene de momento para manifestar su frustración, pero que tú estás con él para enseñarle a calmarse y, poco a poco, para que aprenda a mostrarla de un modo que evite romper algo o haga daño a su hermano.

Poco a poco. Gota a gota.

«Recoge tus juguetes o no vamos al parque»

Esto es lo que, a bote pronto, te suele salir cuando tu hijo se niega a recoger los juguetes que ha esparcido por todo el salón. Y os seré sincera, esto es lo que estuve a punto de soltarle yo a mi hijo (de tres años) cuando una vez más (digamos que recoger no es lo suyo) se negó a guardar los coches que había sacado de su caja.

Pues bien, te voy a contar lo que finalmente decidí hacer el otro día ante un episodio más de «no pienso recoger». Si algo tengo claro es que castigar, amenazar, gritar o enfadarse no suele funcionar. Cuanto peor se siente el niño, menos dispuesto está a hacer lo que se supone que tiene que hacer. En otras palabras, cuanto más te metes en la actitud de obligar o imponer, más control pierdes sobre la situación (y no estoy criticando estas actitudes en las cuales también caigo de vez en cuando, lo que digo es que a mí no me funcionan). Vaya por delante que ese día en cuestión tenía tiempo (hecho relevante, porque sin tiempo primamos el corto plazo y esto que contaré no funciona). Lo que hice ante la negativa de Mateo a recoger (y ante el primer impulso de enfadarme y pensar: «¿Otra vez igual? ¡O recoges o nos quedamos sin parque!»), fue conectar con él y no entrar en el típico pulso de «a ver quién puede más».

Esto es importante, porque Mateo, en cuanto detecta una situación de este tipo, se pone nervioso y se cierra por completo a hacer lo que se le dice. Es más, si me apuras, te diré que casi se pone a hacer lo contrario... En fin, le cogí y le senté en mi regazo con tranquilidad. Él se puso a hacer circular un coche por mi cabeza como si fuera una carretera. Yo le «seguí el rollo» y elegí disfrutar de ese momento de juego con él. Eso me permitió conectar con él y abrir una vía de comunicación entre nosotros. Nuestra relación fluía y en consecuencia todo a nuestro alrededor también.

Una vez conectados (e insisto en que esto es lo más importante), le dije: «Mateo, vamos a ir al parque y antes tenemos que recoger. Yo te ayudo». Jugando, me inventé una canción para recoger juntos y celebrábamos cada coche que se metía en su caja. ¡Mateo lo hizo encantado! Y en quince minutos lo teníamos todo recogido y, lo mejor, ¡con nuestra relación intacta! Al día siguiente, pasó lo mismo, pero esta vez tardamos menos en recoger. Y al siguiente, un poco menos... ¡Así vamos consiguiendo forjar el hábito!

Hay que tener en cuenta que si tienes prisa, esto no funciona. Y ciertamente no se puede hacer siempre. Sin embargo, a menudo podemos encontrar momentos para conectar y reforzar la relación con nuestros hijos. Ya vimos en la «i» de «Inspirar» que poner el foco en la solución es mucho más efectivo que ponerlo en el problema.

«Papá y mamá se separan»

Hace tiempo que en casa ya no se oyen discusiones y se respira una calma tensa y densa, se habla poco, pero las miradas y los gestos son explícitos... Hace tiempo que cuando llego a casa del colegio respiro con dificultad, el aire parece no llegar a mis pulmones, los hombros me pesan y todo me cuesta mucho más.

Llegó el momento del anuncio. Desde ese mismo instante ya nada es igual. Parece mentira cómo tras esta conversación todo cambia. Un antes y un después. He sentido cómo mi corazón se encogía, se hacía pequeñito, pero dolía como nunca. Mi mundo se desmoronaba como una torre de naipes que se cae rota. Unos naipes pesados que se agolpan a cámara lenta haciendo mucho ruido y formando una sucia nube de polvo.

No sé qué decir...
No puedo hablar...
No quiero hablar...
No entiendo nada...

¿Qué pasará conmigo? ¿Qué pasará con mis cosas, con mi habitación? ¿Dónde voy a vivir? ¿Qué pasará con mi vida? ¿Esto es irreversible?

No sé cómo pediros que me pongáis las cosas fáciles.
Tengo miedo. Mucho miedo. Muchísimo.

Os quiero y os necesito a los dos. Siento que me faltan recursos para afrontar lo que me viene encima. Por favor, ponédmelo fácil. Es muy difícil para mí entender hoy que esta decisión es la mejor para todos... ¿Para mí también? Quiero confiar en lo que me decís y espero que sea así. Supongo que será muy complicado para todos, por lo que os pido que me lo hagáis fácil. Todo lo fácil que podáis y sepáis.

También siento rabia y mucha tristeza... No sé cómo expresarlas... Noto cómo aprieto la mandíbula al tiempo que me saltan las lágrimas. Ayudadme con paciencia, abrazos y caricias. Lo necesitaré más que nunca cuando os muestre mi peor cara. No puedo evitar sentir mucha rabia... ¿Qué he hecho yo para que toda mi vida cambie de este modo? ¿Qué tengo yo que ver con todo esto? Necesito que, a partir de este momento, vuestras palabras, acciones y actitudes me demuestren que sigo siendo lo más importante para vosotros, que sigo siendo vuestra prioridad. Estaré muy pendiente de cualquier detalle, palabra, mirada... No se me va a escapar nada... Necesito tener la seguridad de que la relación con mi padre y con mi madre seguirá vigente e intacta y que os vais a responsabilizar de mantenerla siempre cuidada para que crezca fuerte y segura. Me lo merezco. Me lo debéis. Vosotros os elegisteis para ser mis padres y necesito que sigáis aquí conmigo con independencia de que hoy no os entendáis y os separéis. Necesito esta estabilidad y seguridad. No dejéis de dármela. Necesito tener la constancia de que la relación quedará salvaguardada a pesar de que no seguiréis juntos...

¿Me protegeréis?

Me duele mucho que no queráis o que no podáis seguir juntos. Sois tan importantes y perfectos para mí, es tan vital para mí que permanezcáis intactos como referentes, que he llegado a pensar que es responsabilidad mía, por eso os pido que me digáis, una y otra vez, que no hay culpables, que no he hecho nada malo...

No necesito regalos, cosas, necesito saber que me queréis y que siempre estaréis para mí. No compitáis por mi cariño. ¡No me confundáis! Por favor, ¡no me hagáis elegir! Os necesito a los dos, os quiero a los dos. Mi inmadurez me puede llevar a entrar en este juego... ¡No lo permitáis! Solo me hará daño, me hará sentir vacío, muy vacío. No quiero sentir que me compráis... ¿Me protegeréis?

No me utilicéis de espía ni de mensajero... No quiero hablar por boca de uno u otro, no dejéis nunca de comunicaros, no os provoquéis, elegid bien vuestras palabras... Hacedlo por mí. ¿Me protegeréis?

No quiero ser un arma arrojadiza entre vosotros. Por favor, no me utilicéis para haceros daño, pues seré quien más lo sufra. Necesito que os respetéis más que nunca. No habléis mal el uno del otro, aunque sea verdad lo que decís, porque esas palabras se me clavarán en el alma y me pueden destrozar.

No va a ser fácil, por eso voy a aprender tanto de vuestras reacciones, de cómo vais a trataros y a tratarme, de las cosas que haréis y dejaréis de hacer... Te quiero, papá; te quiero, mamá. Os necesito a los dos. Soy un niño, por favor, ponedme las cosas fáciles...
¿Me protegeréis?

No cabe duda de que las separaciones son duras para todas las parejas, para todas las familias. Son momentos en los que los sentimientos están a flor de piel. Las emociones nos pueden confundir. ¡Son tantas cosas! Una vez se ha tomado «la decisión» hay muchas otras que la siguen... Gestionar un cambio tan radical en la familia es devastador, porque hay que invertir mucho esfuerzo físico y psicológico. Aquí tampoco hay recetas. Aquí también cada situación es única. Lo que no cambia o no debería cambiar es nuestro deber como padres de garantizar y velar por la salud emocional de nuestros hijos, para que no queden atrapados en un «fuego cruzado» del que solo nosotros somos responsables.

«Yo no quiero que mi hijo sea feliz»

> La inteligencia emocional es saber escoger la emoción adecuada (la mejor opción emocional entre todas las posibles) en un contexto concreto, en un momento concreto y con la intensidad oportuna.
>
> ROBERTO AGUADO

Si me preguntas «¿qué quieres para tu hijo?», es fácil que te conteste rápido, sin pensar mucho y te diga: «Quiero que mi hijo sea feliz». ¡Por supuesto que quiero que sea feliz! Probablemente muchos de nosotros daríamos una respuesta similar, ¿verdad? Entiendo que la *felicidad* no tendrá el mismo significado para todos, porque ¿qué es en realidad la felicidad? Sin embargo, seguiremos queriendo que nuestros hijos sean felices.

Ahora bien, a medida que me voy adentrando en el apasionante mundo de las emociones y después de formarme con grandes profesionales, poco a poco me he visto obligada a matizar mi respuesta y te diré por qué. En realidad, no quiero que mi hijo «persiga» la felicidad. La felicidad a toda costa no la quiero para mi hijo. Si lo piensas bien, esto puede ser muy peligroso y adictivo. La sociedad de consumo puede ser muy tentadora. Hemos de tener mucho tiento para que no manipulen a nuestros hijos.

La vida está llena de pequeñas y grandes frustraciones, obstáculos, dificultades, derrotas, desamores, pérdidas y aun así vale la pena vivirla, porque nos regala otro tanto de amores, victorias, logros y éxitos. Si mi hijo o hija persigue la felicidad a toda cosa, es fácil que solo «coja» aquello de la vida que le produce bienestar (fiestas, chic@s, alcohol, tecnología, videojuegos, tiempo libre...) y rechace lo que implique sentir lo contrario (el esfuerzo, la incertidumbre, el trabajo, la rutina). El gran desafío es que todo esto también forma parte de la vida, y él o ella tiene que aprender a «estar ahí» y a gestionarlo PARA PODER VIVIR PLENAMENTE.

La felicidad es un sentimiento de la emoción básica que es la alegría. Podríamos decir que LA FELICIDAD SE PIENSA. Si te pregunto si eres feliz, te lo vas a pensar antes de contestarme. Harás una valoración o evaluación de tu trabajo, tu pareja, tu estado de salud y con toda esta información me contestarás. En esa respuesta influye mucho el contexto sociocultural, el bagaje personal, las creencias, etcétera. En cambio, si la pregunta es «¿estás alegre?», es más fácil contestar con un sí o un no, es decir, si estás alegre o no lo estás. La alegría SE SIENTE ahora, en el presente, por eso es una emoción, una química, es dopamina, es un chute de energía que nos hace volar, saltar, celebrar aquí y ahora..., y por eso es maravillosa cuando nos visita y nos puede destrozar si la buscamos adictivamente como un fin en sí misma.

«Quiero que mis hijas vivan, es decir, sientan todas las emociones», dice Mar Romera. TODAS. No quiero que solo vivan la alegría, porque todas las emociones son necesarias y adaptativas. Todas son imprescindibles para hacernos cargo de nuestra vida.

Por lo tanto, el principal y verdadero mensaje que podemos dar a nuestros hijos es: «Hijo, a pesar de todo, la vida vale la pena vivirla AL COMPLETO, vale la pena seguir adelante. Y, cuando la alegría/felicidad nos visita o es consecuencia, es decir, es el final y no es el fin, disfrútala. ¡Vívela con todo tu cuerpo y con toda tu alma!».

Una vez, en una entrevista al actor Ricardo Darín, le oí decir algo precioso y profundo: «Soy todo lo feliz que razonablemente se puede ser en un mundo como este». ¡Claro que hay problemas!, ¡claro que existen dramas e injusticias!, ¡claro que cuando a mí me va bien al otro puede que no, y viceversa, y que yo no puedo mirar hacia otro lado...!, pero soy todo lo feliz que se puede ser en un mundo como este.

Lo que quiero es que mi hijo o hija sepa elegir la emoción adecuada, con la intensidad oportuna, en la situación que esté viviendo. Cuanta mayor flexibilidad emocional, mayor salud en todos los sentidos; cuanta mayor rigidez emocional, más problemas. Ese aprendizaje, ese ser consciente, es lo que le ayudará a responsabilizarse de su vida, a tomar sus propias decisiones. Porque la calidad de su vida dependerá de la calidad de sus decisiones; y la calidad de estas decisiones dependerá de la calidad de sus pensamientos; y la calidad de sus pensamientos dependerá de sus emociones. Sí, porque aunque nos sorprenda somos más emoción que razón. «La emoción decide y la razón justifica», le gusta decir a Roberto Aguado.

Quiero que mi hijo o hija sienta TRISTEZA cuando le toque vivir la tristeza, cuando necesite parar para reparar, recogerse, recuperarse, retirarse e incluso desaparecer, cuando haya que llorar por una pérdida, cuando tenga que sanar una herida, cuando tenga que descansar para coger fuerzas, cuando diga adiós a alguien o a algo, cuando tenga que rearmar las piezas rotas...

Quiero que sienta RABIA cuando tenga que estar enfadado, cuando deba decir «basta», cuando tenga que luchar e ir a por todas, cuando deba defenderse o defender a alguien, cuando necesite reivindicar, cuando tenga que saltar los obstáculos de la vida, cuando pelee por lo que le corresponde, cuando reclame lo que es suyo...

Quiero que sienta MIEDO cuando lo adecuado sea sentir miedo, cuando tenga que frenar ante el peligro, cuando necesite estar alerta y atento, cuando tenga que caminar con tiento o prudencia, cuando lo efectivo es parar, no hacer, petrificarse, dejar pasar, cuando haya de decir no a conductas arriesgadas que pongan en peligro su vida...

Quiero que sienta ASCO cuando lo adaptativo sea rechazar, repeler, soltar, dejar pasar, apartar lo nocivo y lo tóxico (sean cosas o personas), apartarse, cuando tenga que decir no a las drogas y a todo aquello que le hace daño...

Quiero que sienta SORPRESA cuando la vida le quiera sorprender, cuando necesite focalizar, poner atención, interés, cuando necesite cambiar el foco y dirigirse a otro.

Quiero que sienta CULPA cuando la vida le pida que repare, coja fuerzas y siga adelante con resiliencia, porque siempre hay una segunda oportunidad, que se puede repetir, se puede volver, que hay que perdonar y, sobre todo, hay que perdonarse para seguir adelante, cuando tenga que aceptar lo que pasó, aceptarse a sí mismo para liberarse y soltar para seguir con su camino...

Quiero que sienta CURIOSIDAD cuando necesite aprender, aprehender, empaparse de conocimiento, cuando la situación requiera de toda la motivación intrínseca, cuando tenga que experimentar, probar, atreverse, jugar, explorar lo nuevo, adentrarse en lo novedoso, preguntar y hacerse preguntas...

Quiero que sienta SEGURIDAD cuando lo que busque es el control, la serenidad, la perspectiva, cuando tenga que valorar y evaluar las cosas, cuando tenga que decidir, escoger, elegir, estar en la tranquilidad y la satisfacción...

Quiero que sienta ADMIRACIÓN cuando la vida le coloque un modelo o ejemplo que seguir, cuando tenga que imitar para aprender, cuando necesite que algo o alguien le fascine, cuando ame con todo su corazón, cuando haya de recibir y percibir al otro, empaparse de quien tiene enfrente, aceptarse y aceptar a los demás...

Quiero que sienta ALEGRÍA cuando le visite tras llegar a la meta, después de haber luchado mucho, y también cuando aparezca sin esperarla, como un regalo a nuestra alma, cuando haya que celebrar, saltar y cantar y, sobre todo, cuando comparta y ame con todo su ser.

Esta visión de las emociones y de la inteligencia emocional debe mucho a las aportaciones de Mar Romera (madre, maestra y mujer excepcional) y al psicólogo clínico Roberto Aguado (creador del modelo de vinculación emocional consciente [VEC]), y a sus respectivos equipos. A ellos se deben valiosas aportaciones en este campo de la inteligencia emocional, al distinguir hasta diez universos emocionales distintos.[1]

	Universos emocionales
Sorpresa	Atención, asombro, extrañeza, desconcierto, inestabilidad, aturdimiento, susto, estupor...
Curiosidad	Inclinación, atracción, voluntad, expectación, interés, atrevimiento, arranque...
Seguridad	Serenidad, comedimiento, corrección, quietud, templanza, calma, ponderación, sosiego, paz, control, enraizamiento, satisfacción...
Admiración	Amor, tranquilidad, respeto, identificación, imitación, asombro, fascinación, estupefacción...
Alegría	Diversión, gratificación, estremecimiento, contento, excitación, deleite, placer, entusiasmo, euforia, éxtasis...
Tristeza	Pesar, desgana, desaliento, aburrimiento, abatimiento, pesimismo, frustración, aflicción, impotencia, indefensión, dolor, desgarro...
Asco	Desagrado, desprecio, rechazo, animosidad, aversión, tirria, repudio, aborrecimiento, repulsión...
Culpa	Falta, menoscabo, imperfección, tropiezo/error, bochorno, pudor, rubor, autocastigo...
Rabia	Enfado, animadversión, resentimiento, enojo, irritabilidad, hostilidad, rencor, vergüenza, furia, envidia, celos, ira, odio, cólera, violencia...
Miedo	Timidez, temor, tensión, ansiedad, angustia, desesperación, horror, pánico, terror, pavor...

1. Para que el elemento emotivo tenga rango de emoción básica, tiene que superar hasta cinco filtros: base química única (neurotransmisor), estructuras cerebrales únicas activadas, reacción psicofisiológica que nos coloca en una plataforma de acción (conducta) determinada, nivel inmediato y sofisticado de comunicación intra e interpersonal y una expresión de la faz característica.

Ejercicios de empatía y emociones

En la próxima semana...
1. La próxima vez que veas a tu hijo afectado por alguna emoción, pídele que la dibuje y luego que te la explique. También puedes solicitar que la describa, indicando cuál es su forma, textura, color, si fuera un paisaje o un animal, cómo sería...
2. Practica el ejercicio de «ponerse en los zapatos del otro»; interésate por los sentimientos, las necesidades insatisfechas y las demandas o peticiones que cuesta verbalizar (describir los hechos sin valoraciones, expresar mis sentimientos y mi necesidad no cubierta y, por último, hacer peticiones concretas).
3. Cuando son pequeños, es muy útil jugar a decir emociones a través de la mímica; de esta forma, aprenderán a valorar la importancia de las señales corporales y a fijarse en ellas. ¿Te atreves a escenificar los gestos de las diferentes emociones delante de un espejo con los más peques? ¿Queréis jugar a reconocerlas?
4. Cuando venga tu hijo con una emoción intensa, date cuenta de cómo reaccionas. ¿La permites? ¿Te incomoda? ¿La sostienes?
5. Simplemente, pregúntale a tu hijo qué siente en momentos emotivos. Puedes enseñarle una lista de emociones y sentimientos para ayudarle a desarrollar su vocabulario. A modo de ejemplo, aquí tienes un listado de emociones y sentimientos.

Ejemplos de emociones y sentimientos			
Aburrimiento	Asombro	Depresión	Desolación
Alegría	Calma	Desamparo	Desprecio
Alivio	Cariño	Desamor	Dolor
Amor	Celos	Desánimo	Duelo
Angustia	Cólera	Desasosiego	Ecuanimidad
Ansiedad	Compasión	Desconcierto	Enfado
Añoranza	Confianza	Desconfianza	Enojo
Apatía	Confusión	Desconsuelo	Entusiasmo
Apego	Congoja	Deseo	Envidia
Armonía	Culpa	Desesperación	Empatía
Arrojo	Curiosidad	Desgana	Espanto
Asco	Decepción	Desidia	Esperanza
Estupor	Insatisfacción	Pánico	Resignación

Ejemplos de emociones y sentimientos			
Euforia	Inseguridad	Pasión	Resquemor
Excitación	Interés	Pena	Satisfacción
Éxtasis	Intriga	Pereza	Seguridad
Fastidio	Ira	Pesimismo	Serenidad
Frustración	Irritación	Placer	Solidaridad
Fobia	Lujuria	Plenitud	Ternura
Hastío	Melancolía	Prepotencia	Terror
Hostilidad	Mezquindad	Rabia	Timidez
Hostilidad encubierta	Miedo	Rebeldía	Tranquilidad
Humillación	Nostalgia	Recelo	Tristeza
Impaciencia	Obnubilación	Rechazo	Vacío existencial
Impotencia	Obstinación	Regocijo	Valentía
Indiferencia	Odio	Rencor	Vergüenza
Indignación	Optimismo	Repudio	
Inquietud	Paciencia	Resentimiento	

Para terminar este capítulo, una aclaración. En este libro hemos utilizado el término *emoción* en su acepción amplia (no estrictamente científico), por eso hablamos de emoción, emociones, estados de ánimo, universos emocionales de distinta intensidad, sentimientos (que son la traducción cognitiva de la emoción), etc.

5. Armonía

> Tus creencias se convierten en tus pensamientos.
> Tus pensamientos se convierten en tus palabras.
> Tus palabras se convierten en tus hábitos.
> Tus hábitos se convierten en tus valores.
> Tus valores se convierten en tu destino.
>
> Mahatma Gandhi

> Nada ha cambiado. Solo yo he cambiado. Por lo tanto, todo ha cambiado.
>
> Marcel Proust

La «a» de «Armonía»

- ¿Qué te hace feliz? O mejor, ¿qué te hace sentir pleno?
- ¿Cuál es tu día ideal?
- ¿Qué te hace reír?
- ¿Qué te saca de quicio?
- ¿Qué harías con una varita mágica?

¿Te has hecho alguna vez estas preguntas?

Cuando preguntamos a los padres qué desean para sus hijos, el 99 % nos contesta que quiere que sus hijos sean FELICES, ¡quieren verlos felices!, lo demás pasa enseguida a un segundo plano. Pero ¿cómo vamos a ayudarlos a ser felices (sentirse plenos) si no sabemos lo que les hace felices? Es más, ¿cómo vamos a ayudarlos a ser felices si no sabemos qué nos hace felices a nosotros como padres?

Porque, ¿sabes qué? Muchos de nuestros clientes de *coaching* precisamente se animan a iniciar un proceso porque no saben qué quieren en la vida. Quieren cambiar algo, pero no saben qué. Algunos nos dicen: «Ahora mismo tanto podría dejar mi trabajo e irme de año sabático como empezar a estudiar una nueva carrera, pero no sé qué opción me va a hacer más feliz (o, mejor dicho, me va a hacer sentir más plenitud, satisfacción, seguridad), cuál es la que verdaderamente necesito».

> No nos conocemos. Y de eso va este capítulo, de conocernos más, a nosotros y a nuestros hijos. De ayudarlos a saber qué les hace felices y darnos el permiso a nosotros de ser felices con ellos.

¿Cómo saber qué nos hace felices?

En realidad, es sencillo. La respuesta se encuentra en lo que nosotros llamamos valores.

Los valores son el ADN de la semilla y te dan información de lo que esa semilla necesita para crecer fuerte y sana. Los valores a los que nos referimos ahora no son principios morales ni éticos (sin duda, importantísimos, aunque no los vamos a tratar aquí), sino aquello a lo que yo le doy valor en la vida, aquello que tiene sentido para mí y me llena. Son como la gasolina que necesito para vivir con fuerza y pasión. Todo aquello que es valioso para mí y no estoy dispuesto a renunciar. En los valores encontramos nuestras pasiones y nuestros talentos.

Muchos de nuestros valores ya nacen con nosotros; por ejemplo, desde muy pequeño, mi hijo Mateo ya vibraba con todo lo que tuviera motor y ruedas, ¡movimiento! (sus primeras palabras fueron «papá», «mamá» y «rum-rum», con esto te lo digo todo). El humor y la picardía no tardaron también en hacerse presentes, y es que, si observas, los valores pueden descubrirse en un niño ya muy pronto.

Los valores son cosas como la familia, el estatus, la superación, el movimiento, el reto, la tranquilidad, la aventura, el riesgo, la belleza, la velocidad, la creatividad, la competitividad, la naturaleza, etc. (ver epígrafe al final del capítulo). Y es importante conocerlos, porque actúan como una brújula que me indica en todo momento si una decisión es buena para mí o no lo es. Si honro mis valores, me siento plena, siento coherencia y siento que vivo alineada. ¡Ojo!, digo que «me siento plena y satisfecha» porque aunque aquello que decida hacer me cueste especialmente, me proporciona plenitud cuando lo honro. Piensa, por ejemplo, que decides cuidar a tu madre enferma porque para ti honrar este valor es importante. A pesar de las dificultades y lo difícil que te resulte, sentirás coherencia interna, aunque obviamente no te haga feliz.

¿Quieres armonía en la vida de tu hijo?

Conoce sus valores y acompáñale para que logre vivir conforme a ellos.

Los valores, al mismo tiempo, también nos dan información de por qué nos encontramos «incómodos» o es difícil para nosotros estar en una determinada situación. Es decir, si para mí un valor importante es la justicia, me va a costar especialmente enfrentarme a una situación injusta. Si para mi hijo la lealtad es importante, cualquier situación que él viva como «desleal» con un amiguito va a ser difícil porque le afectará especialmente. Si para tu hijo socializar es un valor, todo aquello que vaya encaminado a crear relaciones y cultivar la amistad le llenará como persona.

Te contaré un secreto: fíjate si son importantes los valores que te confieso que si yo hubiera conocido los míos antes, seguramente no hubiera estudiado derecho. Si yo hubiera reconocido mis valores antes, habría sabido cuáles son mis verdaderos talentos y de qué forma ponerlos al servicio de los demás. Seguramente también me habría dado cuenta de mi verdadera vocación y habría elegido otra profesión.

> Si hubiera conocido mis valores antes, hubiera tomado OTRAS DECISIONES en la vida. Y esto es clave, porque LAS DECISIONES que tomas son las que CONSTRUYEN TU VIDA, LAS QUE TE ALEJAN O TE ACERCAN A LA FELICIDAD, Y PARA TOMAR BUENAS DECISIONES, ES BÁSICO SABER QUÉ TE HACE FELIZ.

La creencia crea

La «a» de «Armonía» también tiene mucho que ver con las CREENCIAS. Estas son claves en nuestra vida y en nuestras relaciones. Son como las «gafas» que nos ponemos para ver e interpretar lo que nos pasa, así que fíjate hasta qué punto nos condicionan. Como las creencias son un tema extenso, profundo y da para mucho, en este libro solo expondré lo más fundamental.

¿A qué me refiero cuando hablamos de *creencias*? A aquellas afirmaciones que doy por ciertas y asimilo como verdades. Son tan verdad para nosotros que ni siquiera nos las cuestionamos (por ejemplo, «los niños tienen que obedecer», «para que aprendan lo que está mal hay que castigarlos», «si no me enfado no me hacen caso», etc.). Las creencias no dejan de ser etiquetas e interpretaciones que hacemos casi sin darnos cuenta. Nuestra mente las necesita para poder ir por la vida y no se trata de eliminarlas sin saber por qué, sino de saber si nos sirven o no, si nos ayudan o no.

En toda creencia hay una parte de observación (hechos) y otra de interpretación (juicios, valoraciones, opiniones). Son muy sutiles y vivimos condicionados por ellas, ya que muchas veces no las identificamos. Hay creencias muy personales («nunca llegaré a nada en esta vida», «yo no soy capaz de hacer eso», «yo no me merezco esto»), pero también familiares («en casa nunca se nos han dado bien los números», «nosotros somos más de montaña») o culturales («a esta vida hemos venido a sufrir», «las buenas madres se sacrifican», «el dinero escasea», «todos los políticos son corruptos»). Insisto en el hecho de que muchas veces no nos damos cuenta de que son creencias y las confundimos con la única verdad.

El peligro de las creencias es que en función de lo que pienses (respecto a ti mismo, respecto a tu hijo y respecto al mundo), así vas a actuar. Es imposible no hacerlo: LA CREENCIA, CREA. Son profecías autocumplidas o también el llamado «efecto Pigmalión». Si no has oído hablar de él te invito a buscar el estudio que llevaron a cabo Rosenthal y Jacobson en 1966 dentro del ámbito educativo donde se demuestra este fenómeno: lo que los profesores creían de sus alumnos influía en el comportamiento y los resultados de estos últimos. De todas formas, al margen de que haya estudios que lo corroboren, es algo que, a nuestro parecer, responde a una lógica aplastante: si yo creo algo sobre alguien —y le trato de manera diferente—, él me responde también de una forma distinta y yo refuerzo mi creencia.

Esto es así sobre todo con los niños, porque ellos se creen lo que tú dices sin ningún tipo de filtro. Es decir, «si mi padre piensa que soy un pesado, es que soy un pesado; y si yo pienso que soy un pesado, me voy a comportar como un pesado. No tengo más opción». No les damos más opción.

Además, también hay que tener en cuenta cómo funciona nuestro cerebro. Los neurocientíficos dicen que el cerebro solo procesa la información donde tenemos puesta la atención y elimina o no procesa el resto de los elementos. Por lo tanto, si yo estoy centrado en que mi hijo es pesado, mi cerebro solo va a captar la información que constate que mi hijo es pesado, y obviará el resto de las situaciones en las que mi hijo no lo es (que las hay, seguro).

No se trata de no tener creencias (no se puede, nuestro cerebro las necesita). Se trata de ser consciente de tus creencias y de entender que es muy saludable CUESTIONARLAS O REVISARLAS de vez en cuando, para saber si todavía nos ayudan o han dejado de servirnos. ¿Me sirve pensar que mi hijo es pesado? Si no es así, siempre puedo transformarla en una creencia potenciadora como, por ejemplo, que mi hijo es perseverante. Las dos son verdad, pero ¿voy a tratar igual a mi hijo si pienso que es «pesado» que si es «perseverante»? Apuesto a que no. Y lo mejor de todo es que PODEMOS ELEGIR QUÉ CREER. Nos olvidamos de este pequeño detalle tan fundamental.

Date cuenta de que invertimos muchísima energía en proteger nuestras creencias, porque tenemos miedo a perderlas. Y, en muchas ocasiones, soltar con gratitud transformándola en otra distinta nos puede salvar la vida.

> No importa si las creencias son verdad o no, lo importante es el impacto que tienen en nosotros y en los demás.

Me preguntarás qué tienen que ver las creencias con la armonía. Pues tienen mucho que ver, porque dependiendo de lo que crea de mí, de mis hijos y del mundo, voy a relacionarme de una manera muy distinta, es decir, con más o menos armonía en casa. Haciendo unas cosas y no otras. Reaccionando de una manera u de otra bien distinta. Enfrentándome a las situaciones con una actitud u otra.

¿Cómo me voy a relacionar con mis hijos si creo que son personitas en las que puedo confiar?

¿Cómo me relacionaré con mi familia si creo que «las buenas madres han de sufrir por sus hijos»?

¿Qué les transmitiré a mis hijos si creo que el mundo es un lugar inseguro e inhóspito?

¿Qué mensaje les mando a mis hijos si para mí el mundo es un lugar lleno de oportunidades?

¿Qué tipo de relación tendré con mi hijo si creo que es un desastre?

¿Qué relación tendré con mi hijo si creo que puede hacer todo aquello que se proponga?

¿Ves la diferencia?

¿Qué hace feliz a tu hijo?

Cuando en nuestros cursos explicamos los VALORES a los padres, la mayoría nunca ha oído hablar de ellos, al menos en el sentido que queremos darles aquí (no en su sentido moral). Y cuando no sabes algo, no puedes aplicarlo. Por eso es tan importante ser conscientes de las cosas, aunque luego no las apliquemos tanto como nos gustaría, eso es otra cosa. Por eso, este libro sirve para recordar a cada uno de nosotros, papás y mamás, que tenemos una tarea importante por delante y que hemos de seguir con un objetivo claro entre manos, aunque a veces nos cueste, nos desanimemos o desfallezcamos.

Solemos dar por hecho qué hace felices a nuestros hijos (lo que les gusta), basándonos en creencias sociales, familiares y en nuestro propio criterio, sin antes pararnos a observar cuál es el ADN de la semilla, de mi hijo.

Esto es, por ejemplo, lo que le pasó a Sonia, una mamá que después de descubrir los valores de su hija entendió por qué su niña de siete años no quería ir a *ballet* y llevaba años pidiéndole que la apuntara a taekwondo.

O el caso de María, que tras preocuparse mucho por su hijo de catorce años, pensando que era «raro» o «antisocial» (y queriéndole montar planes el fin de semana con cualquier chico de su edad), descubrió que el chico tenía el valor de la individualidad y la intelectualidad, por lo que prefería quedarse en su casa leyendo un buen libro que salir por ahí. ¡Y el niño era feliz! Otra cosa es que no lo sea y se quede en casa por otro motivo; entonces no tiene que ver con los valores, sino con algo que está queriendo evitar y que hay que abordar para poder ayudarle. Una vez más, hemos de escuchar con los ojos, ¡no solo con los oídos!

> Detrás de un valor, hay una necesidad.

Hay muchas formas de conocer los valores de una persona y es fácil y rápido darse cuenta. Estas son algunas ideas y preguntas que puedes hacer a tu hijo para descubrir más sobre sus valores:

- ¿Cuál es tu juguete o tu juego preferido? ¿Qué es lo que te gusta de este juguete o de este juego?
- ¿Qué te gusta hacer el fin de semana?
- ¿Quién es tu mejor amigo? ¿Qué te gusta de él? ¿Qué hace que lo prefieras? ¿Qué es lo que más valoras de él?
- ¿Cuál es tu animal preferido? ¿Qué hace que sea tu preferido? ¿Qué lo hace distinto?
- ¿Cuál es tu película favorita? ¿Qué te gusta más de ella? ¿Qué es lo que la hace diferente a otras?
- ¿Cuál sería tu día ideal? ¿Qué es lo que lo hace realmente especial?
- ¿Qué harías con una varita mágica?
- Cuéntame un momento en el que te sintieras muy feliz. ¿Qué hacías, con quién estabas, qué pasaba...?
- Si pudieras escoger, ¿qué escogerías?
- ¿Qué te hace reír?
- ¿Qué te molesta mucho? ¿Qué te hace enfadar? (Es un medio para conocer un antivalor.)

Juega con él haciéndole esta clase de preguntas. El objetivo es profundizar en la respuesta y ver qué le gusta de «eso». Por ejemplo, si tu hijo te contesta que le encanta jugar al fútbol, el fútbol en sí no es un valor, pero esconde un valor (como puede ser el trabajo en equipo, la competitividad, el gusto por los retos, la actividad física, etc.). Sé muy curioso y explora qué valor hay detrás de cada respuesta.

No te quedes con la primera respuesta. Se trata de «tirar del hilo del ovillo» para que de forma encadenada vayan apareciendo los valores y el significado que les damos cada uno, pues no para todos tienen el mismo sentido. Es decir, la libertad es un valor. Sin embargo, ¿qué es para ti la libertad? Podemos darle muchos sentidos y no todos tienen por qué coincidir. Para una persona, la libertad puede significar sentirse capaz de tomar decisiones y para otra tiene el sentido de poder hacer lo que uno quiere; para otra, vivir sin convencionalismos; para otra, adquiere sentido si se encadena con la aventura, los viajes y la naturaleza, etc.

No podemos dar nada por supuesto y averiguar, sin juicio y con mucha curiosidad, qué sentido tiene para mi hijo un determinado valor. Recuerdo que una niña me decía que le gustaban los gatitos. Pero ¿qué era lo que hacía que le gustaran los gatitos? Tras varias preguntas y un poquito de conversación, se escondía el valor de «cuidar a los demás». ¡Quién sabe! Podemos estar frente a una gran médica o una asistente social.

«No soy un vago, soy un aventurero»

Luis es un chico de quince años que está muy desmotivado con los estudios. Estudiar le resulta tedioso y dice a todas horas que ESTUDIAR ES ABURRIDO, *lo lleva escrito en la frente. Así que, a pesar de tener una mirada perspicaz e inteligente, no estudia.*

En estos casos es fácil ponerle la etiqueta de «vago», «pasota» o «comodón»... Total, ¿a quién le gusta estudiar a esa edad, verdad? ¡Pero es que tiene que hacerlo y debe esforzarse! ¿No?

Ya sabéis que una de las bases de nuestro método es la CURIOSIDAD, *así que lejos de ponerme a juzgar, decidí descubrir cuáles eran sus valores.*

Él tenía una cosa clara: quería ser corredor de bolsa. Curioso, ¿verdad?, que con quince años ya lo tuviera tan claro..., clarísimo. Haciéndole algunas preguntas potentes enseguida vi que lo que a él le motivaba era el riesgo, la aventura. Sin duda, ¡eran dos de sus valores más importantes!

¿Cómo me di cuenta de esto? Muy sencillo: porque cuando le dije que me daba la sensación de que esos dos valores eran importantes

para él, resonó al instante y el impacto fue como de una pieza que encajaba. ¡Eureka! ¡Su expresión lo decía todo! Esto hizo que él se conociera un poco mejor y que además entendiera por qué le era tan difícil sentir aburrimiento (su «antivalor», por llamarlo de alguna manera).

Darse cuenta de cuáles eran sus valores provocó un cambio de perspectiva, y en consecuencia, de actitud. Luis pasó de pensar que estudiar es aburrido a ver que es a él a quien le cuesta «estar» con el aburrimiento debido a sus valores. Algo cambió en él a partir de ese momento y las cosas empezaron a marchar de otra manera.

También es muy importante darse cuenta de que en esta vida, para poder conseguir nuestros objetivos (por ejemplo, ser corredor de bolsa, como quería Luis), hay que saber «estar» con todas las emociones. Es decir, también entendió que para ser corredor de bolsa, había que aprobar primero. Y para aprobar, hay que estudiar. Por lo tanto, era importante para él aprender a convivir con el aburrimiento y no evitarlo, porque podía limitar su vida. ¿No te parece una conclusión fantástica para Luis? ¡Todo un descubrimiento! ¡Estaba radiante! Estaba decidido a aprender a «estar» con el aburrimiento.

«Mamá, ¿cuándo se va toda esta gente?»

Cada miembro de la familia tiene sus propios valores. Si tus valores coinciden con los de tu hijo, ¡genial! ¡Será más fácil crear armonía en casa! Pero ¿qué pasa cuando no es así? Porque no siempre es así, ¿verdad?

A veces damos por hecho que nuestro hijo tiene que ser igual que nosotros. Es decir, que si yo soy muy sociable y me encanta hacer planes con los amigos, lo normal es que a mi hijo también le pase lo mismo... Porque de lo contrario puedo caer en la tentación de pensar que es «antipático» o que tiene algún problema para relacionarse. No nos damos cuenta, pero normalizamos, es decir, tomamos como «lo normal» lo que nosotros solemos hacer, sentir o pensar y, ¿recuerdas?, todos somos semillas distintas y tu hijo no es un *minitú*, aunque tenga tus ojos y se parezca mucho a ti.

Si a toda la familia le encanta el deporte y salir en bici los fines de semana y mi hijo mayor lo que quiere es quedarse dibujando *manga* en casa, si no conozco sus valores quizá imagine que tiene algún problema, en vez de pensar que tiene otro valor —diferente al mío— que es la creatividad y el gusto por lo artístico.

La pregunta incómoda que da título a este capítulo es precisamente a la que se tuvo que enfrentar Daniela, una mamá que vino a un curso con el objetivo de [re]conectar de nuevo con su hijo (puesto que sentía que hacía algún tiempo que su relación ya no era tan «cercana»).

Explorando los valores del niño, que tenía ocho años, vimos juntos que a él le encantaba estar con su familia, la naturaleza, pescar, los animales, tenía mucho mundo interior, se sentía bien estando solo o con poca gente, y le encantaba la tranquilidad. Cuando acabamos el ejercicio de valores, Daniela se llevó las manos a la cabeza y exclamó: «¡Madre mía! ¡Ahora lo entiendo todo! ¡Menuda metedura de pata!».

Entonces nos contó que hacía poco que había sido el cumpleaños de su hijo y ella quiso prepararle una fiesta. ¡Una fiesta por todo lo alto! Él le pidió invitar solo a dos amiguitos, sus dos amiguitos del alma. Ella, cuyos valores eran la amistad, la sociabilidad, la diversión..., le espetó: «¿Cómo que solo a dos amigos? ¡¡Vamos a invitar a toda la clase!!». Y, ni corta ni perezosa, así lo hizo. Llegó el día del cumpleaños de su hijo y todo estaba preparado para la gran fiesta, cocinó distintos dulces y pasteles, y vinieron ¡todos los niños de la clase! El niño no parecía disfrutar mucho de la fiesta. A las seis de la tarde ya no podía más y le preguntó: «Mamá, ¿cuándo se va toda esta gente?».

Ella (que todavía ignoraba los valores del niño) se molestó mucho por la pregunta pues lo vivió como una impertinencia: «¡Después de todo lo que he hecho para la fiesta! ¡Vaya con el niño! ¡Un desagradecido! ¡La preguntita se las trae!». Estaba muy enfadada no solo por todo el trabajo y las molestias que se había tomado en preparar la fiesta, sino también porque todos los amigos y familiares habían venido ilusionados a casa para celebrar el cumpleaños. Si no conoces los valores de tu hijo, es fácil que no entiendas por qué se comporta de una manera determinada y le acabes poniendo «etiquetas» que en realidad no le definen, como *desagradecido, aburrido* o *tímido*.

Después del ejercicio de valores, Daniela se dio cuenta de lo difícil que seguramente había sido para su hijo una fiesta de cumpleaños como la que ella organizó. Esa fiesta respondía a los valores de la madre, pero no a los del niño. Él amaba la intimidad, la tranquilidad y la soledad. Él le había pedido una «fiesta» distinta a la que vivieron. Estar con mucha gente en un lugar donde era el centro de atención, naturalmente, tenía que ser muy incómodo para él. Y esto es lo que pasa muy a menudo en las familias, que vemos a nuestro hijo desde nuestros valores sin considerar los suyos propios.

Si para tu hijo es un valor el movimiento, no le apuntes a ajedrez, ¡que lo matas! Si para tu hijo es un valor la individualidad, no le apuntes a fútbol, porque no va a sentirse bien, quizá el tenis es más adecuado para él u otro deporte individual. O, al menos, si lo haces, que sea con consciencia de sus valores y sabiendo que puede ser difícil para él estar en ese contexto y, aun así, tomas esta decisión intencionada y conscientemente porque quizá intuyes que allí puede encontrar también un aprendizaje que le pueda ser de utilidad para la vida y te interesa que así sea.

Ángeles tiene dos sobrinas que son hermanas de dieciséis y doce años. Las dos son niñas estupendas. La mayor, Carla, puede pasarse horas haciendo miniaturas. Es increíble el talento que tiene. Hace verdaderas obras de arte. Hasta tiene una página de Instagram donde las muestra y tiene un montón de seguidores. La pequeña, Ari, es una bailarina. Cuando estás con ella revolotea a tu alrededor con una elegancia y liviandad que parece que no pise el suelo. Para las dos, lo artístico y la creatividad son valores que manifiestan a su manera, pero que tienen significados distintos. Para una es el movimiento, el baile; para la otra es la quietud, la escritura, la reflexión, ya que Carla, si así lo desea, puede convertirse en una escritora maravillosa pues escribe ya unos cuentos geniales.

Su madre en verano quería apuntar a la mayor a unas clases de baile porque quería que hiciera ejercicio. Ya había acabado el colegio y pasaba demasiadas horas leyendo, escribiendo y haciendo miniaturas. La niña refunfuñaba. Su madre entendía que para ella era un esfuerzo (la pequeña, por el contrario, ¡daba saltos de alegría!), aun así, entendía que era importante que Carla hiciera deporte y así se lo hacía saber. La madre empatizó con ella y agradeció el esfuerzo que le suponía y llegaron a un acuerdo para compaginar los distintos intereses, necesidades y valores.

¿Recuerdas? Tras un valor siempre hay una necesidad.

¿Quieres crear armonía en casa?

Empieza por conocer y respetar los valores de tu hijo y de cada miembro de la familia.

Los valores de la familia

> La paz y la armonía constituyen la mayor riqueza de la familia.
>
> Benjamin Franklin

Seguramente, a estas alturas estés pensando: «OK, está muy bien conocer los valores de mi hijo y acompañarle con ellos, pero ¿qué hay de mis valores? ¿O de los de su hermano?». Y tienes toda la razón. La familia se compone de varios miembros y para cada uno son importantes ideales diferentes. Entonces, ¿cómo armonizar los valores de todos?

En realidad, yo lo llamo CREAR LA FAMILIA QUE QUERÉIS SER.

Porque, vamos a ver, como padres, está en nuestra mano crear quiénes queremos ser «dentro» de la familia, en vez de ir reaccionando o apagando fuegos en el día a día. A veces son las circunstancias y no nosotros quienes deciden quiénes somos (y, en muchas ocasiones, no coincide con quiénes realmente nos gustaría ser). Darnos cuenta es importante y es el requisito *sine qua non* para trabajar y progresar como familia.

Cuando hablo de CREAR la familia que queréis ser, me refiero a recoger los valores más importantes de cada miembro y respetarlos. Hablo de que todos puedan expresar qué es importante para ellos y qué necesitan para sentirse cómodos, amados, respetados, seguros y confiados en la familia. En definitiva, se trata de crear el contexto que necesita cada una de las semillas que la componen para brotar y poder sacar su máximo potencial como persona. Se trata de cocrear entre todos las «reglas del juego» como familia. Una gran CONSTITUCIÓN FAMILIAR.

Los niños también quieren armonía en casa, ¡no lo dudes! Odian los gritos, los castigos y las peleas. Muchos de estos conflictos vienen dados simplemente porque no se están teniendo en cuenta los valores de alguno de los miembros y sus necesidades, así que toma nota de cómo podéis cocrear con vuestros hijos la familia de vuestros sueños:

1. *Elije un momento tranquilo para poder hablar y escuchar.* Buscar el tiempo y el espacio adecuados es fundamental para que la alianza sea un éxito. Si el ambiente no es receptivo, mejor dejarlo para otro momento. Como hemos repetido tantas veces, hemos de escuchar y estar muy presentes para que los niños estén atentos y quieran involucrarse de verdad.
2. *Uno por uno, expresad qué es importante para vosotros que esté presente en el día a día familiar.* Hablad de lo que cada uno desea y necesita. Es importante respetar los silencios, todos necesitamos tiempos diferentes para poder expresarnos. Si son muy pequeñitos, ayudaremos a los niños a que identifiquen sus necesidades y peticiones. Y, para no inducir a confusión, diré también que escuchar a cada cual no significa que perdamos nuestro rol de padre o madre. Somos sus padres y no olvidamos nuestro papel, nuestra función. Sin embargo, esto no está reñido con dar espacio para que se expresen, para que se sientan seguros de decir lo que necesitan. Son pequeños, pero sus necesidades no son pequeñas. Tras sentirse escuchados, nosotros decidimos, y así es más fácil conseguir colaboración y compromiso por su parte.
3. *Elegir cuáles son los valores más importantes y escribirlos en una cartulina.* Si tus hijos son pequeños, te animo a que hagan un *collage* o dibujen lo que habéis pactado. Seguro que algunos estarán muy representados y en otros casos no tanto. También ayuda a puntuar del uno al diez para saber cómo es de recono-

cido y respetado el valor y hasta dónde queremos llegar. Este tipo de medición es muy útil para saber «dónde estamos como familia» respecto a ese valor en concreto. ¿Queremos una familia que se respete? ¿Qué puntuación tenemos como familia en el valor respeto? ¿Gritamos mucho últimamente? ¿Qué vamos a hacer a partir de ahora para mejorar la puntuación? ¿Cómo estamos respecto al valor COMUNICACIÓN? ¿Queremos alcanzar el ideal de una familia comunicativa? ¿Hablamos lo suficiente entre nosotros o siempre que estamos juntos está la televisión encendida?

4. *Establecer acciones y compromisos para cumplir los valores elegidos.* En los ejemplos anteriores, las acciones podrían ser interrumpir menos cuando otro habla y respetar los turnos de palabra, o apagar la tele cuando cenamos y encenderla después. Escuchemos a los niños, porque nada es desaprovechable en ellos. Son muy imaginativos y tienen a veces grandes soluciones. Una vez más, confiad en ellos.

5. *Colgar la alianza en un lugar visible de la casa para tenerlo presente a modo de recordatorio.* La cocina o el salón pueden ser buenos sitios. A los niños les gustan mucho los rituales. Hacer uno como familia creando la alianza les da «sentido de pertenencia», que es una necesidad vital para todos los seres humanos. Nos sentimos incluidos y trabajamos juntos para respetar, para honrar, unos valores e ideales determinados como familia. ¡Eso es estupendo!

6. *Si no funciona porque no se cumple, ¡se puede rediseñar!* Es útil señalar aquello que no está funcionando y buscar soluciones para que se cumplan los compromisos acordados. En lugar de instalarse en la queja improductiva podemos reclamar aquello a lo que nos comprometimos e incumplimos. ¿Por qué seguimos interrumpiéndonos? ¿Qué vamos a hacer a partir de ahora? ¿Qué pasa que vuelve a aparecer la *tablet* en la mesa?

Para mí, por ejemplo, es muy importante COMPARTIR. Yo quiero una familia que comparta momentos; por ejemplo, la cena. Para mí es importante cenar todos juntos. Para mi marido, en cambio, es importante el ORDEN y la ESTRUCTURA. Por lo tanto, él necesita que se respeten unos horarios. Así que si queremos armonizar estos dos valores, nuestra alianza es cenar todos juntos a una hora determinada.

Si además preguntásemos a mi hijo Mateo (que ahora es muy pequeño y no puede expresar verbalmente qué es importante para él), seguramente nos diría que para él es importante jugar. Así que incorporaríamos al momento de la cena un juego de adivinanzas en el que los tres podamos participar. Ese es un momento de ARMONÍA Y PLENITUD EN FAMILIA. Y, aunque en el día a día quizá no podamos compartir más momentos, con este es suficiente para honrar lo que es importante para nosotros.

Y ya sabéis, un poquito cada día, a largo plazo, ¡tiene un gran impacto!

> Empieza por hacer lo necesario, luego haz lo posible, y de pronto estarás logrando lo imposible.
>
> SAN FRANCISCO DE ASÍS

Los niños no tienen que obedecer

«Los niños tienen que obedecer», «un niño bueno es un niño que hace caso (a la primera, si puede ser)», «tienes que ser obediente»..., ¿os suena? Damos por hecho que esto es así. Es una creencia que no nos cuestionamos. Pero os invito a parar un momento y a revisar esta creencia: ¿de verdad los niños tienen que obedecer?

Mi opinión es... no. Y ahora te cuento por qué.

¿Qué significa *obedecer*? *Obedecer* significa «cumplir la voluntad de quien manda». Es decir, complacer a otros independientemente de cuál sea tu voluntad, tu criterio o tus necesidades personales. Doy por hecho que la mayoría de las veces cuando les decimos algo a nuestros hijos es «por su bien» y por algún motivo bien justificado. No obstante, y siendo honestos, que nuestros hijos nos hagan caso es algo que también nos hace la vida más fácil a los padres. Quiero decir que nuestro día a día es complejo y agotador, así que un poco de colaboración por su parte, ¡nos viene de maravilla! Pero ¿y ellos? ¿Obedecer es algo que les va a ser útil para la vida? ¿Es esto lo que queremos para los adultos que van a ser? ¿Que se someta a las decisiones que otros con más autoridad (maestros, jefes...) tomen por ellos, las compartan o no, las entiendan o no?

En definitiva, obedecer es un recurso que utilizamos desde la urgencia y que nos sirve para el corto plazo. Podemos conseguir que obedezcan diciendo las cosas bien, con gritos, castigos, amenazas, etc., y quizá lo consigamos. Pero ¿qué precio estamos pagando? Quizá hacer que tu hijo recoja su habitación hoy (con gritos, amenazas, castigos, etc.) signifique descuidar tu relación con él, creando distancia y desconexión. Y creedme cuando os digo que la RELACIÓN LO ES TODO.

Con esto no estoy diciendo (y esto quiero que quede muy claro) que no debamos PONER LÍMITES O ENSEÑAR NORMAS a nuestros hijos (SIEMPRE es necesario), ni que debamos dejarles hacer lo que quieran para «no perjudicar la relación». Eso también sería una fuente de conflicto tanto en el corto como en el largo plazo.

Tampoco quiero decir que los niños no deban tener en cuenta lo que les decimos o que no les debamos reñir nunca. Es necesario que les advirtamos que no toquen algo, por ejemplo, porque se pueden hacer daño o lo pueden romper, que no peguen a su hermano... Porque no sería educativo ni constructivo pasar de todo y no decirles nada (los padres educamos y eso es educar). Lo que quiero decir es que podemos conseguir que nuestro hijo ordene su habitación de otra manera y sin que nuestra relación con él se vea afectada.

Vale, entonces, ¿qué propongo para conseguirlo? Lo que propongo es que probemos a enfocarlo de otra manera. En vez de «los niños tienen que obedecer», os ofrezco esta otra perspectiva: los niños tienen que respetar y confiar en lo que les dicen los padres. Los niños no tienen que hacer caso porque los amenacemos o porque nosotros, como padres, siempre sabemos mejor que ellos lo que tienen que hacer. Con eso les enseñamos a ser sumisos. Los niños tienen que respetar lo que les decimos como padres porque somos referente, somos autoridad, confían en nosotros y en que lo que les decimos es por su bien y el de la familia. Ese es un valor que sí les va a servir en un futuro.

Ahora es cuando me decís: «Sí, eso es muy bonito, pero ¿cómo consigo que confíen? Mi hijo, si no le amenazo, ordeno, castigo, no hace caso...». Hay muchas cosas que podemos hacer para darle la vuelta (muchas de ellas son las que ofrecemos en nuestros cursos de AEIOU). La primera y más importante es esta: si quieres que tu hijo respete lo que dices y confíe en ti, respétale y confía en él tú primero, SÉ EL CAMBIO QUE QUIERES VER EN ÉL. Es la manera de enseñarle. ¿Cómo quieres que aprenda, por ejemplo, a respetarse y a respetar si no empiezas tú mismo a ser ejemplo? Sin coherencia es imposible. Ganarnos la confianza de nuestros hijos es un camino de constancia que tiene una recompensa maravillosa. Llegará un momento que sentirán la necesidad de hacer lo que les dices porque entenderán que es bueno para ellos, que es bueno para todos.

Al principio, como el «antiguo hábito» (hacer que obedezcan) suele estar muy arraigado, puede no funcionar a la primera. Pero si persistes verás el cambio. Cambiar nuestra forma de relacionarnos con nuestros hijos no es algo fácil (lo sé de sobra, y por eso me dedico al *coaching* educativo). Pero SIEMPRE SE PUEDE CAMBIAR, MEJORAR Y APRENDER. Y lo mejor de todo es que como nuestros hijos son esponjas, estas técnicas tienen un impacto rapidísimo en ellos.

Todo empieza por ti, papá o mamá. Los niños no tienen que ser obedientes, los niños tienen que saber que sus padres dicen las cosas por su bien y confiar en que es así. Y para lograr eso, hay que construir una relación fuerte, sostenible, confiable y sana con ellos. Y, aunque quizá te parezca que no, la mayor parte del éxito está en tus manos.

Cuando dos minutos son más que dos minutos

> ¿Qué creencias tengo sobre la paternidad/maternidad?

Llegué a casa cansada. El día no había sido especialmente duro, pero tras el trabajo de la oficina, la reunión con los proveedores, la compra del supermercado y recoger a los niños del cole, estaba cansada. Carlos, Sofía y Marta jugaban en su habitación mientras preparaba la cena. Tenía al fuego varias cosas. Dicen que las mujeres po-

demos hacer varias cosas a la vez, así que yo saco pecho y me lo tomo al pie de la letra.

Sofía se me acercó para enseñarme un dibujo que estaba haciendo. La verdad es que dibuja muy bien y me hace sonreír verla tan orgullosa de sus creaciones artísticas. No dejan de ser unos garabatos, pero transmiten mucha vida, porque utiliza muy bien los colores. Oía a Carlos cómo empezaba a molestar a Marta. Hice como si no los oyese. Todo parecía transcurrir en calma y en perfecta armonía. Este pensamiento me hacía sentir bien y confiada.

—Huele muy bien, mamá. ¿Qué es? —preguntó Carlos.

—Son croquetas. Las que te gustan.

—¡Mmm! ¡Qué ricas! Me voy a comer un montón.

—Me parece muy bien. Dile a Marta que se vaya a duchar y vamos adelantando. Luego vas tú rapidito, que me tocará bañar a la peque después.

Carlos se alejó por el pasillo y al pasar por la habitación de Marta le dio mi recado. Marta normalmente no rechista y tampoco lo hizo entonces. Se levantó de un brinco —le encanta jugar tumbada en la alfombra—, y se metió en el baño.

—¡Deja la puerta abierta! —le dije en voz alta para que me oyera—. Así puedo verte.

—¡¡Vaaleee!!

Carlos pasó por delante de Sofía y, queriendo o sin querer, tiró todos sus colores. La cara de Sofía lo decía todo. Sorpresa y enfado a partes iguales. Las lágrimas empezaron a saltar de sus ojos como las cataratas del Niágara.

—¡Mamááá! ¡Mis dibujos! ¡Caaarlooos eres tooonto!

—¡Carlos! Recoge lo que has tirado al suelo. Ayuda a tu hermana y no quiero oír ni «mu».

Carlos escapó corriendo por el pasillo y Sofía salió en su persecución gritando. Con un gritito característico suyo, muy agudo y que tanto me exaspera. Al ver que no alcanzaba a su hermano mayor, cogió su móvil de la mochila y entró en el baño. Tiró con fuerza el móvil de Carlos por el inodoro. Al verlo, Carlos enfureció y rompió los dibujos de Sofía en mil pedacitos, los lanzó al aire y revolotearon como si de un paisaje navideño se tratara. Marta estaba saliendo de la ducha y, al recibir un empujón de Carlos, resbaló cayendo de espaldas y empezó a llorar. Me dirigía a «la zona cero» cuando pisé las gafas de Marta, que habían caído también al suelo. Rompí las gafas nuevas con cristales incluidos. Las había recogido esta misma semana y me habían costado un dineral.

En dos minutos, el escenario era el que describo a continuación. El suelo de la habitación de las niñas estaba manchado de las pinturas de Sofía y había caído toda la ropa planchada y doblada que hasta hacía un momento estaba encima de la cama. Ella lloraba desconsoladamente. Carlos, enfurecido, con los puños cerrados, contemplaba su móvil flotando en el váter. Había sido su regalo de cumpleaños. Marta se frotaba la espalda gritando que no podía andar. Sus gafas nuevas estaban hechas añicos. Sentí una presión punzante en la nuca. «¡Por Dios! ¡Qué nervios!» Empecé a notar un fuerte olor a quemado. «¡La cena!», corrí a la cocina y derrapé hasta la misma puerta. Las croquetas estaban negras. El humo espeso viajaba a sus anchas por toda la cocina. Abrí la ventana empezando a toser. Apoyé mi espalda en la pared mientras mis piernas, flojeando, la hacían resbalar hasta que me encontré sentada en el suelo. Metí la cabeza entre mis piernas y empecé a llorar.

Lloré con fuerza de rabia, impotencia, desesperación. Me sentía agotada por haber sido fuerte toda la semana, estaba cansada de no flaquear, de no permitir sentirme débil, de no mostrarme vulnerable, de decirme una y otra vez que puedo con todo. Lloré desbordada por todo lo que no había llorado últimamente. Lloré por las lágrimas que me había tragado cuando discutí con mi marido, las que aborté cuando me enteré que este año tampoco iban a promocionarme en el trabajo. Estaba sentada en el suelo llorando como una niña. Las lágrimas recorrían mis mejillas hasta que Sofía empezó a limpiarlas con su manita. Me sostenía la cabeza con dulzura. Sus ojos me miraban tan amorosos, tan limpios, tan inocentes... Fue entonces cuando me di cuenta de que Carlos estaba sentado a mi lado. Vi que no sabía muy bien qué hacer, qué decir... Pero su sola presencia allí me consolaba y tranquilizaba. Marta, desconcertada, seguía con la toalla de baño enrollada alrededor de su cuerpo. Estaba frente a mí y me dijo: «Mami, te quiero mucho».

A veces es necesario tocar fondo como en esta historia. Sentir que la situación te desborda y se escapa de tus manos. Darte cuenta de que ser una madre perfecta o un padre ideal es inalcanzable. Algo irreal.

Ser padre o madre no es fácil y, en muchos casos, es el más difícil todavía. Además del desgaste físico y emocional que supone, hay muchas creencias e ideas que tenemos en la cabeza y que no nos ayudan a ser padres o madres relajados y felices. Tus hijos no necesitan un padre o una madre perfectos. Necesitan un padre o una madre tranquilos y serenos. Perseguir un ideal de familia inalcanzable tan solo provoca tensiones, frustración y mucha infelicidad.

Te pido que tomes en consideración desterrar algunas creencias que no son más que obstáculos en esta carrera de fondo que es tu maternidad o paternidad feliz o tranquila, y la armonía o sintonía familiar.

En primer lugar, si eres muy exigente contigo mismo, suelta tu necesidad de que todo sea perfecto, como en un libro o en una película. Tener hijos significa aceptar que tienen sus ritmos y necesidades propios (que a veces no coinciden con los tuyos, cuando antes lo aceptes mejor para todos), que pueden no escucharte, que a veces te ignoran, que pasarán cosas distintas a las que te habías imaginado, que ocurrirán imprevistos y que tendrás que fluir y danzar con todo ello. ¿No crees que la mejor forma de hacerlo es no apegarte a un guion y ser lo más flexible que puedas en aras del bienestar de todos? Además, en todos estos obstáculos, dificultades y errores, seguro que hay un magnífico aprendizaje para ti y para tus hijos.

Así que tengo algo muy claro: no existen las madres y los padres perfectos. Si lo parecen, son eso, solo apariencia. Pura apariencia, ya que todos llevamos una historia a nuestras espaldas que los demás no conocen y a simple vista no se ve... Y además, me pregunto, ¿para qué tendríamos que ser «la madre o padre perfectos»? ¿Quién quiere ser «la madre perfecta»? No te niego que, a veces, se cae en la tentación de mirar a nuestro ego y decir que podemos con todo, pero ¿qué pretendemos demostrar y a quién?

¿Para quién deberíamos serlo? Ni siquiera nuestros hijos nos lo agradecerían: ¿QUÉ APRENDERÍAN DE UNA MADRE O DE UN PADRE PERFECTOS? Muy poca cosa, NADA. ¿Quién les enseñaría que se aprende equivocándonos, que es imprescindible saber decir «lo siento» y asumir las consecuencias de nuestros actos, que no todo nos va a salir bien, pero que hay que seguir adelante, continuar con la cabeza alta, levantarse de las adversidades y afrontar las dificultades, que son muchas, aunque nos tiemblen las piernas y sintamos miedo? ¿De quién aprenderían entonces que se puede sonreír y mirar con esperanza el mañana cuando solo querrías llorar y tirar la toalla? ¿Cómo enseñarles que el esfuerzo y la responsabilidad conllevan un coste, pero que vale la pena cuando llega la recompensa porque todo tiene un sentido; que muchas veces cuesta hacer lo que creemos correcto, cuando lo cómodo es dejarlo correr; que amar, a veces, duele mucho; que nada más ni nada menos hacemos lo que podemos y sabemos...?

En primer lugar, son nuestras imperfecciones, nuestras debilidades, nuestras ganas de crecer como personas y como madres o padres, las que permiten que ofrezcamos a nuestros hijos las grandes enseñanzas de vida. Enseñanzas valiosísimas y útiles para cuando se hagan cargo de sus vidas. Y ellos nos aman, nos quieren tal y como somos, porque así, y solo así, somos un ejemplo de superación y de crecimiento.

En segundo lugar, puede que en tu familia —quiero decir, en casa de tus padres—, las cosas se hicieran de un modo determinado y que quieras ajustarte al mismo modelo porque estás convencido de que es ideal. Antes de replicarlo, te invito a pensar que estás ante una familia nueva, distinta, ¡LA TUYA! Estás empezando una nueva aventura. No tiene por qué funcionar siempre, porque sois únicos. Revisa y cuestiona. Coge lo que quieras y suelta lo que no te está sirviendo. Esta aventura te llevará a crear tu propio modelo, en el que habrá cosas tuyas, cosas nuevas y también de la familia de tu pareja. No podemos olvidar que es imprescindible que papá y mamá estén alineados con un fin común, haciendo equipo. Esa coherencia es imprescindible a la hora de dar estabilidad y seguridad a tus hijos. Olvídate también de las familias de los demás. El césped del jardín de tu vecino siempre parece lucir más verde que el tuyo, pero cuando te acercas verás que también tiene placas despobladas, feas y marrones. Además, lo que es bueno para la familia del vecino no tiene que ser necesariamente bueno para vosotros.

Cuando aspiras a ser la madre o el padre ideal y «perfecto», aparece en demasiadas ocasiones la culpabilidad. Tu amiga la culpa no es una buena influencia. Conforma relaciones que a los padres no nos gustan para nuestros hijos. Os convierte en unos papás exigentes y un poco amargados o malhumorados. Sí, vamos a reconocerlo, un poquito insatisfechos, porque nunca estará nada a la altura de las expectativas. Provoca mucha infelicidad. Todos cometemos errores. Es natural, ¡es humano! Tampoco ayudará nada hacer sentir culpa a tu pareja y/o a tus hijos. La manipulación y el chantaje se vuelven contra nosotros mismos, porque es un camino sin salida. ¿Qué os parece si intentamos ser un poco más compasivos con nosotros, nuestra pareja y los niños?

Esto me lleva al tercer punto: PERDONA Y PERDÓNATE. Dado que somos imperfectos, ¡muy imperfectos!, ¡viva las familias imperfectas! Necesitamos perdonarnos en muchísimas ocasiones. En las familias es imprescindible —no es un lujo— un perdón sincero, reparador, sanador, que nos impulse a seguir adelante con ánimo y esperanza. Sin perdón no podemos avanzar ni volver a empezar, y muchas veces hay que saber poner el contador a cero. Cuantos menos reproches, más limpio y puro es el aire que respiraréis. Cuantos menos mensajes negativos, más felicidad y armonía habrá en la familia. Date permiso para fallar, para flaquear... Ser madre o padre también significa sentir que no puedes, que no sabes, creerte incapaz... Aunque parezca a veces lo contrario, mereces ser feliz y mereces disfrutar de tus hijos. Todos merecemos una segunda oportunidad.

Por último, ¿qué te parece si desterramos de una vez por todas la idea de que hemos de ser unos padres abnegados? Unos padres que sufren, sufren y sufren por sus hijos. Criar requiere mucha atención, dedicación, esfuerzo, pero no es necesario crear una imagen de alguien que lo sacrifica todo por ellos. Nos puede llevar al resentimiento, al mal humor, a la amargura y al reproche («¡después de todo lo que hago por vosotros y así me lo pagáis!»). E insisto, nuestros hijos necesitan padres imperfectos y tranquilos que tienen su propia vida y saben disfrutarla plenamente. Padres y madres que trabajan, que salen con sus amigos a cenar o al cine, que les gusta hacer deporte y que tienen sus aficiones, que quieren viajar y cumplir sus propios sueños, que saben buscar espacios para recargar pilas y que cuidan la relación con su pareja.

¿Cómo si no vamos a inculcarles las ganas de vivir y de hacerse responsables de su propia vida? ¿Cómo si no vamos a enseñarles a que vivan la vida plenamente?

¿Podemos convivir sin conflictos?

No, los seres humanos tenemos conflictos y, por tanto, también son normales en la familia. Puesto que convivimos, los conflictos están servidos. Pero ¿eso significa que sean malos? Pues depende de lo que suponga el conflicto y qué hacemos cuando surge.

La familia es un sistema y el conflicto lo que pone de manifiesto es que se necesita un cambio, nos hace de espejo. El conflicto nos habla, nos proporciona una información. El engranaje chirría y algo debe hacerse de otro modo, tomar una decisión distinta al respecto o extraer un aprendizaje. Es decir, que lo realmente importante es nuestra respuesta al conflicto. Si es la adecuada puede ser muy beneficioso para todos.

Lo que sí tengo claro es que no vale la pena desgastar nuestras energías en conflictos inútiles que minan nuestras fuerzas y que no existirían si tuviéramos en cuenta algunas cosas. Ya hemos repetido en este libro que la tarea de ser padres es dura y complicada, y ahora toca añadir que ser niño tampoco es nada fácil. Diría, además, que es bastante difícil. El mayor reto ante el que se encuentran muchos niños es la ausencia de unos padres muy ocupados y estresados. Cada vez con menos tiempo y con más prisas. Una combinación diabólica. Además, los adultos nos volvemos muy desmemoriados con los años y, desde donde estamos ahora, juzgamos la infancia y la adolescencia de una manera muy simplista, olvidando los obstáculos, los miedos, las inseguridades a los que nos enfrentábamos hace ya demasiado tiempo.

Los niños de hoy tienen muy poco tiempo para jugar, sobre todo al juego «libre», en espacios abiertos, y «desestructurado» (no cuentan los entrenamientos de baloncesto, pues aunque hacer deporte es buenísimo, no deja de ser un juego con un espacio y unas normas determinadas), porque hay pocos parques en las ciudades y muchos pequeños no tienen posibilidades de ir al campo o a la montaña salvo algunos días en vacaciones. La ciudad y los espacios cerrados también los estresan, como a los adultos. Tras su jornada escolar están cargados de extraescolares, clases de refuerzo y, muchas veces, ven poco a sus padres. No tiene que ser fácil, ¿verdad? En muchas ocasiones se sienten muy presionados y estresados. ¿Cómo gestiona un niño de once años que sus padres esperen de él que sea «el mejor»? ¿Cómo va a manejar expectativas, retos y obstáculos si no le ofrecemos recursos al mismo tiempo? ¿Cómo te sentirías si tu jefe te omite el saludo, si lo primero que te dice siempre al verte es: «¿Dónde está lo que te pedí?»?

Por tanto, entre los conflictos que deberíamos desterrar para economizar disgustos y energías están aquellos que nacen porque la familia vive estresada. Esta es la ecuación. Padres estresados, niños estresados. Todos perdemos la paciencia cuando estamos cansados o de mal humor porque hemos tenido un mal día; los niños también tienen días malos. No quiero decir que debamos permitir contestaciones salidas de tono o faltas de respeto (¡claro que no!), tan solo que pensemos que detrás de muchos «malos comportamientos» no hay maldad alguna y que si ponemos un poco de comprensión, rebajamos el estrés y ponemos la atención en lo que ha sucedido, podemos encauzar la conducta inadecuada sin añadir más presión a una situación tensa. Así que más tranquilidad en casa es un buen punto de partida para que todo funcione un poquito mejor.

Otros conflictos que podríamos eliminar también son aquellos que, en realidad, no son culpa de nadie. Bueno, la culpa la tiene nuestro propio desconocimiento. Como padres es nuestra responsabilidad enseñar hábitos y normas de comportamiento a nuestros hijos. Lo que pasa es que lo haremos poco a poco y en el momento adecuado de su desarrollo. *Poco a poco* quiere decir que el niño necesita tiempo para incorporar y, por tanto, no podemos enfadarnos por tener que insistir (si algo hacemos bien las mamás es repetir, ¿no?, y repetimos porque olvidan las cosas).

En el momento adecuado quiere decir que, a veces, antes no es mejor y si lo sabemos nos ahorraremos muchos disgustos. Por ejemplo, podemos crear un juego con un niño de dieciocho a veinte meses para que el pequeño recoja sus juguetes, pero tengamos claro que él lo vivirá de momento como eso, como un juego. Y un día puede no tener ganas de jugar. En nuestra mano está convertirlo en un drama y rasgarnos las vestiduras. Con el tiempo entenderá el concepto del orden y sus beneficios, y sabrá que recoger los juguetes es bueno para que no se pierdan y luego los encuentre fácilmente. ¿Vale la pena enfadarse porque hoy tu hija de un año no quiere dar un beso a la abuela? Estoy segura que la semana que viene la saludará y la querrá mucho toda la vida.

En otras ocasiones nos disgustamos con ellos cuando creemos que son faltones cuando, en verdad, no entienden lo que les decimos pues no captan nuestra lógica. No nos tomemos todo como algo personal y nos ahorraremos disgustos. Mi sobrino, que es un inocentón, se ganó una bronca de mucho cuidado cuando a los ocho años en clase de religión preguntaron quién se sabía el avemaría, y él se levantó ilusionado y ¡se puso a cantar el «Avemaría» de David Bisbal! Te puedo asegurar que no quiso faltar al respeto a nadie.

Si aceptamos también que los niños se mueven, les cuesta estar quietos, suelen alzar la voz sin darse cuenta, interrumpen... y que todo esto es normal, quizá rebajemos nuestras expectativas y exigencias, y estaremos todos un poco más tranquilos y relajados. ¿Qué tal si adaptamos la casa un poco a los pequeños? Quizá no tengamos que decirles cien veces que «eso no se toca». Cuando el niño crezca lo podrá entender perfectamente, pero con un año es mejor que no esté a su alcance lo que queramos que coja o pongamos un adaptador por seguridad en el enchufe si no queremos agotarnos y desriñonarnos persiguiendo al niño por toda la casa.

También podemos evitar crear un conflicto cuando sabemos que se trata de una cuestión temporal, es decir, que pasará. Carlos y Lucas, al llegar a la adolescencia, no querían cortarse el pelo, siempre lo posponían y a veces llevaban greñas. Estaban horrorosos para mi gusto, pero ellos se debían de sentir superatractivos. Mi madre desesperaba y era motivo de disgusto cada día que íbamos a su casa, ¡cada día que íbamos a su casa! ¿Valía la pena? Sinceramente, creo que no. Mis hijos se iban enfurruñados y mi madre no comprendía cómo permitía «su madre» (es decir, yo) que fueran así, con esas pintas. Total, se formaban un drama y una bronca que enturbiaban la relación. En realidad, ¡era cuestión de un par de años! Hoy llevan un corte de pelo de lo más normal. Y, además, si no fuera así, es una elección suya, sobre la que nada puedo hacer, porque ya son adultos.

Antes que desgastarse con cosas de este estilo hay otras más prioritarias, como saber con quién van, qué hacen en su tiempo libre, que lleven una vida y una alimentación sana, que hagan ejercicio, aunque lleven los pantalones rotos..., ¡ah! ¿es que tú no los llevarías? Yo tampoco, pero resulta que ellos sí. Cuando me entero de algunas noticias y estadísticas sobre alcohol, drogas y violencia entre jóvenes, se me cae el alma a los pies, me duele. Son temas fundamentales que justificarían otro libro que no es este. Está claro que los padres hemos de actuar antes. Y economizar conflictos y disgustos es una forma de hacerlo. Así tendremos la fuerza y la energía necesarias para poner el foco en lo que en realidad es importante para la salud física y emocional de nuestros hijos.

Tenemos a nuestra disposición una herramienta muy útil cuando queremos establecer normas de convivencia en la familia. Tengamos en cuenta que es muy deseable que todos participemos en casa, pues las normas nos afectan a todos. «¡Las normas están para cumplirlas!», me dirás. Sí, pero no podemos olvidar que no son un fin en sí mismas, son un medio o un instrumento para conseguir una buena sintonía familiar. Y esto no podemos perderlo de vista, porque si no, las vaciamos de todo su sentido. Es bueno que entre todos creemos (cocreemos) las reglas que a todos nos afectan. Que nuestros hijos entiendan el porqué y el para qué de estas normas, que sean escuchados y participen para que se responsabilicen y se comprometan (con la participación se llega al compromiso). Para tener relaciones sólidas que permitan una comunicación abierta dirigida a cocrear con nuestros hijos, es necesaria una alianza que nos permita «diseñar a medida» la relación familiar.

Al diseñar la relación, establecemos un «espacio» fuerte y seguro, donde se generan la confianza y la comunicación necesarias. Este es el verdadero objetivo de la alianza y de las normas en casa. En este diseño, sentamos las bases de lo que cada parte necesita y espera del otro, y se establecen pactos o reglas básicas de actitud y comportamiento, se podría decir que es como la Constitución de la familia (es la misma herramienta que vimos con los valores de la familia, aplicada a otra situación). ¡Aunque no os lo parezca, así estamos señalando límites (respetuosos)! No en vano fijar límites es eso, encontrar el punto en el que se respeten los espacios y las necesidades de cada uno para que todos nos encontremos cómodos. Y todo ello entendiendo que la AUTORIDAD la tienen papá y mamá.

Algo que solemos hacer mucho —casi sin darnos cuenta— es dar por sentadas estas bases de la relación. Se da por sentado lo que esperamos los unos de los otros, y esto es un gran error. No sabes lo útil que es verbalizar lo que cada uno espera y necesita, por muy obvio que te parezca. Nosotros es lo primero que hacemos en nuestros cursos y vemos continuamente el clima de responsabilidad, confianza, compromiso y tranquilidad que se genera. ¿Quién no quiere crear esto mismo en casa?

La alianza puede servir también para solucionar y resolver un conflicto determinado o puntual. Y, además, es un pacto que se puede revisar, pues está vivo, es dinámico, y podremos acudir a él cuando algún compromiso no se esté respetando o algo no esté funcionando.

¿Qué pasos seguiremos?

- Crearemos un espacio tranquilo para hablar.
- Hablaremos de lo que cada uno desea y necesita. El niño se siente parte porque se siente escuchado. Los padres no perdemos la autoridad y el niño nos legitima en nuestra función pues confía en nosotros. A veces el *qué* puede no ser negociable, pero lo puede ser el *cómo* o el *cuándo*.
- Hablaremos de lo que está funcionando y de lo que no.
- Exploraremos posibilidades. No nos cansaremos de repetirlo: los niños son ingeniosos y te sorprenderán.
- Cocrearemos soluciones y, finalmente, estableceremos compromisos.

¡Adelante!

En la historia que te contamos a continuación, la alianza la hicieron los niños solos, a petición de los padres:

Este año, los Reyes les han traído a mis hijos (tengo tres chicos) la Wii. No es algo que como padres nos entusiasme, pero era algo muy demandado por los niños. Les dijimos que tenían que establecer ellos mismos unas normas de uso de la videoconsola y les enseñamos a hacer una alianza. Todos dirían lo que necesitaban y entre todos encontrarían la solución para que funcionara sin conflictos ni discusiones.

Y este fue el resultado:

—Podremos jugar solo los fines de semana o cuando venga un invitado a casa.

—Después de hacer los deberes.

—Si nos peleamos, se apagará y dejaremos de jugar.

—El invitado jugará primero.

—Nadie podrá reírse de quien está jugando.

Estas dos últimas condiciones me hicieron mucha gracia, a mí no se me habrían ocurrido.

¡Son las únicas normas que funcionan en casa! Lo que más nos sorprendió es todo lo que salió... Si las hubiéramos impuesto nosotros (los papás), estoy convencida de que no solo no las respetarían, sino que únicamente habríamos establecido un tiempo límite para jugar.

¡Las que crearon los tres juntos me parecen mucho mejores!

Al principio del capítulo decía que los conflictos no son ni buenos ni malos, están ahí y depende de nosotros —de nuestra capacidad de gestión— que se conviertan en una oportunidad de aprendizaje para toda la familia o en una espiral peligrosa de desencuentros. Los que tenéis hijos adolescentes o incluso mayores viviendo todavía en casa me entenderéis fácilmente si os digo lo difícil que resulta a veces la convivencia. Han dejado de ser nuestros pequeños, pero todavía nos necesitan, aunque ellos muchas veces se resisten porque no lo sienten así. Este «tira y afloja» es complicado para la familia y desgasta mucho.

Un conflicto no deja de ser la manifestación de una necesidad de cambio. Algo deja de funcionar. Hasta ese momento todo parecía ir bien, pero a partir de un día seguir haciendo las mismas cosas deja de resultar. ¿Qué ha pasado? El sistema se resiente y hay que resolver. Si no lo hacemos favorablemente, el conflicto queda ahí, quizá encubierto o adormecido, pero preparado para sobresalir en cualquier momento y ante el pretexto más insignificante. Por eso, en *Educar es emocionar* decimos que CUIDAR LA RELACIÓN CON TU HIJO ES LO PRIMERO.

Esto pasa muy frecuentemente con los adolescentes. La discusión se instaura y las malas palabras o los comportamientos inadecuados están al orden del día. La guerra de poder hace que todo sea motivo de conflicto.

Cuando esto pasa, conviene tener presente que, en realidad, las discusiones se han convertido en unos hechos o en unos síntomas que esconden una causa, o sea, un conflicto antiguo no resuelto. Lo de menos es la ropa por recoger, la mesa por poner o la habitación por ordenar, pues el verdadero motivo está en el desgaste de la relación. Tomar conciencia de esta realidad te puede permitir salir de la discusión típica que ya sabes cómo acaba (tú reprochando su comportamiento y tu hijo adolescente ignorándote y dando un portazo) y sentarte con tu hijo para hablar de lo que hay detrás de todo esto, es decir, de lo que en realidad importa. Se necesita «resetear» la relación y perdonar muchas cosas. Vaya, lo que se dice «poner el contador a cero» o firmar un contrato cada veinticuatro horas que renovaremos una y otra vez.

En la mayoría de los conflictos con adolescentes e hijos mayores se esconde el juicio. Sí, reconozcámoslo, no pasa nada, ya hablé de ello con anterioridad. Los juzgamos y, consecuentemente, se sienten juzgados.

Esto no ayuda nada, NADA. Nos separa. Ayuda que empaticemos y estemos atentos a lo que hay detrás de su conducta. ¿Qué me está queriendo decir? ¿Para qué o con qué objetivo está haciendo esto? ¿Cuáles son sus necesidades, sus vulnerabilidades, sus miedos? ¿Qué está sintiendo? ¿Cómo lo está viviendo? ¿Cuáles son sus sueños? También es importante tener claro que necesitan alejarse de nosotros para crecer, para convertirse en adultos. Necesitan ir y volver, ir y volver. En los momentos en que se sienten mayores se van; en el momento en el que se sienten niños, vuelven.

Ayuda también tomar conciencia de dónde me encuentro yo. No podemos descuidarnos a nosotros mismos. Muchos padres tienen todas sus energías focalizadas en sus hijos y se olvidan de algo elemental: «Si yo no estoy bien», el sistema se resiente también. ¿Cuáles son mis necesidades? ¿Cómo me siento? ¿Cuántos conflictos, roces y discusiones son causa de nuestro desgaste físico y emocional? Insisto de nuevo, a poco que reflexionemos, somos conscientes de que muchas de las discusiones en casa son motivadas por el cansancio, las prisas y el estrés.

¿Qué podemos hacer?

Podemos hacer lo que sí está a nuestro alcance. Está claro que no podemos cambiar al jefe, al director de tu sucursal bancaria ni a tu suegra, hemos de aprender a vivir con los obstáculos y dificultades de nuestro día a día. Lo que sí podemos hacer es cuidarnos para estar lo más tranquilos posible en casa. De modo que, tengamos presente que rebajar nuestro estrés y nuestro nivel de exigencia hace que las cosas fluyan con mayor facilidad. Si no recuperamos el equilibrio, si no podemos recargar las pilas en nuestra propia casa, si no creamos un oasis en nuestro hogar, las cosas se pueden poner realmente feas.

También está a nuestro alcance intentar ver a tu hijo con ojos distintos. Te permitirá advertir cosas que están ahí, pero no ves. Lo tienes delante de tus narices, pero en realidad es como si no lo vieras.

¡¡Tu hijo ha crecido, ya no es un niño!!

A veces no tenemos presente algo tan evidente. Necesita saber que estás ahí, pero también su espacio. Mamá ya no puede estar todo el día encima, controlando y gestionando su vida minuto a minuto. Necesita que le hables y le pidas las cosas de otra manera, no como si fuera un niño. Necesita que respetes su intimidad. Necesita que le tengas en cuenta en todo aquello que le afecta y que no tomes decisiones por él. Necesita que le reconozcas como nunca. Y, sobre todo, necesita que CONFÍES en él. No hablo de permisividad. Hablo de un cambio de actitud. Puedes decirle lo que crees que tienes que decirle con otra actitud, con otro tono, con otra mirada, con otra energía, con la finalidad de que llegue distinto, SIN JUZGAR.

Para realizar este cambio, también ayuda reconocer que tenemos MIEDO. Muchas veces educamos desde el miedo y el control porque está muy instaurado en la sociedad, donde como padres ostentamos «el bastón de mando». Y ¡tenemos tanto miedo a perder o soltar a nuestro hijo! Es como si pensáramos que si no lo hacemos valer a la fuerza, imponiéndonos, perderemos toda autoridad, reconocimiento y respeto. Y entonces, todo se convierte en una lucha de poder, cuando en realidad lo que pasa es que tenemos miedo de perder nuestra autoridad y de perder a nuestros hijos. Y nos olvidamos de que si educamos desde el miedo, nuestros hijos acabarán rebelándose o anulándose por completo. Y nadie quiere esto. Queremos que nos respeten, que nos reconozcan, pero desde el amor y la confianza, no desde el miedo.

Quizá tengas una conversación pendiente con tu hijo adolescente. Busca el momento adecuado, háblale con el corazón, mirándole a los ojos, con calma, sin tono de bronca, amablemente, con todo el cariño que sepas mostrarle, sin prisas... No importa que sientas que no lo merece, LO NECESITA... Explícale tus necesidades, cuéntale cómo vives y qué sientes cuando tiene determinadas conductas, sin reproches, sin acusarle, sin recriminarle, sin juzgarle (¡es difícil!, pero puedes hacerlo). Háblale de hechos y no de tus valoraciones u opiniones. Pregúntale por sus sentimientos, por aquello que necesita de ti, lo que le gustaría pedirte que hagas y no se atreve. Dile que está bien lo que siente, que lo puedes comprender, que hay comportamientos que tiene que corregir, que confías en él, que te sientes orgulloso de ser su padre o su madre, que quieres ayudarle... Que le quieres, que es importante para ti y que confías en él.

Si no te lo permite, no te lo tomes como algo personal. No está preparado, tiene miedo...

Ten paciencia, si tú cambias el sistema, él también lo hará. No desistas, llegará el momento en el que puedas acercarte. ¿Recuerdas cuando ibas al parque a dar de comer a las palomas? Tu hijo es como esa paloma que se va volando cuando le lanzas la comida con brusquedad, pero que se acerca poquito a poquito cuando le ofreces con cuidado el pienso, aunque se toma su tiempo. ¿Lo recuerdas? ¿Conseguiste que picoteara de tu mano?

Momentos de armonía

La excepción a la regla está allí para ratificarla. Tristemente, hay adolescentes con conductas desadaptativas que vienen de un hogar en el que ha reinado la armonía y también existen adolescentes responsables que consiguieron marcar una distancia necesaria de su familia disfuncional. Este misterio se escapa a nuestra comprensión, pues el ser humano es inagotable en libertad y en esperanza. Sin embargo, podemos estar de acuerdo en que una buena adolescencia empieza en la infancia y lo que acontece en el día a día de una familia deja huella inexorablemente en el niño o niña que crecerá y que un día se convertirá en un hombre o en una mujer, porque para que un día se vayan bien (y ese día llegará) tienen que haberse sentido primero muy cerca de ti.

Lo que sigue es una reflexión (y una recapitulación de las ideas que hemos propuesto a lo largo de este libro) para buscar momentos de calidad con nuestros hijos. Pequeños momentos que se convierten en grandes con el tiempo. Pequeños momentos de calidad, sostenibles en el tiempo, que marcan la diferencia porque construyen y crean relación. Lo que haces por tu hijo puede acabar siendo mucho aunque hoy creas que es poco. Lo importante es la constancia, que es lo que te hace confiable con el tiempo, porque sin confianza no hay relación y los niños necesitan papás en los que confiar.

Tu hijo no olvidará que hagas realidad este decálogo...

1. *Que al despertarse todas las mañanas se encuentre con tu sonrisa.* Disfruta con él de un par de minutos de paz antes de empezar con las prisas del día a día. Y que este «momento remolón» se repita también cada noche. Sé que no es fácil, pero también te digo que es cuestión de proponérselo y empezar pronto para crear hábito. Es una manera de empezar y terminar muy bien el día junto con mamá o papá.
Recuerdo cuando de niña venía mi madre a despertarme cada día. Sigilosamente, se tendía en la cama a mi lado y me susurraba que tenía que levantarme para ir al colegio. Me gustaba sentir su calor y cómo llenaba de complicidad ese momento especial. Apenas eran cinco minutos, pero todavía los guardo en mi mente perfectamente.

Al acabar el día puede ser más fácil encontrar este momento de tranquilidad. Vuestro momento. Un cuento, un cómo ha ido el día, un qué pasará mañana... Son historias que te acercan cada noche un poquito más al corazón de tu hijo.

2. *Que cuando te hable procures dejar lo que estás haciendo y le mires directamente a los ojos.* Lo he repetido hasta la saciedad, los niños necesitan de nuestra mirada para completar el significado de lo que son (lo que no son) y de lo que les ocurre. «Los ojos de mamá y de papá alimentan mi autoconcepto y me ayudan a comprender el mundo que me rodea.» «Cuando mamá me escucha y me mira sé que soy valioso para ella.» Es cierto que a veces no somos conscientes de que les hablamos, les decimos lo que queremos y esperamos de ellos, les pedimos cosas y lo hacemos ¡sin mirarlos! Otras veces tenemos la intención de escucharlos, pero simplemente no podemos en ese momento. Si es así, díselo a tu hijo y busca luego la ocasión para prestarle tu atención. Buscad una consigna que os lo recuerde. Un muñequito que te dará y que tú guardes en el bolsillo te recordará que tenéis una conversación pendiente. Si es mayorcito, ¿qué tal si te vas a comer a solas con él? Un momento para los dos, para compartir cosas en exclusividad. Sí, porque es importante pasar momentos todos juntos, pero también lo es compartir momentos y espacios exclusivos con cada uno de tus hijos, ¡les encantará! ¡No lo dudes!

3. *Que en los momentos de tensión «gratuita» bromees y llenes de liviandad aquella situación.* Los niños también lo pasan mal cuando existe tensión y el aire que se respira se vuelve espeso y si es algo que realmente puede evitarse, ¿por qué no lo hacemos? ¡Qué bueno es no dramatizar en exceso! Tirar del buen sentido del humor dándole la vuelta a la tortilla a una situación que se estaba volviendo fea. Los niños interpretan y calibran la realidad viendo tu reacción, escuchando en tus ojos cómo interpretas lo que está ocurriendo. Es responsabilidad de los adultos dar a las cosas la importancia justa y el sentido de la gravedad que merecen. Nuestra actitud y conducta les hablan.

4. *Que cuando te «tropieces con él» le llenes de caricias, le tomes de la mano y la aprietes con fuerza, le abraces...* El contacto físico nos trae a la presencia, al aquí y al ahora. Te hace conectar, te hace volver si te has ido, te envuelve en un momento único que puedes sentir, como si lo pudieras tocar con la mano. Ya sea cuando pase a tu lado, cuando le des o te dé un objeto, cuando estéis en el ascensor o parados en un semáforo, en el coche. Cualquier lugar, cualquier momento, es perfecto para tocarle, darle un pellizco cariñoso o hacerle cosquillas. ¡No dejes de probarlo! ¡Qué bueno es abrazar y achuchar!

5. *Que siempre encuentres un minuto para reír con él, ¡reír a carcajadas!* Qué importante es disfrutar de momentos reales y a la vez mágicos... Y estos ¡son muy reales y mágicos! Momentos que quedan guardados en el corazón y grabados en la retina. Esos momentos de conexión y diversión que te acercan. Reír es bueno siempre, pero reír con los niños es maravilloso. La risa alimenta el alma. Cuantos más momentos así vivas con tus hijos pequeños, más fácilmente se transformarán otros difíciles que pueden estar por llegar en la adolescencia. Quedan para siempre y dejan la impronta necesaria para recuperar a tus hijos cuando parecen alejarse de ti.

6. *Que cuando lo recojas en el cole o llegue a casa lo acojas y aceptes tal y como llega... Contento, desanimado, triste, cansado, enfadado, alegre...* Sin críticas ni juicios, animándole a que se exprese a su manera y como necesite, dejándole espacio. Diciéndole lo bueno que es que exprese lo que siente. Ayudándole a que transite por su sentimiento y reconduciendo su conducta si así lo precisa.

7. *Que sienta que disfrutas de su presencia.* «¡Qué alegría que estés aquí! ¡Cómo me gusta verte! ¡Cuántas ganas tenía de abrazarte hoy! ¡Cuánto te he echado de menos!»

8. *Que en medio de las prisas y del reloj, encuentres siempre tiempo para susurrarle al oído un cumplido o un reconocimiento.* Siempre hay tiempo para recordarle lo importante que es para ti. Lo bien que está haciendo cualquier cosa, lo bien que jugó el partido del miércoles pasado, lo bien que ha reco-

gido la mesa, que sabes que se está esforzando en esas mates que se le resisten, pero que acabará superando, lo bien que hizo aquello que sabes que le disgusta y le cuesta... El reconocimiento da alas a tu hijo.

9. *Que respondas a su espontaneidad sin impaciencia ni reproches, aun cuando estés agotado, tengas un montón de cosas por hacer o las prisas obligadas.* No cortemos la autenticidad de los niños, su creatividad, su asombro, el no dar las cosas por sentadas, el preguntarlo todo, el querer saberlo todo. No cortemos su impredecibilidad. Al contrario, ¡qué maravilla dejarse contagiar por ella! Te hace conectar con tu niño interior y así te será más fácil llegar a tu hijo (mucho más que utilizando la razón y la lógica). Los niños hablan nuestro idioma, pero utilizan un lenguaje distinto. El lenguaje de la emoción.

10. *Que cuando casi no venga a cuento, le digas cuánto le quieres, cómo es de importante para ti y cuánto orgullo hay en tu corazón.* Quien lo ha recibido sabe darlo.
    Mis hijos ya son mayores. En casa tenemos la costumbre de despedirnos todos siempre con un «te quiero», ya sea en persona o por teléfono: nuestros hijos nos lo dicen a nosotros, sus padres, y se lo dicen entre ellos. Me parece una buena costumbre que no deja de sorprender a algunos cuando son testigos de ello. A veces me preguntan: «Pero ¿cuántos años tienen tus hijos?». «Veintitrés y veintiséis», contesto. «¿Y les dices y te dicen "te quiero" cada vez que os despedís? ¿Y entre ellos también lo hacen, tan mayores?» A mis hijos nunca les ha importado, les gusta. Sinceramente, creo que nunca está de más hacerlo, un «te quiero» y un «que pases un buen día» sienta de maravilla. Aunque lo sepamos y lo sobreentendamos, nunca está de más. A todos nos gusta que nos lo recuerden. Lo he hecho, lo hago y lo haré siempre. Para mí es una necesidad y estoy contenta de que también ya sea una necesidad para ellos.

La primera felicidad de un niño es saber que es amado.

San Juan Bosco

La adolescencia, esa etapa tan, tan...

> Se necesita coraje para crecer y convertirse en quien realmente eres.
>
> E. E. Cummings

Mi hijo Lucas tenía unos quince años. Miré atónita lo que estaba haciendo y le dije con los ojos abiertos como dos bombillas encendidas: «Pero, ¿qué estás haciendo?». Mi hijo, sin perder la calma, aunque con una mirada incomprendida, me respondió: «¡Mamá, soy un adolescente! ¿Sabes lo que es un adolescente? Un adolescente es alguien con granos en la cara, que a veces no piensa lo que hace y otras se raya hasta que le duele la cabeza y ¡está hecho un lío! ¿¡Vale!? ¿Te ha quedado claro?». Me quedé muda. ¡Cuánta razón!

La adolescencia es una etapa llena de descubrimientos, de mucha intensidad, de confusión, de crecimiento (nuestros hijos dejan de ser niños, pero no son adultos), cargada de cambios físicos y psicológicos. Hoy, recuerdo con nostalgia la primera vez que le vi esas piernas tan peludas, ¿cuándo habían aparecido tantos pelos? ¡No puede ser! ¡¿Solo en una noche?!

Muchos padres ven cómo se acerca la adolescencia y lo viven con cierto temor, como si estuvieran convencidos de que llegada esta etapa se romperá irremediablemente la armonía familiar.

Obviamente, es necesario que la familia se adapte, pero no hay razón para que deje de ser una etapa maravillosa y sí, también se puede disfrutar de los hijos adolescentes: CON ADOLESCENTES TAMBIÉN PUEDE REINAR LA «ARMONÍA» EN CASA.

¿Qué va a agradecer tu hijo adolescente? Te propongo otro decálogo:

1. *Que le reconozcas y valores.* Tu hijo adolescente agradecerá (aunque solo te lo diga con sus ojos) que pongas atención en lo que sí hace, sí tiene, sí funciona y no insistas en lo que no hace, no tiene y no funciona. He utilizado la palabra *insistir*, porque una cosa es *omitir* y otra muy distinta *enfatizar* o *insistir*, que es lo que solemos hacer los padres hasta la saciedad con los

chavales. Cuando tenemos en casa adolescentes hemos de reconocer que nos ponemos muy, muy cansinos. Repetimos las cosas hasta la saciedad y ellos parecen no escuchar. ¿Qué tal si probamos algo distinto? No subestimes el poder de resaltar lo positivo. Reconocer es decirle a tu hijo que «le conoces» y que valoras «lo que es». Esto le anima a que se muestre. Si nos regala lo que es, necesita que se lo reconozcamos para que siga mostrándotelo a ti y al mundo. Que se sienta más aceptado por lo que es, y no por lo que HACE o por sus resultados. Dile que le quieres y celebra también sus aciertos.

2. *Que respetes su intimidad.* El adolescente reivindica su intimidad y su espacio. Es como si necesitara despegarse de ti para reunirse con sus iguales y así poder crecer con su propia individualidad. En cierto modo, desconecta de la vida familiar, aunque eso no significa que no debamos prestarle atención. Todo lo contrario. ¡Nos sigue necesitando! Busquemos un equilibrio entre sus necesidades de introspección y su pasión por sus amistades, y la participación familiar. ¿Cómo lo podemos conseguir? Interésate por sus aficiones y gustos. Que entienda que te importa lo que a él o a ella le importa. Escucha su música favorita, interésate por su equipo de fútbol (no hay nada mejor que padres e hijos compartan afición por el deporte), interésate de corazón por sus amigos. ¡Sus amigos son muy importantes! Es decir, que no intuya que hay detrás desconfianza o intento de control. Que vea que es un interés sincero por todo lo suyo.

3. *Que le pidas opinión.* Acostúmbrate a preguntarle. Pregúntale qué piensa y qué opina de los asuntos familiares o de cualquier tema en general: política, cultura, sociedad. Hazle partícipe de las decisiones de la familia para que vea que es importante y se le tiene en cuenta. Te sorprenderás, seguro, y en sentido muy positivo. Es una muestra de confianza y una manera de que asuma también sus nuevas responsabilidades. No tomes decisiones que le afectan sin contar con él o con ella. Para un adolescente es vital percibir que sus padres se han dado cuenta de que «ya no es un niño».

4. *Que no le sermonees.* Igual que nos ocurre a los adultos, no lo soportan, y además es difícil que te escuchen. Cambia los sermones por historias personales con aprendizaje. Explícale situaciones que hayas vivido. Pregúntale qué hubiera hecho él o ella en tu situación. Explícale qué hiciste, por qué lo hiciste, para qué lo hiciste, qué hiciste mal, de qué te diste cuenta con el tiempo, qué no volverías a repetir... Hazle partícipe de tus cosas. Explícale lo que te pasa, lo que sientes, las dudas que tienes... Te sorprenderá el aprendizaje que haréis juntos y la complicidad que se creará entre vosotros. Tu hijo ha dejado de ser un niño y podéis compartir muchas cosas.
5. *Qué dejes que se equivoque y no le juzgues.* Necesita probar, experimentar, acertar y equivocarse. Forma parte de su aprendizaje y necesita saber que confías en él o ella, que le crees capaz, que no le juzgas por sus errores y que si cae siempre te tendrá después si te necesita, sin reproches, sin «ya te lo decía», «ya te lo advertí», «ya sabía lo que iba a pasar».
6. *Que le pones límites y además sabes pactar y ser flexible.* Los límites siguen siendo importantes en casa. Ahora bien, respeta que está creciendo, que empieza a ser autónomo y necesita más libertad. Por ejemplo, hay margen para acordar horas de salidas y llegadas. Es decir, para acordar una mayor flexibilidad en los horarios, ¿no te parece?
7. *Que empatices con él o ella.* Que sienta que te pones en su lugar, que le comprendes. Y, ¡tengamos muy claro una cosa!, insistimos: empatizar no significa que estás de acuerdo, significa que comprendes lo que siente el otro.
8. *Que no le ridiculices ni le llames la atención en público.* No quites importancia a sus cosas ni a sus sentimientos. Si lo haces, encontrará una verdadera dificultad para expresar sus emociones y sentimientos. Lo que siente le pertenece solo a él o ella. No juzgues sus sentimientos.
9. *Que te rías y muestres tu sentido del humor.* Pueden estar riéndose a carcajadas con sus amigos y también obsequiarte con la cara más agria, pero no caigas en la trampa de la amargura, reírte con tus hijos es una de las cosas más mágicas que pode-

mos hacer y con nuestros hijos adolescentes más. Si sabemos encontrar el punto para llegarles también con el humor, habremos ganado la batalla. ¡El humor es un atajo!

10. *Que le pidas perdón.* Cuando metemos la pata hemos de reconocerlo. No perdamos esta oportunidad de aprendizaje. Reparar la relación es fundamental. Si cuidamos la relación, todo es más fácil y llevadero. Disculparnos ante un adolescente nos da siempre bastante reparo, porque tenemos miedo de que «se nos suba a la parra», pero hemos de predicar con el ejemplo. ¿Recuerdas?, LA RELACIÓN ES LO PRIMERO.

Límites con respeto

Sin duda, hablar de límites es hablar de armonía y sintonía en casa. Pero cuando hablamos de límites, ¿qué te viene a la cabeza? Te lo pregunto porque es fácil que se apodere de nosotros una energía de hartazgo, de dificultad («me voy a tener que imponer otra vez», «discutir», «ya tengo el lío montado», «uf..., ¡cómo cuesta!»). Me gustaría que cambiaras o, por lo menos, que te cuestionaras esta creencia y pusieras el foco en la palabra RESPETO. Respeto por el ESPACIO de cada cual y por las NECESIDADES de todos los que formamos la familia. Mis necesidades, las necesidades de mi pareja, las de cada uno de mis hijos, ¡incluido mi bebé de tres meses! Ellos son pequeños, pero sus necesidades (que siempre han de ser respetadas) NO SON PEQUEÑAS y, a veces, las minimizamos, ¿o no es así?

Respetar el espacio de cada cual, es decir, las necesidades de todos. En ese EQUILIBRIO está el límite en el que todos nos sentimos seguros y a salvo. ¡Por eso es importante establecer límites! ¡Los niños y adolescentes los necesitan! Y sigo preguntando... ¿Cómo lo estamos haciendo? ¿Estamos contentos con los resultados? ¿Estamos siendo eficaces? ¿Desde dónde lo hacemos? ¿Desde la autoridad o desde el autoritarismo? ¿Desde el amor, la confianza y el respeto, o desde el control, el miedo, la exigencia y el enfado?

Si seguimos con este razonamiento, observamos que uno de los principales obstáculos que refleja una falta de habilidad a la hora de establecer las normas que deseamos en casa (y señalar los límites) será precisamente la falta de respeto (hacia nosotros mismos y hacia nuestros hijos).

Por tanto, será muy útil que reflexionemos un poco sobre cómo nos relacionamos (nosotros mismos) con los límites, porque esto es respetarnos primero a nosotros mismos. Es decir, poner el foco en nosotros como padres y madres. Muchas veces dudamos y nos sentimos incoherentes a la hora de poner límites («ahora sí, ahora no; ayer sí, hoy no») porque no tenemos claro dónde marcar la frontera, es decir, qué queremos en la vida, cuáles son nuestros verdaderos VALORES, qué líneas rojas no hay que traspasar (verás que no son tantas), qué es negociable o no lo es en mi vida, qué es importante, prioritario o secundario, qué quiero transmitir y qué no a mis hijos... Así pues es muy importante reflexionar sobre estas cuestiones para traducir coherencia y seguridad al establecer límites a nuestros hijos en casa.

Encontramos otros obstáculos cuando exageramos nuestra emoción y nos dejamos llevar por ella sin freno y cuesta abajo; nos equivocamos a la hora de expresar nuestras necesidades, erramos en nuestra manera de pedir con claridad lo que queremos (o necesitamos), o lo hacemos con demasiada autoridad y exigencia, cayendo en el autoritarismo, en el conocido «porque lo digo yo y punto». Y no pasa nada si somos conscientes de que cuando lo hacemos, estamos poniendo nuestros esfuerzos en el corto plazo y que la relación puede resentirse y habrá luego que repararla.

Cuando hablo de falta de respeto o de límites también me refiero naturalmente a la falta de respeto por mí misma cuando, por ejemplo, no atiendo a mis propias necesidades. Está comprobado que cuanto más cansados, estresados y nerviosos estamos, nos comportamos en mayor medida como no nos gusta: castigando, gritando, discutiendo a todas horas, chantajeando e imponiendo las cosas por la fuerza (y la familia se resiente una barbaridad). Hemos de cuidarnos primero a nosotros mismos para cuidar a los demás después. Hay épocas que necesitamos llevar las cosas con más calma. Necesitamos recuperarnos, «recargarnos», para poder estar bien en casa y dar lo mejor de nosotros. Es nuestra responsabilidad.

Si reflexionamos con honestidad, podemos ver que el camino a largo plazo es la COHERENCIA, la FIRMEZA —que no excluye ni la afectuosidad ni la proximidad— y el respeto. Otra vez el RESPETO. No podemos perder de vista que lo hemos de hacer siempre «cuidando la relación». Ya sé que te lo he repetido hasta la saciedad, LA RELACIÓN ES LO PRIMERO (y conviene no olvidar que la complicidad y la cercanía en la relación con nuestros hijos no están reñidas con nuestro rol de autoridad de padre o madre).

¿Qué nos ayuda a conseguir este objetivo?
1. *Señalar nuestras normas de una manera más concreta.* Este punto se centra en saber pedir de una forma eficaz lo que necesitamos. Cuántas veces nos pillamos diciendo: «Pórtate bien, sé bueno, no hagas eso...». Para un niño puede resultar muy difícil comprender qué esperamos de él con peticiones tan abstractas y poco concretas. Necesitan que especifiquemos lo que esperamos de ellos y si les damos el recurso, ¡mucho mejor!: «Para cruzar, dame la manita», «Habla bajito para no molestar», «Cuando salgamos a la calle podrás cantar». Cuánto más precisos seamos, mucho mejor.
2. *Firmeza.* Decía antes que la firmeza no está reñida con la amabilidad. No cabe duda de que si hay resistencia, los padres hemos de ser firmes. Utilizar un tono de voz seguro y un gesto serio sin necesidad de gritar. Ellos entenderán que papá no está de broma y resulta más eficaz que cuando perdemos los papeles y entramos en el peligroso juego de a ver quién puede más. «Entiendo que estés enfadado, pero no voy a permitir que tires los juguetes a tu hermano, ¿entendido?» «Necesito que me escuches. ¿Qué necesitas tú para escucharme?» «Entiendo que estás disfrutando mucho jugando. Mamá necesita ahora que recojas para poder salir de casa.»
3. *Ofrecer distintas opciones.* En muchos casos el *qué* no es negociable, pero sí lo puede ser el *cómo* o el *cuándo*. Es una oportunidad (limitada) que les brindamos a nuestros hijos para que hagan lo que esperamos de ellos respetando las necesidades de todos. No deja de ser una libertad que tomarán de buen grado y con más dosis de compromiso y responsabilidad

al ser cocreadores de la norma. «Es la hora del baño, ¿te quieres bañar o prefieres ducharte?» «¿Te vas a duchar ahora o por la mañana?» Las opciones dependerán de la edad. Recordemos que cuando son muy pequeños muchas veces decidimos por los dos si es necesario y hay cosas que son innegociables.

4. Puede ser muy útil establecer una alianza entre todos para recoger las necesidades de cada uno, los compromisos adquiridos y lo que pasará en caso de que no se cumpla lo acordado entre todos. Si hay incumplimiento, acudimos a esa alianza... ¿Qué está pasando? ¿Qué no funciona? ¿Rediseñamos la alianza?

5. *El sí construye.* Muchas veces solo les decimos lo que no hacen o no pueden hacer, lo que resulta inapropiado para nosotros, lo que están haciendo mal: «¡No saltes encima del sofá!», «¡No hables mientras comes!», «¡No pintes en la pared!», y casi nunca les damos el recurso diciendo lo que sí pueden hacer: «Saltaremos en el parque», «Habla cuando hayas tragado», «Pinta en el papel». Así podremos reservar los noes para cuando realmente sean imprescindibles y no perderán su eficacia. ¿Qué tal si reforzamos lo positivo y lo que sí está funcionando y hacen bien?

6. *Explica el porqué y el para qué de la norma.* Si son pequeños, hazlo de una manera simple: «Si muerdes, haces daño»; si son mayores, podemos extendernos y explorar para que entiendan que hay un gran beneficio si respetamos todos la norma (respetamos los espacios y las necesidades de cada uno de nosotros). Han de confiar en nosotros.

Debo comportarme de tal manera que respete el espacio y las necesidades de todos, las mías y las de los demás, y podemos hacerlo sin dejar de ocupar nuestro lugar como padres o madres. Nuestro reto como padres es que la medida de los límites que enseñemos a nuestros hijos esté en el respeto a sí mismos y el respeto a los demás.

Un niño, para poner límites, ha de ser valiente

Para algunos niños la infancia puede no ser fácil. No debería ser así, pero tristemente lo es. La realidad siempre se impone...

A veces no encuentran la necesaria confianza, seguridad y calidez en su entorno para recargarse psicoemocionalmente y enfrentarse luego a los obstáculos de su día a día. Son pequeños, pero sus necesidades no son pequeñas y muchas veces no son respetadas por los adultos, por otros niños o por el entorno. En ocasiones viven en contextos poco estables, inciertos y pueden pasar muchas horas solos aunque estén rodeados de gente. Pocos les enseñan que tienen en su interior los recursos necesarios para ser y hacer lo que se propongan, con mucho esfuerzo y constancia, ¡claro está!, pero sabiendo que pueden conseguirlo. Se ven con muchas dificultades para gestionar las expectativas que los demás tienen sobre ellos. Están inmersos en un mundo estresado que va a una velocidad vertiginosa y que no respeta su ritmo infantil. Olvidamos que se están construyendo a sí mismos y que este crecimiento lleva lógicamente su tiempo, y los adultos queremos correr demasiado.

Por eso pueden vivir con miedo, inseguridad, con poca confianza en sí mismos, lo que les mina las fuerzas a la hora de enfrentarse en el colegio, por ejemplo, a comportamientos inadecuados de otros niños que convierten a su vez su miedo y falta de autoestima en agresividad hacia el otro (el acoso escolar es el síntoma porque, a su vez, los niños que acosan son víctimas de muchos vacíos y necesidades primarias insatisfechas).

> Enseñemos a los niños a ser valientes para que aprendan a defenderse y a defender a otros, a respetar y a respetarse.

Enseñémosles a decir sí cuando toca un sí, y a decir no cuando toca un no, sin culpa, sin miedo y con toda la serenidad del mundo. Con la convicción de que así se están respetando y, lo más importante, que pueden hacerlo sin dejar de respetar al otro. A esto se le llama ASERTIVIDAD.

Que aprendan que su dignidad es sagrada, que no pueden quedar instalados en la resignación y que han de defenderse cuando se les trata mal. Dile a tu hijo o hija que nadie es mejor que él o ella y, sobre todo, que no es mejor que nadie. Es decir, enseñémosles a ser humildes, porque esta es la auténtica receta para una autoestima sana, fuerte y para alcanzar seguridad personal. No hay otro camino. ¿Qué puedes hacer para que tu hijo incluya a los demás niños, en una fiesta, en una tarde de juegos, a la hora de hacer un trabajo de clase? ¿Cómo puedes enseñarles que TODOS tenemos cosas valiosas que nos hacen únicos y especiales? ¿Qué puedes decirle para que las descubra en sus amigos o en otros niños? «¿Qué es lo que te gusta de fulanito?» «¿Qué le hace especial para ti?»

Recordemos nosotros que lo hemos de hacer desde el ejemplo, es decir, respetándolos y valorándolos primero. ¿Cómo enseñarles respeto si no les tratamos con respeto? ¿Cómo enseñarles a que se valoren y valoren a los demás si no los valoramos nosotros primero? Orientémoslos hacia el reconocimiento del otro como parte importante también de uno mismo. Eduquémoslos así en la empatía, la compasión y en la reciprocidad desinteresada. «¿Cómo crees que se siente fulanito después de esta broma tan pesada?» «¿Qué te impide ser amable con este niño?» «¿Cómo te sentirías si a ti tampoco te invitaran a la fiesta?»

Enseñemos a los niños a que tengan criterio, discernimiento y opinión propia, y que la defiendan con integridad y respeto, teniendo muy claro que para alcanzar este propósito antes han de sentirse «vistos» y «escuchados» por los adultos. ¿Cómo enseñarles que hagan valer sus ideas si no les «vemos» y «escuchamos» primero? ¿Les permitimos ese espacio? Regalémosles seguridad para que lo logren, necesitan que nuestras miradas y palabras los acojan y acepten tal y como son. «¿Cómo puedes decir lo que acabas de decir sin faltar al respeto a esa persona?» «¿Cómo te gustaría que te lo dijeran a ti?»

Enseñemos a los niños a ser responsables y a que tengan iniciativa, pidámosles opinión, primero con cosas pequeñas y adecuadas a su edad y progresivamente a que den pasos mayores para favorecer su autoestima y autonomía. Enseñemos a los niños a pasar del victimismo a la proactividad. ¿Qué hubieras hecho tú en su lugar? ¿Qué harías diferente ahora que sabes que fulanito no vino a clase por lo que pasó? ¿Quiénes son los responsables de lo que ha pasado? ¿Qué parte de responsabilidad tienes tú en todo esto? ¿Qué vas a hacer? ¡Menudo regalo es hacerles sentir responsables! ¿Qué más está en nuestra mano hacer para que sientan que confiamos en ellos? ¿Cómo van a ser valientes si no confiamos?

Por todo esto y muchas cosas más, hemos de enseñar a los niños a SER VALIENTES y así hacerlos GRANDES. Grandes porque nadie tiene derecho a hacerles sentir mal, NADIE. Grandes para decir en voz alta lo que los molesta y no les gusta. De una manera clara, pero sin gritos. Al fin y al cabo, los límites son esto..., ¿o no? Poner límites es hacer respetar el espacio de cada cual y las necesidades propias. Por esta razón, los límites nos ayudan a sentirnos mejor con nosotros mismos y con el otro. Me hago respetar porque respeto. Nos hacen sentir seguros y a salvo.

Que sepan y tengan claro que estos límites se pueden sobrepasar de muchos modos y algunos son muy sutiles porque nos erosionan lentamente y hacen que acabemos por tolerar y, lo peor, resignarnos; un insulto, un vacío, una burla, un rechazo, una mirada de desprecio... No podemos permitirlo. Las redes sociales han incrementado y agudizado el problema porque el maltrato puede hacerse virtualmente, pero ¡no nos engañemos!, el daño es real, muy real: el dolor se siente en el cuerpo. No podemos mirar a otro lado.

Los que por una u otra razón nos relacionamos con niños y adolescentes (padres y educadores) no podemos dejar pasar un mal trato. No vale pensar que son cosas de niños, no vale minimizar y decir que no tiene importancia, que ya pasará, que se tienen que arreglar entre ellos, que todos hemos pasado más o menos por ello... NO PODEMOS QUEDARNOS DE BRAZOS CRUZADOS y, entre todos, hemos de atajar de raíz las faltas de respeto, las burlas, los vacíos... ¡Hemos de hacerlo! Y animarlos a que sean VALIENTES.

¡Enseñemos a los niños a ser valientes! Valientes para decir basta a una situación intolerable, a algo que los disgusta y les hace daño (ya venga por parte de otro niño o de un adulto). Valientes para atreverse también a decir en voz alta lo que hace daño a los demás. En esta vida hace falta compromiso, se necesita a quienes denuncian, a quienes no se acobardan, a quienes están al lado del que lo necesita. Valientes para ayudar a quien sufre y sostener al otro en su momento de debilidad. Todos somos vulnerables y nos necesitamos. Juntos somos fuertes. Valientes para decir «no vas a hacerme (o hacerle) eso, porque tú no eres mejor que yo (o mejor que él)», porque valiente es quien empieza por cuidarse a sí mismo y toma sus decisiones sin miedo, preocupándose al mismo tiempo por cuidar y respetar a los demás.

¿Qué aroma se respira en tu hogar?

> Sé consciente de que en este momento estás creando. Estás creando tu próximo momento basado en lo que sientes y piensas. Eso es lo que es real.
>
> Lew Childre

Todos buscamos relaciones que se sustenten en la armonía. Sigamos viendo un poco más qué hay detrás de esta hermosa palabra. Vamos terminando y quiero agradecerte que me hayas acompañado hasta aquí. Espero que te haya ayudado a conectar con tu interior, con tu maternidad o paternidad, y con tu hijo.

Me gustaría invitarte a que te hagas una última reflexión sobre el enunciado de este último capítulo: «Armonía». ¿Recuerdas? Tú puedes decidir la familia que quieres construir. Tú puedes crear el aroma que se respira en tu hogar. Con todos los ingredientes emocionales que aquí has encontrado puedes cocinar tu propia receta, con «tu toque personal». En todas las casas algo tan sencillo como un plato de macarrones tiene un sabor especial y característico. Los ingredientes (presencia, escucha, reconocimiento, empatía, conexión, preguntas poderosas...) son los mismos o muy similares, pero a todos nos gustan más los macarrones de mamá o de papá porque nos recuerdan a nuestra infancia, a nuestro hogar.

Decía que las creencias que tengo sobre mí, sobre mis hijos y sobre el mundo determinan y condicionan mi vida. La creencia crea. Es muy poderosa. ¡Cuidado con lo que creo sobre mí, sobre mi hijo y sobre el mundo que me rodea! Se convertirá en realidad. Como dije, no importa si es verdadera o no lo es. Se introduce como un virus y condiciona lo que pensamos, lo que decimos y lo que hacemos.

Nuestros hijos aprenden de nosotros, reflejan, como espejos, nuestras actitudes, nuestras creencias, nuestras formas de comunicarnos y nuestra forma de educar: NUESTRA CONDUCTA HABLA. ¿Qué queremos transmitirles? ¿Qué aroma queremos que se respire en nuestro hogar? ¿Qué es lo que ven en mí?

¿De verdad? ¿De verdad mi hijo es espejo de lo que soy?

Sí. Sí lo es.

A veces nos puede costar reconocerlo. Incluso puede molestarnos escuchar este tipo de afirmaciones..., pero sí, siempre es así. Ellos hacen de espejo de nuestras actitudes y emociones, y de nuestra forma de ver el mundo; nos muestran lo que tenemos o lo que nos falta, lo que nos gusta y lo que nos disgusta de nosotros mismos. Sí, porque la mayoría de las veces nos muestran también nuestra propia sombra, aquello que no vemos o no reconocemos en nosotros mismos, nuestros puntos ciegos. Nos molesta o disgusta aquello que en realidad está en nosotros y vemos reflejado en ellos. Por eso siempre digo que son nuestros mejores maestros.

¿Quieres saber más sobre la ley del espejo? Pues sigue leyendo...

En un ambiente familiar en el que tu hijo vive el elogio y el reconocimiento merecidos, aprende sin saberlo a valorar las cosas conseguidas con esfuerzo

Si recibe aliento, felicitación y reconocimiento atesora una semilla de grandeza. Aprender a valorar las cosas de este mundo en su justa medida, teniendo en cuenta siempre el esfuerzo físico y espiritual que implica, es uno de las artes más difíciles que el hombre puede dominar. Significa saber llenar de agua el vaso, saciando su plenitud a fin de que explote todo el potencial de tu hijo. Significa motivar, empoderar sus energías materiales y espirituales al máximo. Cuando se crea esta energía, se crea riqueza de todo orden y con ello el crecimiento de todo individuo y sociedad. En este contexto aprendemos de una forma directa a saber valorar y respetar las cosas que han sido creadas por los demás. ¿Qué reflexiones hago junto con mis hijos cuando alcanzan sus objetivos? ¿Y cuando no los consiguen? ¿Cómo les enseño a valorar el esfuerzo y el éxito de los demás?

En un ambiente familiar de reproche, aprendemos sin saberlo a condenarlo todo
Si de niños se nos reprende continuamente por los fallos que necesariamente cometemos, aparecen llagas permanentes que hacen que cualquier roce nos duela y dificulte discernir entre lo bueno y lo malo, lo grande y lo pequeño, llevándonos a la generalización de condenarlo todo. El virus se mete a una temprana edad en la que todavía no tenemos la capacidad racional para calibrar los juicios oportunos, desproporcionados e infundados de nuestros padres. Al crecer y hacernos adultos, el inconsciente «nos puede» y «devolvemos» lo recibido en forma de crítica improductiva y destructiva. Esta condena generalizada cierra el diálogo e impide que aprendamos de los errores necesarios para llegar a conocer y dominar las cosas. ¿Criticamos y comparamos gratuitamente a nuestros hijos? ¿Somos los primeros en asumir delante de ellos nuestros desaciertos y errores? ¿De qué manera les enseño a responsabilizarse de las consecuencias de sus actos? ¿Cómo les explico que mis actos adquieren sentido hoy por su repercusión en el mañana?

En un ambiente familiar de equilibrio y equidad, aprendemos sin saberlo el arte de la justicia
Si recibimos un trato justo y equilibrado, unos límites precisos que nos dan seguridad, el equilibrio y la equidad aprendida nos señalarán en un futuro la magnitud de las acciones posibles. La justicia no es solo condenar, es respetar y reconocer lo que es propio del otro. Y hemos de aprenderlo desde la infancia. ¿Cómo reaccionamos en casa ante las injusticias?

En un ambiente familiar de gritos y amenazas, aprendemos sin saberlo a hostigar todo y a todos
La agresión psicológica constante es tierra de cultivo para el resentimiento, el odio, la rebeldía y el temor, por ser fuente constante de

desequilibrio psíquico. Aprendemos que el temor que podamos provocar a los otros es la vía para alcanzar nuestro propósito. Pasamos de fieras acorraladas a fieras que acorralan. ¿Quién soy cuando llego a casa malhumorado del trabajo? ¿Cómo me comporto con mis hijos cuando estoy enfadado?

En un ambiente familiar de seguridad, aprendemos sin saberlo a confiar
Si de niños nos sentimos amparados y seguros, aprendemos a confiar en los demás y en nosotros mismos. Los niños pueden ocuparse en desplegar sus capacidades y creatividad. La inseguridad hace que toda la energía se destine a defenderse del otro y de uno mismo. En un espacio de absoluta desconfianza, la sombra de las dudas inmoviliza y provoca angustia y desasosiego, mermando todo potencial. ¿En qué medida contribuyo a crear un ambiente de seguridad y confianza en casa? ¿Qué más podría hacer diferente?

Cuando somos niños puede ser más fácil que nuestros padres satisfagan esta seguridad, incluso pueden llegar a aparentarla. Con el tiempo y las vicisitudes de la vida puede llegar a ser más complicado. Conviene poner especial cuidado en no transmitir nuestras pequeñas o grandes inseguridades a nuestros hijos (pequeños y mayores) para que crezcan y desarrollen todo su potencial. No tenemos derecho a que nuestros hijos vivan nuestras inseguridades, propias de nuestra edad adulta. No quieren vernos inseguros. Necesitan vernos confiados y confiables. Desdramaticemos. ¿Quién soy con mis hijos cuando estoy preocupado y angustiado? ¿Cómo me comporto cuando la inseguridad se apodera de mí al llegar a casa?

En un ambiente familiar que nos ridiculiza, aprendemos sin saberlo a temerlo todo
Dejar a un niño en ridículo es una forma sutil de hostigamiento. Temer hacer el ridículo es un freno para nuestra expansión, nos hace pequeños. Nos impide crecer. De adultos, el temor a hacer el ridículo nos anulará la capacidad de decisión y actuación. Se perderán posibilidades y se desperdiciarán oportunidades porque no se nos permitió crecer. La tecnología y las redes sociales nos lo ponen muy fácil para

recoger momentos que pueden parecernos graciosos, pero que para nuestros hijos pueden resultar hirientes o ridículos en un futuro muy próximo. Cuidado. A los padres no nos es fácil darnos cuenta cuando sobrepasamos ciertas líneas rojas. Son nuestros hijos y, a veces, nos cuesta ver que invadimos de alguna manera su intimidad cuando explicamos, por ejemplo, «sus cosas» en público delante de ellos. ¿Te has preguntado si a tu hijo le gusta o se siente cómodo cuando compartes con los demás o con sus amigos determinadas cosas?

En un ambiente familiar de generosidad con el mundo, aprendemos sin saberlo a compartir

El comportamiento de nuestros padres queda grabado en nuestras retinas. Si no ven muestras de generosidad sincera por nuestra parte, difícilmente repetirán esta suerte. Se puede indudablemente compartir lo material, pero también les podemos enseñar a compartir experiencias gratificantes, espacios de deporte, aventura en la naturaleza, conversaciones, juegos y, naturalmente, tiempo de estudio. Para recibir, primero hay que dar. Y dándose uno recibe. Compartir también es dar y convivir. ¿De qué maneras distintas vas a enseñarle a dar y compartir? ¿Qué puedo hacer para enseñar a mi hijo a compartir bienes que no son materiales?

En un ambiente familiar en el que reinan los celos y las envidias, aprendemos sin saberlo a vivir desde el resentimiento hacia los demás

Un espacio en el que se compara inadecuada e injustamente provoca sufrimiento y mucho resentimiento. Refregar «modelos» cercanos es una falta de respeto a la identidad de cada uno. Cada niño tiene una esencia única, una edad, unas cualidades y unas capacidades específicas.

Los celos y las envidias promovidas en el hogar por constantes comparaciones públicas en una edad temprana son nido de envidias y resentimiento hacia los demás, una continua obsesión por la comparación que generará una profunda insatisfacción por lo que se es y por lo que se tiene. ¿Comparo a mi hijo con su hermano? ¿En qué medida respeto la singularidad de cada uno de mis hijos?

*En un ambiente familiar de estímulo, aprendemos sin saberlo
a confiar en nosotros mismos*
Si de niños recibimos atención sincera, sentimos que comparten nuestros «problemillas». Ese interés nos llena el corazón de alegría. Aprendemos a confiar en nosotros mismos, pues nos hace sentir más grandes, más fuertes, más capaces de todo. Sentimos una energía que nos espolea hacia nuevos esfuerzos. Nos atrevemos a decir «¡esto les gustaría a mis padres!». Y este encadenamiento de estímulos desemboca en una mayor autoconfianza, que ha de empezar a forjarse desde los primeros años. ¿De qué manera voy a inspirar a mi hijo, a reforzarle y a respaldarle?

*En un ambiente familiar de constante y abusiva competencia,
aprendemos a querer vencer de adultos a cualquier precio*
El continuo enfrentamiento y la felicitación por el éxito sin más análisis nos convierten en animales de competición sin ninguna tolerancia a la frustración. El éxito a cualquier precio es un precio altísimo a largo plazo. Uno de los signos de madurez es aprender con serenidad a extraer una lección de vida tanto de los fracasos como de los éxitos. Se nos asemeja al barco que se mantiene en la mar con buen tiempo y con tempestad, con la proa siempre encima de las olas señalando su rumbo. Hay que saber ganar y perder, y esto se aprende desde la niñez. ¿Qué aprendizaje quiero que se lleven mis hijos cuando no han conseguido lo que anhelaban? ¿Y cuando lo han logrado? ¿Qué voy a hacer para que aprendan a trabajar en equipo? ¿Cómo voy a transmitirles que todos podemos tener aportaciones valiosas a un objetivo común? ¿Que ellos no son mejores ni peores que nadie?

*En un ambiente familiar de comprensión y de amor,
aprendemos sin saberlo a amar a los demás y al mundo*
Cuando el cariño, el aprecio sincero, el respeto amoroso presiden la familia, aprendemos a amarnos. Estamos llenos de amor y podríamos decir que lo devolvemos porque los rebosamos. ¿Cómo puede dar algo alguien que no ha recibido antes? ¿Cómo pretender sacar agua de la fuente si desde hace tiempo no ha llovido? El amor verdadero no se compra ni se vende. Es incondicional, acoge al otro y cuando

acojo, es el otro quien pone la medida. Te hace crecer, ser mejor y busca tu bien. El amor perfecciona y afirma al otro. Es creativo y transfigura, me ayuda a descubrir al otro y al mundo.

Para acabar este libro quiero hacer una última reflexión: tus hijos se merecen a un padre y a una madre que los comprenda, que los acepte y que los quiera a pesar de todo. Se merecen a un padre y a una madre que se permitan y apuesten por ser felices. Debemos dejar de buscar «recetas mágicas» que nos solucionen la vida y educarnos —nosotros también— desde el interior (desde el ser). Y lo más maravilloso de todo, ¿sabes qué es? Que el granito de arena que puedes ofrecer a tus hijos tiene un impacto directo en tus nietos, en tus bisnietos y en las futuras generaciones para que sean personas emocionalmente sanas y felices...

¿Te das cuenta de todo lo que está en tu mano hacer como padre o madre?

> Todos tenemos la capacidad de transformar el mundo si empezamos por nuestra propia familia.

Ejercicios de armonía y tabla de valores

En la próxima semana...

1. Crea la alianza de la familia. Tenéis todos los pasos en el libro. Buscad un momento y un lugar de armonía para sentaros toda la familia y diseñar vuestra «Constitución». Cada uno tendrá espacio para expresar qué es importante para él que esté presente en la relación familiar. Se trata de armonizar los valores de cada miembro para cocrear una relación consciente y resonante para todos.

    Recordar que cada vez que haya un conflicto podréis acudir a esta alianza para decidir qué hacer. Y si veis que hay algo de lo pactado que no está funcionando, ¡rediseñadla siempre que queráis! Es algo vivo.

2. Cada vez que te sorprendas poniendo una etiqueta o haciendo un juicio «negativo» de tu hijo piensa: «¿Qué otra cosa puedo creer sobre él que me ayude? ¿Qué es lo positivo de esto que no me gusta? ¿Qué elijo creer sobre él?».

3. Ten una conversación con tu hijo donde le hagas preguntas para descubrir sus valores. Ve apuntándolos y luego chequea con él para asegurar-

te de que se siente realmente identificado con el valor. Eso le dará mucha consciencia sobre quién es y qué le motiva.
4. Cuando tengas la lista de los valores de tu hijo, hazte las siguientes preguntas: del uno al diez, ¿en qué grado estás acompañando a tu hijo en ese valor? ¿Qué necesitas para pasar de ese número a otro superior?

Respecto a los valores de tu familia en su conjunto, ¿cómo puedes armonizar los valores de cada uno de los miembros de la familia? ¿Cómo puedes honrar los valores que como familia todos reconocéis?

Ejemplos de valores		
Amor	Desarrollo	Integridad
Aprendizaje	Disciplina	Justicia
Armonía	Educación	Lealtad
Autenticidad	Empatía	Libertad
Aventura	Entrega	Limpieza
Belleza	Entusiasmo	Madurez
Bienestar	Equilibrio	Naturaleza
Bondad	Espiritualidad	Nobleza
Claridad	Estabilidad	Paciencia
Colaboración	Estética	Participación
Compañerismo	Exactitud	Pasión
Comprensión	Éxito	Paz
Comunicación	Familia	Paz interior
Comunidad	Fidelidad	Precisión
Conexión	Flexibilidad	Productividad
Confianza	Franqueza	Progreso
Constancia	Gentileza	Realización
Contribución	Gratitud	Respeto
Cooperación	Honestidad	Romance
Cuidado	Humildad	Sabiduría
Cultivo	Humor	Seguridad
Cumplimiento	Igualdad	Sencillez
Desapego	Independencia	Serenidad

Ejemplos de valores		
Servicio	Ternura	Valentía
Sinceridad	Tolerancia	Variedad
Solidaridad	Tradición	Vitalidad
Suavidad	Tranquilidad	

Conclusión

Como colofón de este libro, me gustaría utilizar una metáfora que se inspira en el gran Stephen R. Covey.

Con nuestros hijos queremos tener resultados. Esto es incuestionable. Y resultados inmediatos. Primamos el corto plazo: queremos que recojan su habitación, presten sus juguetes, se coman la comida, nos hagan caso... No obstante, solemos enfocarlo de una forma poco productiva. Nos olvidamos de cuidar la relación con ellos. Es decir, como dice Covey, pretendemos «obtener limones sin cuidar el árbol que los hace posible». ¿Veis qué absurdo? ¿Comprendéis el valor de cuidar la relación? Por eso he insistido tanto en esta cuestión a lo largo de este libro.

Si nos centramos solo en obtener limones (por ejemplo, en que mi hija recoja su habitación), tal vez la riñamos o castiguemos. Podemos incluso gritarle o amenazarla. Y eso quizá haga que la niña recoja la habitación, pero minará el desarrollo y el bienestar de la pequeña y, sobre todo, nuestra relación con ella.

Si, en cambio, ponemos nuestro empeño en la relación con ella (es decir, en el limonero que hace posible esos limones), la niña lo hará probablemente sin necesidad de que se le insista demasiado, porque se habrá comprometido y querrá cumplir su promesa.

Es muy fácil descuidar la relación entre padres e hijos. Los niños son dependientes y vulnerables por naturaleza. ¡Resulta tan fácil desatender la educación, la comunicación, la escucha! Solemos abusar de nuestro rol de autoridad (o, mejor dicho, convertimos una autoridad saludable en autoritarismo) y eso hace que cuando se hacen mayores y dejan de ser tan vulnerables, no confíen en nosotros porque la relación está maltrecha, provocando muchos desencuentros.

¿Dónde está puesto mi foco? ¿En la conducta inmediata o en el aprendizaje y desarrollo a largo plazo? ¿Trato de ganar la batalla o la guerra? ¿Grito, amenazo y castigo para conseguir lo que quiero que hagan afectando a nuestra relación (visión cortoplacista), o actúo como el padre o la madre que quiero ser y como quiero que me recuerden (visión a largo plazo)?

Lo que he pretendido ofrecerte a lo largo de este libro es una mirada distinta hacia nuestros hijos. No pretender que obedezcan, sino hacer que confíen en nosotros, nos respeten y se respeten a sí mismos. Y eso solo se puede hacer construyendo relación (y un buen camino, una buena propuesta, es a través de las habilidades del método AEIOU). De esta forma, con el tiempo, cuando sean mayores y tengan que tomar sus decisiones, la comunicación y la confianza estarán sanas para que sean receptivos a nuestros consejos.

Nota de las autoras

Tú, tus hijos o tu familia no vais a cambiar solo por leer un libro. Pero ahora ya eres consciente de muchas cosas. Como siempre se dice, este es el primer paso, porque si no eres consciente de algo, no puedes cambiar lo que necesita ser cambiado. Lo importante es que nos cuestionemos a nosotros mismos y que dejemos de poner el foco en nuestros hijos (cuando algo que hacen no nos gusta) y lo pongamos en nosotros. No con culpa —nos horroriza la culpa; no hay nada menos amoroso y más destructivo—, sino desde el amor hacia ti mismo y dándote permiso para no ser perfecto. Desde el aprendizaje para hacerlo mejor la próxima vez.

Ahora tienes una nueva mirada, quizá a partir de este momento te des cuenta de cuándo se dispara el «piloto automático» y sale tu «yo de siempre» para poder recuperarte y cambiar la versión. Y fallarás muchas veces, igual que nosotras fallamos. Sí, NOSOTRAS TAMBIÉN FALLAMOS, Y LO DECIMOS ALTO Y CLARO. A veces, la voluntad de hacerlo mejor no es suficiente. No te fustigues por eso, tus hijos necesitan un padre o una madre que sean humanos e imperfectos, o como dice Gregorio Luri, «sensatamente imperfectos». Nuestros fallos también son oportunidades de aprendizaje para nuestros hijos, como hemos querido demostrarte a lo largo de estas páginas.

Este es solo el principio. Puedes encontrar más recursos para seguir avanzando en el anexo: desde profundizar en estos temas, apuntándote a uno de nuestros cursos, hasta iniciar un proceso de *coaching* o contratar un servicio a medida para ti.

Lo más importante es que sientas que el poder de crear la familia que quieres ¡LO TIENES TÚ!

Anexo

Recursos adicionales

Si estás interesado en saber más sobre el curso del método AEIOU, visita nuestra página web: <www.educaresemocionar.com>.

Si estás interesado en las sesiones de *coaching*, puedes ponerte en contacto con nosotras a través de la misma web.

Si deseas organizar eventos, conferencias o cursos de formación sobre estos temas en tu empresa, colegio, AMPA o centro, contacta con nosotras en el *e-mail* que se especifica en la web.

Si conoces a alguna persona que esté pasando por dificultades en su familia, regálale un ejemplar de este libro. Le ayudará.

Si quieres acceder a más bibliografía sobre educación y crianza en línea con esta filosofía, puedes encontrar una lista en nuestra web.

Si quieres hacernos llegar tus comentarios acerca del libro, puedes escribirnos a <hola@educaresemocionar.com>. Estaremos encantadas de leer lo que tienes que decirnos.

Cuestionario de armonía familiar. Padres conscientes, familias conscientes (autoevaluación)

¿Quieres conocer el nivel de bienestar emocional de tu familia?

¿Te gustaría saber cuáles son tus puntos fuertes y qué aspectos merece la pena trabajar para conseguir mayor bienestar y armonía en casa? ¿Qué aroma quieres que respire tu familia?

Educar es Emocionar, AEIOU, quiere invitarte a que te regales un momento de reflexión para descubrir qué sientes, dónde estás y dónde quieres llegar. ¿Qué padre o madre quieres ser?

Tan solo has de dedicar unos minutos para tomar conciencia de qué es lo que quieres ofrecer a tu familia y si realmente lo estás consiguiendo. ¿Cuál es la familia de tus sueños? Solo tú puedes contestar a esta pregunta. Nadie más. Piensa en TODO lo que vas a conseguir con este sencillo ejercicio de AUTOEVALUACIÓN Y CONSCIENCIA.

Por favor, puntúa del uno al cinco la respuesta que se ajuste o adecúe a tu experiencia según el caso:

1. Totalmente en desacuerdo.
2. En desacuerdo.
3. Ni de acuerdo ni en desacuerdo.
4. De acuerdo.
5. Totalmente de acuerdo.

Nadie va a juzgarte, nadie va a evaluarte ni a darte una puntuación. Este ejercicio de reflexión y consciencia es solo para ti. Solo tú sacarás tus propias conclusiones.

	Puntuación
Reconozco y legitimo mis propios sentimientos y emociones. (Letra E)	
Reconozco y legitimo las emociones y sentimientos de mis hijos. (Letra E)	
Soy capaz de comprender los puntos de vista de los demás incluso en una discusión, cuando estoy enfadado. (Letras U, E y A)	
Soy capaz de gestionarme cuando soy víctima del estrés, del cansancio. (Letra E)	
Con frecuencia hablo a gritos a mis hijos. (Letras U y E)	
Mi hijo muestra interés por los sentimientos de los demás. (Letra E)	
Ante un conflicto en casa considero alternativas antes de pasar a la acción y reaccionar. (Letras E y A)	

	Puntuación
Escucho de verdad lo que dicen los demás, especialmente lo que dicen mis hijos. (Letra U)	
Consigo que mi hijo reflexione sobre lo que está ocurriendo. (Letras U y O)	
Soy capaz de expresar empatía con mis hijos (Letra E)	
Mis hijos me cuentan sus cosas. (Letra U y O)	
Continuamente tengo que decir a mis hijos lo que tienen que hacer. (letra A y O)	
Si no estoy encima de mis hijos, no me hacen caso y no hacen lo que tienen que hacer. (Letra A)	
Dejo hablar a los demás. Nunca interrumpo. (Letra U)	
Soy capaz de pensar en diferentes modos de resolver un conflicto en casa y buscar alternativas. (Letra A)	
Suelo encontrar el lado positivo de cualquier situación en casa. (Letra I)	
Me enfoco en lo bueno que tiene mi hijo. (Letra I)	
Cuando mis hijos me explican sus cosas no los juzgo. (Letra O)	
Me incomoda cuando mis hijos experimentan alguna emoción negativa (desagradable). No sé qué hacer. (Letra E)	
Mi hijo es capaz de expresar con palabras sus sentimientos. (Letra E)	
Conozco lo que es importante y valioso para mi hijo, lo que le interesa y le gusta de verdad. (Letras O e I)	
Pongo etiquetas a mis hijos. (Letras I e A)	
Confío en mis hijos. (Letra I)	
Confío en mi potencial como madre/padre. (Letra I)	

Revisa nuevamente las respuestas que has dado. Seguro que extraes conclusiones y encuentras aspectos en los que te gustaría mejorar y otros en los que con agrado has corroborado lo bien que están yendo las cosas en casa. Te invitamos a que saques un plan de acción de lo que te gustaría cambiar y, en unos meses, repitas este test, a ver qué sorpresas te llevas.

En nuestra web encontrarás también un montón de recursos para hacerlo posible (cursos, talleres, sesiones de *coaching*, *post*, vídeos, etc.). Hay muchísimas cosas que están en tu mano y que puedes cambiar. Y de verdad te decimos que no hacen falta «grandes hazañas». Solo un poco de consciencia y voluntad en las pequeñas cosas.

¡Nosotros te acompañamos!
¡BUEN VIAJE!
¡Gracias!

Agradecimientos

Este libro esta escrito con «pedacitos» de vida. Con brotes verdes en primavera y hojas de distintas tonalidades caídas en otoño. No en vano coleccionamos momentos de sabores muy diversos y somos las relaciones que construimos. Gracias a la vida por ofrecerme siempre otro amanecer, por contener todos los colores, acoger todas las emociones y haber sido tan generosa conmigo sin merecerlo.

Gracias, mamá, por amar sin condiciones hasta tu último soplo de vida.

Gracias, papá, por ser un pilar de trascendentalidad, por haberme enseñado que mis decisiones y actos adquieren sentido hoy por su repercusión en el mañana.

Gracias, Fernando, por estar siempre ahí, porque «somos equipo», por tu paciencia y ternura, por creer y confiar en mí cuando yo no lo hacía, por aprender a amarme cada día más y mejor, y por darme lo más preciado de mi vida, a Carlos y Lucas. Gracias a vosotros por el maravilloso regalo de saberme y sentirme madre, con mis luces y mis sombras. Soy feliz al saber que estáis formando vuestra propia familia con María y Nina. Os quiero mucho.

Gracias a mis amigos, por compartir risas y lágrimas, y por aceptarme tal como soy. Estáis todos en este renglón.

Gracias a mi equipo de Educar es Emocionar por remar juntas en la misma dirección, por no rendirnos, en especial a Andrea, por traerme la energía que a veces me falta.

Gracias a todos los que habéis impulsado y apoyado este proyecto de forma desinteresada. Vuestra ayuda ha sido y es muy valiosa.

Gracias a todos los papás y mamás AEIOU, sobre todo a los que habéis compartido generosamente vuestras experiencias en este libro para convertirlo en una oportunidad de aprendizaje para los demás. Sois inspiración.

Gracias a todas las «familias desconocidas», conscientes de que en ellas tiene lugar el misterio del relevo humano con sus grandezas y vulnerabilidades. Porque el milagro vive pues la vida trasciende a otras vidas.

Gracias a los que ya considero «mis» libros, en especial a *El sentido de la vida* de Alfred Adler. Con este libro empezaron muchas cosas.

Gracias a los que creéis que la educación es el camino más corto y seguro para construir juntos un mundo mejor para todos.

Gracias a mi familia «de sangre y de deseo», como le gusta decir a mi padre.

Gracias a Marcela, Elisabet y a la editorial Paidós por confiar en la utilidad de este libro y apostar por nosotras. Gracias.

M.ª ÁNGELES JOVÉ

A los papás AEIOU, por vuestra confianza en el proyecto, por vuestro compromiso como padres y por ser inspiración para nosotras. Gracias en especial a los que han aceptado compartir sus propias historias en este libro.

Gracias al equipo Educar es Emocionar (en especial a Vanessa y Mar), porque que este libro vea la luz es fruto del trabajo de todas. Gracias por remar juntas, gracias por confiar, trabajar duro, y por la capacidad de volver a levantarnos tantas veces. Gracias también a Ángeles por ser una pieza clave en este proyecto. Por su sabiduría innata y por ayudarme a «parar» cuando es necesario hacerlo.

A todos mis amigos y familia, porque cada uno contribuye a hacer mi vida mejor. Cada uno a su manera, única y especial.

A Jaume Roset, por ser uno de los impulsores del proyecto y poner la primera piedra conmigo. Aprendí mucho. Compartimos una parte del camino y siempre te estaré agradecida por ello.

A Carles Bardés, un magnífico profesor a quien, sin él saberlo, siempre llevo en mi corazón. Las palabras que un día me dijo nunca se borraron de mi memoria. Al final, la profecía se cumplió.

A María Beuster, a quien el destino quiso poner en mi camino para enseñarme una de las lecciones más valiosas de mi vida. Creo que nunca te he dado las gracias lo suficiente. Gracias por enseñarme tanto. Fuiste una gran maestra para mí, ya ves que aprendí la lección.

A Laura Gabriel, por ser un ejemplo de mujer empoderada que sabe empoderar a las demás. Porque su generosidad no tiene límites. Gracias por creer en Educar es Emocionar y querer mostrarlo al mundo como si fuera tuyo.

A Soledad, Laura y Carmen Berbegal (de la compañía ACTIU), porque vuestra generosidad no tiene límites, porque sois inspiración para las personas y vuestra pasión es vuestra fuerza. Sois visionarias con mayúsculas.

A Chimo y Natalia, magníficos pediatras y todavía mejores personas. Gracias siempre por enamoraros de AEIOU y querer compartirlo con el mundo. Sois grandes, sois generosos, sois especiales. Sois amigos.

A Lucía Galán *(Lucía, mi Pediatra),* porque nunca podremos darte las gracias suficientemente por todo tu apoyo desinteresado y tu generosidad. Gracias por decir que sí aquel día, amiga. Cambió nuestras vidas.

A Borja Vilaseca por creer en el proyecto y sumarse a él. Su generosidad, su genialidad y su humildad han sido una gran ayuda para dar a conocer el método AEIOU al mundo.

Al doctor Fernando Puig, por apostar por nosotras, por brindarnos su consulta, sus pacientes y colaborar con todo lo que ha estado en su mano. En especial, gracias por su siempre atenta presencia, por su cariño, su bondad y su generosidad.

A Anna y Ada, por ser compañeras de vida desde hace ya mucho tiempo. Gracias por verme, por entenderme, por apoyarme y por estar. Me siento afortunada de teneros en mi vida.

A Álvaro y a Paula, mis hermanos. Por ser mis mayores fans, por entusiasmarse con mi proyecto como si fuera propio, por creer en mí más que yo misma, por estar siempre ahí y ser mis mejores embajadores. Por «remar conmigo en la misma dirección» (ellos saben por qué lo digo).

A mi abuela Margot, quien nos dejó pocos meses antes de que este libro viera la luz. Te voy a echar mucho (pero mucho) de menos. Creo que este es uno de los mejores homenajes que podría hacerte. Este libro es también un pedacito de ti.

A mi padre, quien a pesar de no entender demasiado mi cambio profesional siempre ha creído en mí. Sin su apoyo y su incondicionalidad nunca lo hubiera conseguido. Papá, tú has sido un ejemplo de trabajo y perseverancia, sin duda algunos de los valores que me han hecho ser quien soy.

A mi madre, por vivir cada uno de mis éxitos como si fueran suyos. Por no perder nunca la confianza en mí, por seguir siendo la red que me recoge si me caigo. Mamá, eres una inspiración para muchas mujeres. También para mí.

A Mauri, mi marido, por su apoyo y su paciencia. Por entender (y aguantar) todas las noches delante del ordenador, por creer en mí y en mis sueños, por ocuparse de nuestros retoños cuando yo no puedo y por ser un papá estupendo. En definitiva, gracias por ser equipo conmigo.

A Mateo y Valeria, por ser mi fuente de inspiración, mis mejores maestros, por aguantar mis malos días, por quererme como soy, por enseñarme tanto. Gracias por elegirme como madre, soy muy afortunada de teneros como hijos. Os quiero.

ANDREA ZAMBRANO

Impreso en España